思想的．睿智的．獨見的

經典名著文庫

學術評議

策劃　楊榮川

五南圖書出版公司 印行

經典名著文庫

學術評議者簡介（依姓氏筆畫排序）

- 丘為君　美國俄亥俄州立大學歷史研究所博士
- 吳惠林　美國芝加哥大學經濟系訪問研究、臺灣大學經濟系博士
- 宋鎮照　美國佛羅里達大學社會學博士
- 林玉体　美國愛荷華大學哲學博士
- 邱燮友　國立臺灣師範大學國文研究所文學碩士
- 洪漢鼎　德國杜塞爾多夫大學榮譽博士
- 孫效智　德國慕尼黑哲學院哲學博士
- 秦夢群　美國麥迪遜威斯康辛大學博士
- 高明士　日本東京大學歷史學博士
- 高宣揚　巴黎第一大學哲學系博士
- 張光宇　美國加州大學柏克萊校區語言學博士
- 張炳陽　國立臺灣大學哲學研究所博士
- 陳秀蓉　國立臺灣大學理學院心理學研究所臨床心理學組博士
- 陳思賢　美國約翰霍普金斯大學政治學博士
- 陳清秀　美國喬治城大學訪問研究、臺灣大學法學博士
- 陳鼓應　國立臺灣大學哲學研究所
- 曾永義　國家文學博士、中央研究院院士
- 黃光國　美國夏威夷大學社會心理學博士
- 黃光雄　國家教育學博士
- 黃昆輝　美國北科羅拉多州立大學博士
- 黃政傑　美國麥迪遜威斯康辛大學博士
- 楊維哲　美國普林斯頓大學數學博士
- 葉海煙　私立輔仁大學哲學研究所博士
- 葉國良　國立臺灣大學中文所博士
- 廖達琪　美國密西根大學政治學博士
- 劉滄龍　德國柏林洪堡大學哲學博士
- 黎建球　私立輔仁大學哲學研究所博士
- 盧美貴　國立臺灣師範大學教育學博士
- 薛化元　國立臺灣大學歷史學系博士
- 謝宗林　美國聖路易華盛頓大學經濟研究所博士候選人
- 簡成熙　國立高雄師範大學教育研究所博士
- 顏厥安　德國慕尼黑大學法學博士

經典名著文庫084

第三波：二十世紀末的民主化浪潮

The Third Wave: Democratization in the Late Twentieth Century

塞繆爾・杭廷頓 著
（Samuel P. Huntington）
劉軍寧 譯
葉明德 校訂

經典永恆・名著常在

五十週年的獻禮・「經典名著文庫」出版緣起

總策劃 楊榮川

五南，五十年了。半個世紀，人生旅程的一大半，我們走過來了。不敢說有多大成就，至少沒有凋零。

五南忝爲學術出版的一員，在大專教材、學術專著、知識讀本出版已逾壹萬參仟種之後，面對著當今圖書界媚俗的追逐、淺碟化的內容以及碎片化的資訊圖景當中，我們思索著：邁向百年的未來歷程裡，我們能爲知識界、文化學術界做些什麼？在速食文化的生態下，有什麼值得讓人雋永品味的？

歷代經典・當今名著，經過時間的洗禮，千錘百鍊，流傳至今，光芒耀人；不僅使我們能領悟前人的智慧，同時也增深加廣我們思考的深度與視野。十九世紀唯意志論開創者叔本華，在其〈論閱讀和書籍〉文中指出：「對任何時代所謂的暢銷書要持謹愼的態度。」他覺得讀書應該精挑細選，把時間用來閱讀那些「古今中外的偉大人物的著作」，閱讀那些「站在人類之巔的著作及享受不朽聲譽的人們的作品」。閱讀就要「讀原著」，是他的體悟。他甚至認爲，閱讀經典原著，勝過於親炙教誨。他說：

「一個人的著作是這個人的思想菁華。所以，儘管一個人具有偉大的思想能力，但閱讀這個人的著作總會比與這個人的交往獲得更多的內容。就最重要的方面而言，閱讀這些著作的確可以取代，甚至遠遠超過與這個人的近身交往。」

爲什麼？原因正在於這些著作正是他思想的完整呈現，是他所有的思考、研究和學習的結果；而與這個人的交往卻是片斷的、支離的、隨機的。何況，想與之交談，如今時空，只能徒呼負負，空留神往而已。

三十歲就當芝加哥大學校長、四十六歲榮任名譽校長的赫欽斯（Robert M. Hutchins, 1899-1977），是力倡人文教育的大師。「教育要教眞理」，是其名言，強調「經典就是人文教育最佳的方式」。他認爲：

「西方學術思想傳遞下來的永恆學識，即那些不因時代變遷而有所減損其價値的古代經典及現代名著，乃是眞正的文化菁華所在。」

這些經典在一定程度上代表西方文明發展的軌跡，故而他爲大學擬訂了從柏拉圖的《理想國》，以至愛因斯坦的《相對論》，構成著名的「大學百本經典名著課程」。成爲大學通識教育課程的典範。

歷代經典．當今名著，超越了時空，價値永恆。五南跟業界一樣，過去已偶有引進，但都未系統化的完整舖陳。我們決心投入巨資，有計畫的系統梳選，成立「經典名著文庫」，希望收入古今中外思想性的、充滿睿智與獨見的經典、名著，包括：

- 歷經千百年的時間洗禮，依然耀明的著作。遠溯二千三百年前，亞里斯多德的《尼各馬科倫理學》、柏拉圖的《理想國》，還有奧古斯丁的《懺悔錄》。
- 聲震寰宇、澤流遐裔的著作。西方哲學不用說，東方哲學中，我國的孔孟、老莊哲學，古印度毗耶娑（Vyāsa）的《薄伽梵歌》、日本鈴木大拙的《禪與心理分析》，都不缺漏。
- 成就一家之言，獨領風騷之名著。諸如伽森狄（Pierre Gassendi）與笛卡兒論戰的《對笛卡兒沉思錄的詰難》、達爾文（Darwin）的《物種起源》、米塞斯（Mises）的《人的行爲》，以至當今印度獲得諾貝爾經濟學獎阿馬蒂亞．

森（Amartya Sen）的《貧困與饑荒》，及法國當代的哲學家及漢學家余蓮（François Jullien）的《功效論》。

梳選的書目已超過七百種，初期計劃首爲三百種。先從思想性的經典開始，漸次及於專業性的論著。「江山代有才人出，各領風騷數百年」，這是一項理想性的、永續性的巨大出版工程。不在意讀者的眾寡，只考慮它的學術價值，力求完整展現先哲思想的軌跡。雖然不符合商業經營模式的考量，但只要能爲知識界開啓一片智慧之窗，營造一座百花綻放的世界文明公園，任君遨遊、取菁吸蜜、嘉惠學子，於願足矣！

最後，要感謝學界的支持與熱心參與。擔任「學術評議」的專家，義務的提供建言；各書「導讀」的撰寫者，不計代價地導引讀者進入堂奧；而著譯者日以繼夜，伏案疾書，更是辛苦，感謝你們。也期待熱心文化傳承的智者參與耕耘，共同經營這座「世界文明公園」。如能得到廣大讀者的共鳴與滋潤，那麼經典永恆，名著常在。就不是夢想了！

二〇一七年八月一日 於

五南圖書出版公司

導讀——第三波民主化

臺大政治系教授 張佑宗

二〇〇八年十二月二十四日美國政治學界頗具爭議的保守派大師杭廷頓（Samuel P. Huntington）離開人世，他身後留下很多重要著作，包括《*Political Order in Changing Societies*》、《*The Third Wave*》、《*The Clash of Civilizations*》、《*Who Are We* and Immigration》等都成爲政治學界的經典書籍。他兩度被提名爲美國國家科學院院士，最後卻都失敗收場。後來哈佛大學聘他爲「哈佛大學講座教授」（Harvard professor），並擔任國際事務研究中心主任，總算還給他一生從事政治學研究成果的肯定。

在《第三波：二十世紀末的民主化浪潮》這本書中，杭廷頓分析自一九七四年葡萄牙軍人推翻專制獨裁者後，世界各地興起第三波民主化的浪潮。這股浪潮從南歐開始，一九八〇年代蔓延到中南美洲與東亞，一九九〇年代到達東歐與非洲各地。我們後來慣用「第三波民主化」這個概念，就出自這本書的精彩分析。本書在一九九二年獲得Louisville大學的Grawemeyer Award，該獎項是由美國實業家H. Charles Grawenyer於一九八四年設立，表揚能改變世界的創新研究或重要理論。如果我們使用

google scholar來搜尋本書，會發現將近有一萬五千次的引用率，稱得上是一個被政治學界高度引用的書籍。

開啟全球第三波民主化研究風氣可追溯至Woodrow Wilson Center於一九七九年所支助Transition from Authoritarian Rule研究計畫，由O'Donnell and Schmitter兩人負責，網羅Dahl、Linz、Przeworski、Cardoso、Hirschman等人參與。研究重點在威權國家爲何會發生民主轉型？包括威權體制的崩潰、民主化的推力、過程與民主轉型的類型等，本書延續此一研究途徑。杭廷頓最主要的貢獻在歸納人類歷史上出現三波的民主浪潮，第一次稱爲民主化長波，從一八二八至一九二六年，起源於美、法革命，發展在十九世紀，包括英國與其殖民地、法國、義大利、西班牙、阿根廷等三十餘國。第一次出現回潮發生在一九二二至一九二六年，民主崩潰的國家大都是第一次世界大戰後剛採用民主制度的國家，如捷克、義大利、日本等。接著，杭廷頓分析第二次民主化浪潮（短波），從一九四三至一九六二年發生民主轉型的國家包括第二次大戰末期盟軍占領區，拉丁美洲國家和去西方殖民化的地區。這段民主化期間並不長，一九五八至一九七五年間就發生回潮，其中以拉丁美洲國家最具代表性，亞洲則有菲律賓、巴基斯坦等國家。從一九七四年迄今的新興民主化國家，杭廷頓稱爲第三波民主化，他分析民主化產生的原因，包括政權合法性危機、經濟發展或經濟危機、宗教變遷、國際干預、示範或滾雪球效應等，解釋人類重大的政治變遷。書中也提到民主轉型的類型、過程、民主持續問題與未來走向等問題，都是民主化研究重要的課題。

這本書在一九九一年出版，至今已經超過二十五年，但到目前爲止仍然是民主化研究最入門的書籍。嚴格來說，本書並沒有提出一套特殊的理論觀點，或是蒐集具有重要研究價值的資料。柏拉圖（Plato）說：有時候，問題比答案更重要，這本書就是一個範例。民主爲何發生？如何進行與持續？是否會退潮？這本書引領之後民主化研究主題的發展。

近幾年，民主化研究最受矚目的問題在民主衰退（decay）或去鞏固化（deconsolidation）議題，這些在杭廷頓的書中也約略提及。杭廷頓在書中最後提到民主進一步發展的文化障礙或機會，尤其是儒家於伊斯蘭文化對民主發展構成的威脅，這樣的論點就催生出後來《*The Clash of Civilizations*》這本最受學界爭論的書。

其實，我們對民主發展不需要如同杭廷頓這樣悲觀，我們同意政治文化是民主生存一個重要因素，但政治文化並非可以維持不變，經濟發展是引導政治文化變遷非常重要的因素。目前許多民主國家的公民對其民體制表現愈來愈不滿意，根據調查愈來愈多人願意接受非民主治理的選項，連美國公民也不例外。很多分析指出與收入不平等有關，儘管這些國家的經濟持續成長，億萬富翁的政治影響力不成比例的增長。但威權國家並不比民主國家更具有競爭力，隨著經濟的成長，自由和自主價值成爲更優先的選項。對自由的渴望，使得公民更加重視政治權利。

序 言

本書探討的是二十世紀後期一項重要的，也許是最重要的全球政治發展：即大約有三十個國家由非民主政治體制轉型到民主政治體制。這本書致力於說明發生在一九七四年至一九九〇年間這一波民主化的原因、方式及其直接影響。

本書橫跨理論和歷史兩個領域，但是它既不是一部理論著作，也不是一部史書。它位於兩者之間；它基本上是一部說明性的專著。一項好的理論不僅精確、嚴謹、優美，而又能突顯出若干概念變項間的關係。然而沒有一項理論能夠全面地解釋一個單一的事件，或一系列事件。相形之下，一項說明則難免龐雜、膚淺、拖泥帶水，而且思想上不令人滿意。一部說明性的專著，其成功的祕訣不在於嚴謹，而在於全面。一部好的歷史書則按照編年史的方式來描述，並令人信服地分析一連串事件，同時指出爲什麼一起事件導致另一起事件。本研究也不作那樣的工作。它不去詳細刻劃在七〇年代和八〇年代間民主化的一般過程，也不去描述個別國家的民主化情況，而是試圖解釋並分析一群特定的國家在一段特定時間內的轉型情況。用社會科學的術語說，本研究既非是通則性，也非是細則性的。理論家和史學家都很可能因此發現本書不令人滿意，因爲它沒有提供前者所青睞的概括，也沒有提供後者所偏愛的深刻。

因此，在研究方法上，本研究完全不同於我的前幾部著作。在其他那些著作中，我試圖發展出一套關於關鍵變項間關係的概括和理論，諸如政治權力與軍隊職業制、政治參與與政治制度化、政治理想與政治行爲，這些關於它們之間關係的命題通常是作爲超越時間界限的眞理而提出來的。不過，在本書中，我的概括僅限於發生在七〇年代和八〇年代間的一組不連續的事件。的確，本書的一個重點是要說明第三波民主化與前兩波民主化的差異。在撰寫本書時，我禁不住地想要提出一些超越時間界限的深刻眞理，諸如，「置換過程比變革過程更充滿暴力」。可是當時我又不得不提醒自已，我的證據只來自於我所研究的有限的歷史事件，而且我在撰寫的是一部解釋性的、而非理論性的著作。所以我必須徹底放棄沒有時間界限的現在時態，而用過去時態來描述：「置換過程在當時比變革過程更充滿暴力」。除在極少數的幾個例外情況下，我都是這樣做的。在某些場合，命題的普遍性似乎如此明晰，以至我擋不住地要用更沒有時間界限的語彙來陳述。此外，幾乎沒有一項命題能夠適用於第三波的所有情況。因此，讀者們會發現，像「趨向於」、「通常」、「幾乎總是」這樣的字眼和其他一些同類的修飾詞經常出現在通篇的正文之中。根據我最後採行的表達方式，上面所例舉的命題應該讀成，「當時，置換過程通常比變革過程更充滿暴力」。

本書寫於一九八九年和一九九〇年間，當時我所關心的那些事件還在發展中。因此，本書碰到了同時發生性（contemporaneity）帶來的所有問題，故本書必須被當作對這些政權轉型的一個初步性的評估和說明。本書引證了歷史學家、政治學家和其他學者的著作，他們就特定的專題撰寫了詳細的專論。本書也多方面地依賴對於這些事件的新聞報導。只有在第三波民主化告一段落時，才有可能對這一現象作更全面和更令人滿意的解釋。

我以前對政治變遷的研究，即《變遷中社會的政治秩序》（*Political Order in Changing Societies*），是把重點放在政治穩定的問題上。我寫的那本書是因爲我認爲政治秩序是一件好事。我的目的是要發展一項通則性的社會科學理論來解釋能否實現穩定的原因、方式和條件。現在，本書的重點是放在民主化上。我撰寫本書是因爲我相信民主政治本身是好東西，而且就像我在第一章中所主張的那樣，它對個人的自由、國內的穩定、國際的和平和美國均有正面的影響。正如同在《政治秩序》（*Political Order*）一書中一樣，我試圖使我的分析盡可能地獨立於我的價值觀；至少在本書百分之九十五的篇幅上是如此。不過，對我來說，偶爾明確地表達我的分析對那些希望在其社會中實現民主化的人士所具有的意義也是十分有用的。因此，在本書中有五處，我放棄了社會科學家的角色，而擔當了政治顧問的角色，提出了若干條「民主人士指南」。如果這使我像一個胸懷大志的民主的馬基維利，那也無所謂啦。

促成我撰寫這部書的直接因素是一九八九年十一月我被邀請至俄克拉荷馬大學擔任羅斯鮑姆講座（Julian J. Rothbaum Lectures）。在這些講座中，我提出了本書的主要論題，當然那時還沒有經驗證據來支持這些論題。本書的大部分手稿寫成於一九八九年底和一九九〇年，而且我並未試圖在我的分析中納入發生在一九九〇年之後的任何一件事件。我非常感謝艾伯特國會研究中心（Carl Albert Congressional Research）與俄克拉荷馬大學研究中心及其主任彼得斯博士（Dr. Ronald Peters），邀請我前去擔任這些講座。我的妻子南施和我想要在此說明，我們非常感謝我們在俄克拉荷馬大學受到彼得斯博士和兩位羅斯鮑姆（Julian & Irene Rothbaum）和揚克夫斯基（Joel Jankowsky）以及眾議院議長艾伯特夫婦對我們倆始終如一禮遇和款待。

儘管講座邀請促成了我撰寫本書，但是書中的素材卻在我心中醞釀了一段時間。在手稿中有好幾處我是取自於以前的兩篇文章：第一篇文章，〈會有更多的國家成爲民主國家嗎?〉（Will More Countries Become Democracy）（《政治學季刊》「*Political Science Quarterly*, 99 Summer 1984」，第一九一－二一八頁）和〈民主的適切含義〉（The Modest Meaning of Democracy）載於《美洲的民主：停止擺盪》（*Democracy in the Americas: Stopping the Pendulum*, Robert A. Pastor編，紐約，一九八九年，十一－二十八頁）。在一九八七年到一九九〇年間，奧林以民主與發展研究員身分（John M. Olin Fellowship in Democracy and Development）使我得以花更多的時間和努力來研究本書的主題。

還有許多人直接間接地對這部手稿貢獻良多。自一九八三年以來，我一直在哈佛大學基礎課程中教授現代民主，這門課的重點是民主轉型問題。學生和助教們都會發現，本書中的許多內容取材自這門課；我對這個主題上的一些想法由於他們的評論和批評而得到了很大的改進。基拉蕊（Mary Kiraly）、李永洙（Young Jo Lee）、馬基奧羅（Kevin Marchioro）和波森（Adam Posen）在研究書中的素材和整理我在這一課題上的檔案資料時提供了絕對必要的幫助。辛巴羅（Jeffrey Cimbalo）不僅完成了這些任務，而且還在這部手稿的最後準備階段特別特別認眞地校閱了正文和注釋。布萊克特（Juliet Blackett）和英格爾哈特（Amy Englehardt）把他們非常卓越的文書處理技巧運用於這份手稿上，有效、迅速而且準確地列印出了許多草稿，以及不斷地進行修訂。我的幾位同事，雪哈比

（Houchang Chehabi）、考爾（Edwin Corr）、多明格斯（Jorge Dominguez）、哈格比安（Frances Hagopian）、諾林格（Eric Nordlinger）和史密斯（Tony Smith），閱讀了我的這部手稿的部分或全部。剛才提到的這幾個人提供了富有思想，而且很有批判性和建設性的書面評論。哈佛大學比較政治討論組的幾位成員也透過活潑的討論對我的手稿的前半部提出了很多意見。

我非常感激上述人士對我的著作抱有興趣，也感激他們對改進本書的品質所作的實質貢獻。不過，最後要說明的是，本書中的論點、論據和錯誤均由我來負責。

塞繆爾・杭廷頓（Samuel P. Huntington）

劍橋　麻薩諸塞州　一九九一年二月

目次

導讀——第三波民主化……9

序言……13

第一章 內容……25

第一節 第三波的開始……27

第二節 民主的含義……30

第三節 歷史上的民主化浪潮……37

第四節 民主化的問題……51

第二章 原因……61

第一節 波浪式運動探因……63

第二節 民主化波浪探因……67

第三節 第三波探因……74

第四節 合法統治權威的衰落和政績的困局……80

第五節　經濟發展與經濟危機……93
第六節　宗教變遷……107
第七節　外來勢力的新政策……119
第八節　示範效應或滾雪球……134
第九節　從肇因到肇端……139

第三章　方式——民主化的過程……153
第一節　威權政權……156
第二節　轉型過程……166
第三節　變革……169
第四節　置換……187
第五節　移轉……196

第四章　進行——民主化的特徵……215
第一節　第三波民主化的共同特徵……217
第二節　妥協、參與和適度交易……218
第三節　選舉結果：預料之外，還是情理之中……227
第四節　低度的暴力……245

第五章　持　久……267
第一節　鞏固權力及其問題……269
第二節　用刑者的難題：法辦與懲治，還是寬恕與遺忘……271
第三節　執政官式的難題：三心兩意而又強大的軍方……291
第四節　情境問題、幻滅與威權懷舊……311
第五節　民主政治文化的培養……316
第六節　民主政治行爲的制度化……323
第七節　有利於新民主國家鞏固的條件……328
第六章　走　向……343
第一節　第三波的肇因：持續、削弱，還是有所變化……346
第二節　第三波回潮？……354
第三節　進一步的民主化：障礙與機會……359
第四節　經濟發展與政治領導……379
作者生平與著作年表……385
中英對照表……389

圖目錄

1.1 民主化的波浪與回潮 …… 38
2.1 單一原因 …… 64
2.2 平行發展 …… 65
2.3 滾雪球 …… 65
2.4 流行性妙方 …… 66
2.5 經濟發展是民主化的一個因素 …… 102
3.1 民主化過程中所牽涉的政治團體 …… 167
5.1 第三波國家所面臨的問題 …… 271

表目錄

1.1 現代世界的民主化 …… 50
2.1 經濟發展與第三波民主化 …… 97
3.1 威權政權與自由化、民主化過程：一九七四—一九九〇年 …… 159
3.2 一九七三—一九九〇年間的領導階層變遷與改革 …… 177
5.1 第二次世界大戰後第三波國家的民主經驗 …… 329

5.2 第三波國家的經濟發展水準 …… 330
5.3 第三波國家的外在環境與民主鞏固 …… 331
5.4 第三波國家民主的創始 …… 332
6.1 一九八八年的每人GNP：高所得與中所得的非民主國家 …… 378

第一章 內容

第一節　第三波的開始

當今世界的第三波民主化浪潮開始於葡萄牙的里斯本。一九七四年四月二十五日，星期四半夜，零點剛過二十五分，當地的電臺突然播出了一首名叫「高山頌」（Grandola Vila Morena）的歌曲。播這首曲子是向里斯本及其周圍的軍隊發出行動訊號，以執行政變計畫。這次政變是由一些領導「武裝部隊運動」（亦稱作「尉官運動」，Movimento das Forcas Armadas, MFA）的青年軍官們精心策劃的。政變進行得果斷而又成功，只受到來自特勤警力的少量抵抗。軍隊占領了主要的政府部門、廣播電臺、郵局、機場和電信局。到上午時分，人群如潮，湧入街頭，聲援士兵，並且把康乃馨插在他們的步槍上。傍晚時分，被廢黜的獨裁者卡埃塔諾（Marcello Caetano）已經向葡萄牙新的軍方領袖投降，第二天便出走流亡了。於是，在一九二六年由類似的軍事政變中建立的獨裁政權終於壽終正寢了，而領導該政權達三十五年之久、作風嚴苛的文人薩拉查（António Salazar）卻與葡萄牙的士兵們保持了密切的合作。[1]

四月二十五日的政變不像是世界民主浪潮的開端，因爲各種政變通常都是推翻，而不是建立民主政權。葡萄牙政變只是無意中成爲一個開端，因爲政變領導人很少會想到要建立民主政治，而且，他們更無意觸發一場全球性民主運動。獨裁政權的死亡並不保證民主的誕生，不過，這次政變卻釋放了一大批民眾的、社會的和政治的力量，這些力量在獨裁政權期間曾遭到有效的壓制。在四月政變後的十八個月中，葡萄牙一直處在動亂之中。「武裝部隊運動」的軍官們分裂成相互對立的保守派、溫和派和馬克思主義派等派別。上述各派別也建立了各自的政黨，從左翼強硬路線的共產黨到右翼的法西斯政團都有。前後有六屆臨時政府相繼更迭，政府所擁有的權威一屆比一屆少。政變與反政變的企圖都屢見不鮮。工人和農民們罷工、遊行，奪取工廠、農場和新聞媒體。溫和的政黨在政變一周年（一九七五年）的全國性選舉中贏得了勝利，但是就在這一年的秋天，保守的北方與激進的南方之間的內戰卻有一觸即發的態勢。

在許多方面，葡萄牙的革命動亂與一九一七年的俄國極其相似，卡埃塔諾就是當年的尼古拉二世（Nicholas II），四月政變就相當於二月革命，「武裝部隊運動」中的主流派就是布爾什維克派（Bolsheviks），而且也出現了極其類似的大規模經濟混亂和社會動盪，甚至與克爾尼洛夫（Kornilov）陰謀事件一樣，史匹諾拉（Spinola）將軍在一九七五年三月也代表右翼發動了一次流產政變。敏銳的觀察家都看到了兩者之間的相似之處。在一九七四年九月，臨時政府的外交部長兼葡萄牙社會黨黨魁蘇亞雷斯（Mário Soares），在華府會見了美國國務卿季辛吉（Henry Kissinger）。季辛吉訓斥了蘇亞雷斯和其他的溫和派，指責他們沒有採取果斷的行動以阻止馬克思列寧主義式的獨裁政權。

「你是一位克倫斯基（Kerensky）[2]……我相信你的誠意，但是你太天真了。」季辛吉告訴蘇亞雷斯。

「我當然不想當克倫斯基。」蘇亞雷斯答道。

「克倫斯基也不想。」季辛吉又回敬一句。[3]

不過，結果證明葡萄牙的確不同於俄國。克倫斯基派贏了；民主獲得勝利。蘇亞雷斯當上總理，後來又成爲總統。葡萄牙革命中的列寧（Lenin）——一位沉默寡言的親民主的上校——名叫伊恩斯（António Ramalho Eanes），他在緊要關頭調動了訓練有素的部隊以獲得他所期望的政治結果，他於一九七五年十一月二十五日粉碎了武裝部隊中的激進左翼分子，確保了葡萄牙的民主前途。

葡萄牙一九七四年和一九七五年的民主運動雖然十分富有戲劇性，但卻不是獨一無二的。在其他地方，也出現了不太顯眼的民主躍動。一九七三年，在巴西，由梅迪奇（Emílio Médici）將軍政府的領導人們在即將去職之前實施了政治「減壓」（distensao, decompression）計畫。在一九七四年，蓋賽爾（Ernesto Geisel）將軍交付他的新政府開始推動政治開放事宜。在西班牙，阿里亞斯（Carlos Arias）總理謹慎地將佛朗哥（Franco）獨裁政權朝著更加自由化的方向邁進，而當時整個國家都在等待著這位獨裁者的死亡。在希臘，那群上校的政權內部，各種緊張關係不斷升級，終於導致該政權在一九七四年年中的垮臺，並在年底產生了新一波轉型浪潮中第一個以民主選舉方式產生的政府。在此後的十五年中，這一波民主潮流變成了一種全球性的浪潮；大約有三十個國家從集權政治（威權政府）轉向了民主政治，至少還另有幾十個國家受到了民主潮流的衝擊。

第二節　民主的含義

一九七四年至一九九〇年間的民主轉型是本書的主題。探討這一主題的第一步是，釐清本書中所使用的「民主」和「民主化」的概念。

民主成爲政體的一種概念可以追溯到希臘哲學家，不過，其近代的用法卻只能上溯到十八世紀末西方社會的革命性動盪。在二十世紀中期，有關民主含義的討論中出現了三種常見的取徑。作爲一種政體，民主一直是根據政府權威的來源、政府的目的和組成政府的程序等三方面來界定的。

民主不論是被定義爲權威的來源或是目的，都會出現含糊不清、不精確等嚴重問題，因此，本書使用的是程序性定義。[4]在別的政府體制中，人們可以根據家世、運氣、財富、暴力、選任、學識、任命或考試而成爲領袖。民主政治最主要的程序是被統治的人民經由競爭性的選舉來挑選領袖。民主概念的這一最重要的現代規範是由熊彼得（Joseph Schumpeter）在一九四二年提出來的。在其開創性的研究，即《資本主義、社會主義與民主》（*Capitalism, Socialism, and Democracy*）一書中，熊彼得具體指陳了他所謂的「古典民主理論」的缺陷。這種民主理論根據「人民的意志」（來源），和「公益」（目的）來界定民主。熊彼得有效地推翻了研究民主的這些取徑，並且進一步提出他所稱的「另一種民主的理論」。他說，「民主的方法是爲了達成政治決定所作的一種制度安排，在這種制度安排中，個人藉由激烈的競逐獲取人民手中的選票而得到做決定的權力。」[5]

第二次世界大戰後不久，發生了一場持續很久的辯論，這場辯論發生在，決心用來源、目的來界定民主的古典派，與堅持用熊彼得模式中程序性民主概念的那些人數愈來愈多的理論家之間。到了七〇年代，這場辯論才告結束，熊彼得贏了。理論家們愈來愈注重在兩種民主概念之間作區分，一種是理性主義的、烏托邦和理想主義的民主概念，另一種是經驗的、描述的、制度的和程序的民主概念，而且他們辯論所得的結論是，只有後一種概念才能夠提供分析上的準確性和經驗上的參照物，從而使之成爲有用的概念。用規範理論來對民主進行籠統的探討突然地衰落，至少在美國的學術討論中是如此，而且被另一種研究方向所取代，這種研究方向旨在理解民主制度的本質、制度的運作方式和它們得以興起或衰落的原因。其中最主要的努力是使民主成爲一個常識用詞，而不是「溢美」字眼。[6]

遵循熊彼得的傳統，本項研究在評判一個二十世紀的政治體制是否民主所依據的標準是，看其中最有力量的集體決策者是否經由公平、公正和定期的選舉產生，在這種選舉中候選人可以自由地爭奪選票，而且基本上所有的成年人都具有投票權。用這種方式來界定，民主政治包含兩個面向，一個是競爭（contestation），一個是參與（participation）。這兩點是達爾（Robert Dahl）視爲其現實主義的民主（realistic democracy）或多元政體論（polyarchy）的關鍵所在。這也意味著，言論、出版、集會和結社自由等公民自由、政治自由的存在對於政治辯論是不可或缺的，而且對於選舉活動也是如此。

這種程序的民主概念提供了若干個基準點，這些基準點主要圍繞著達爾的兩個面向。藉著這些基準點，我們能夠判斷政治體制到達什麼程度就是民主的，可以比較不同的政治體制，也可以分析這些體制是否愈來愈民主了。例如，若是一個政治體制到了拒絕其社會的部分成員參與投票的地步，那麼，這種體制就是不民主的，如南非的政治制度，拒絕給占人口百分之七十的黑人；或瑞士拒絕給占人口百分之五十的婦女；或是美國曾經拒絕給予占人口總數百分之十的南方黑人以投票權的機會。同樣地，一個體制若是到了不允許反對黨參加選舉或是反對黨受到抑制、騷擾而不能有所作爲，或是反對黨的報紙遭到檢查或被關閉，或是選票被操縱、或統計錯誤的程度，那麼，這種體制也是不民主的。在任何社會中，任何主要的反對政黨在公職人員選戰上遭到不斷的失敗，都必然產生有關這個體制所允許的競爭程度這一問題。八〇年代末，經由國際組織派團加強對選舉進行觀察，自由與公平的民主選舉標準就變得更加派得上用場了。到了一九九〇年，情況已經發展到這樣的程度，一個民主化國家的第一次選舉只有在下列情況下才被認爲合法：即有一個或多個合格而客觀公正的國際觀察員在場觀察，而且觀察員承認選舉合乎公正與公平的最低標準。

民主的程序性研究方法與民主這個術語的常識性用法一致。我們都知道軍事政變、新聞檢查、選舉舞弊、對反對黨強迫及騷擾、監禁政治反對派和禁止政治集會都與民主不相容。我們也知道，消息靈通的政治觀察家可以把這些民主的程序性條件運用於當今世界各國的政治體制，而且可以輕而易舉地提出一張清單，說明哪些國家是十分民主的，哪些國家顯然不是，哪些國家介於兩者之間。而且除極少數情況外，不同的觀察家都會提出一份相同的名單。我們也都知道我們可以判斷出，各國政府是如何隨著時間而發生變化，而且沒有人會就這樣一個問題提出反駁：即阿根廷、巴西、烏拉圭，在一九八六年時比一九七六年時更民主了。各色各樣的政權絕不會畫進學術上所畫定的框框內而大小完全相等，而任何分類系統都必須接受有模稜兩可、含混不清和混淆的情形存在。例如，在歷史上，中華民國臺灣的國民黨政權集威權、民主和極權的某些元素於一身。此外，一些本來是民主的政府也許會由於廢除或嚴格限制民主程序而終止民主政治，例如，五〇年代末期的韓國和土耳其，以及一九七二年的菲律賓。然而，儘管仍存在所有這些問題，根據其程序民主的程度來對政權進行分類仍然是一項比較簡單的工作。

如果用普選的方式選出最高決策者是民主政治的精髓，那麼在民主化過程的關鍵就是，用自由、公開和公平的選舉中產生的政府來取代那些不是以這種方法產生的政府。不過，選舉之前和選舉之後的整個民主化過程通常十分複雜，而且曠日費時，通常牽涉到非民主政權的終結、民主政權的登臺，然後是民主體制的鞏固。相比之下，自由化只是威權政體（authoritarian regime）的局部開放，這種開放沒有經由自由競爭的選舉來選擇政府領導人。正在展開自由化的威權政體通常會釋放政治犯、開放某些論題給民眾辯論、放鬆新聞檢查、開放一些低層的公職舉行選舉、允許公民社會（civil society）的某種復興，以及循著民主化的方向採取其他步驟，但不把最高層的決策者交付選舉來考驗。自由化可導致、也可能不導致全面的民主化。

在界定民主方面還有幾點需要說明：

第一，根據選舉來界定民主是一種最起碼的定義。對某些人來說，民主具有或者應該具有更廣泛和更富有理想的相關含義。對他們來說，「眞正的民主」指的是自由、平等、博愛（liberte, egalite, fraternite）、公民對政策的有效控制、負責任的政府、誠實、廉潔和公開的政治，知情的或理性的深思熟慮、平等的參與和權力，以及各種其他的公民道德。在多數情況下，這些當然都是好事，而且如果人們願意的話，他們可以用這種方式來界定民主。不過，這樣做也隨即衍生了由典據和目的來界定民主的所有問題。含糊不清的規範不能產生有用的分析結果。公開、自由和公平的選舉是民主的精髓，而且是不可或缺的必要條件。由選舉產生的政府也許效率低、腐敗、短視、不負責任或被少數人的特殊利益所操縱，而且不能採納公益所要求的政策。這些品質也許使得這種政府的不足取，但並不能說這種政府不民主。民主是一種公共美德，但不是唯一的美德，只有把民主與政治體制的其他特徵明確地區分開來，民主與其他公共美德或罪惡的關係才能得到理解。

第二，一個社會當然能夠透過民主的手段選擇其政治領袖，但是這些政治領袖未必行使實權。他們也許只是其他某些團體的代言人或傀儡。若是到了最有權勢的集體決策者不是經由選舉產生的地步，那麼該政治體制就是不民主。不過，隱含在這一民主概念中的是對權力的限制。在民主國家，選舉選出的決策者並不擁有鉅細靡遺的權力。他們與社會中的其他群體分享權力。不過，若是那些由民主選舉產生的決策者變得只是某個非民主方式產生的團體的門面，而後者的權力更大，那麼，顯而易見，這個體制也是不民主的。例如，在二〇年代末期的日本和在八〇年代末的瓜地馬拉，這兩個國家由選舉產生的政府實質上都是完全被軍方操縱，所以，我們有理由說她們不是眞正民主的國家。不過，不論是批評政府的左翼或是右翼人士都可以輕易地指責選舉產生的官員不過是某個其他團體的「工具」，或是指責他們雖然行使了權威，但靠的是得到了某個其他團體的默許，或是受到這種團體的嚴格約束。人們常常提出這種指控，而且這些指控也許是眞的。但是，若是不能證明這些指控爲眞，就不應斷定其爲眞。這樣做，也許有困難，但不是完全做不到。

第三個問題是關於民主政體的脆弱或穩定性。人們可以把穩定性或制度化的概念融入民主的定義之中。這通常指的是政治體制可望持續存在的程度。穩定性在分析任何政治體制當中都是一個中心面向。不過，一個政治體制可能大致是民主的，或者大致是穩定的。在民主程度上歸類爲同一等級的體制也許在穩定性上差異很大。因此，美國「自由之家」政治人權組織在一九八四年初發表的對世界各地自由狀況的調查中，把紐西蘭和奈及利亞都歸入了「自由」的一類。在下這一判斷之時，奈及利亞的自由也許絕不比紐西蘭少，但是，奈及利亞卻較不穩定：一九八四年元旦，一場軍事政變結束了奈及利亞的民主政治。人們可以建立民主的或不民主的體制，但是它們也許能持續下去，也許不能。一個體制的穩定性不同於該體制的本質。[7]

第四，還有個問題，即是否把民主或不民主當作一個二分法還是持續的變項。許多分析家傾向於後一種看法，而且發展出測量民主的方法，這些方法把選舉的公平、對政黨的限制、新聞自由，及其他指標結合在一起。這種方法若用於某些目的可能非常管用，例如，識別某些國家間民主政治的變異度（如美國、瑞典、法國、日本），這些國家通常都被認爲是民主國家，或是用於辨別不民主國家的威權體制的變異度。不過，這的確產生諸多問題，例如，指標的加權。二分法則更能滿足我這項研究的目的，因爲我們關心的是，從不民主的政權轉渡到民主的政權。而且民主在這項研究當中一直是用一個單一的、相當明確的和廣被接受的標準來界定的。即使在分析家們使用某種不同的測量方法時，他們對政治體制是民主、還是不民主的判斷相關度都極高。[8] 因此，本書將把民主當作一個二分化的變項，但也承認有介於兩者之間的情形（例如，一九一五年至一九三六年間的希臘；一九八〇年以後的泰國；一九七四年以來的塞內加爾），這些國家可以適當地列入「半民主國家」一類。

第五，不民主的國家沒有選舉上的競爭和普遍的選舉投票權。除了這些共有的負面特徵外，它們極少有共同之處。這一類的國家包括：君主專制、官僚帝國、寡頭政治、貴族政治、選舉權受到限制的立憲政體、個人獨裁、法西斯主義政權和共產主義政權、軍事獨裁政權，以及其他類型的統治方式。這些類型中有一些在早年曾經頗爲盛行；有些則比較現代，特別是，極權政權出現在民主化開始之後的二十世紀，而且試圖大規模地動員公民來遂其政權的種種目的。社會科學家們將這類政權與傳統上不民主的威權體制做了適切而且重要的區分。前者的特點是：單一的政黨，通常由一人來領導；一支無所不在的和權力無邊的祕密警察；一套高度成長的意識形態以揭示一個理想社會，而這也是極權主義運動所致力於實現的；政府對大眾傳播媒體和所有或多數社會經濟組織的滲透和控制。另一方面，傳統的威權體制所具有的特徵則是：一位領袖或一個小的領導班子，沒有政黨或只有一個軟弱的政黨，沒有群眾動員，可能有一種「思想意識」（mentality），但沒有意識形態，只有一個有限的政府、「有限的、但不是責任制的政治多元體制」，而且不試圖去重造社會和人性。[9] 在極權主義和威權主義之間的這一分野對理解二十世紀的政治至關重要。不過，爲了避免在重複使用「不民主」一詞所造成的語意困擾，本書將用「威權」來指稱所有不民主的體制。不民主政權或威權政權的具體類型指的是：一黨體制、極權體制、個人獨裁政權、軍事政權，以及類似的政權。

第三節 歷史上的民主化浪潮

具有民主特徵的政治體制不是現代才有。在世界上的許多地區中，部落首領數世紀以來一直是選舉產生的，而且在某些地方，民主政治制度長期存在於「村」這一層級上。此外，民主的概念早在古代世界即已爲人們所熟悉。不過，希臘人和羅馬人的民主排除了婦女、奴隸以及其他身分的人（諸如外籍居民）參與政治生活。實際上，統治機構對這些受限定的民眾所負責任的程度也常常是十分有限的。

現代的民主政治不僅是村莊、部落或城邦的民主；它是民族國家的民主，其出現與民族國家的發展有密切的關係。在西方，邁向民主政治的原動力發生在十七世紀上半葉。在英國革命中，民主思想和民主運動雖然算不上一個最主要的特徵，但也是其中一個重要特徵。一六三八年一月十四日，哈特福（Hartford）及其鄰近城鎮的公民所通過的「康乃狄格基本法」（Fundamental Orders of Connecticut）是「近代民主政治的第一部成文憲法」。[10]不過，一般而言，清教徒的崛起並沒有給英國或美國留下民主制度的遺跡。自一六六〇年後約一個多世紀裡，這兩個地方的政府都變得更加封閉，還不如其在早期那麼具有廣泛的代表性。貴族與寡頭政治以各種方式復辟。在一七五〇年，西方世界在國家這一層級上還沒有民主制度。在一九〇〇年，這種制度已經存在於許多國家之中。到二十世紀末，又有更多的國家具備了民主制度。這些制度出現在民主化的幾波浪潮之中（見圖 1.1）。

註解：圖1.1 國家的分類：
(A) 澳洲、加拿大、芬蘭、冰島、愛爾蘭、紐西蘭、瑞典、瑞士、英國、美國
(B) 智利
(C) 奧地利、比利時、哥倫比亞、丹麥、法國、西德、義大利、日本、荷蘭、挪威
(D) 阿根廷、捷克、斯洛伐克、希臘、匈牙利、烏拉圭
(E) 東德、波蘭、葡萄牙、西班牙
(F) 愛沙尼亞、拉脫維亞、立陶宛
(G) 波札那、甘比亞、以色列、牙買加、馬來西亞、馬爾地、斯里蘭卡、千里達、委內瑞拉
(H) 玻利維亞、巴西、厄瓜多、印度、南韓、巴基斯坦、秘魯、菲律賓、土耳其
(I) 奈及利亞
(J) 緬甸、斐濟、迦納、蓋亞那、印尼、黎巴嫩
(K) 保加利亞、薩爾瓦多、瓜地馬拉、海地、宏都拉斯、外蒙古、納密比亞、尼加拉瓜、巴拿馬、羅馬尼亞、塞內加爾
(L) 蘇丹、蘇利南

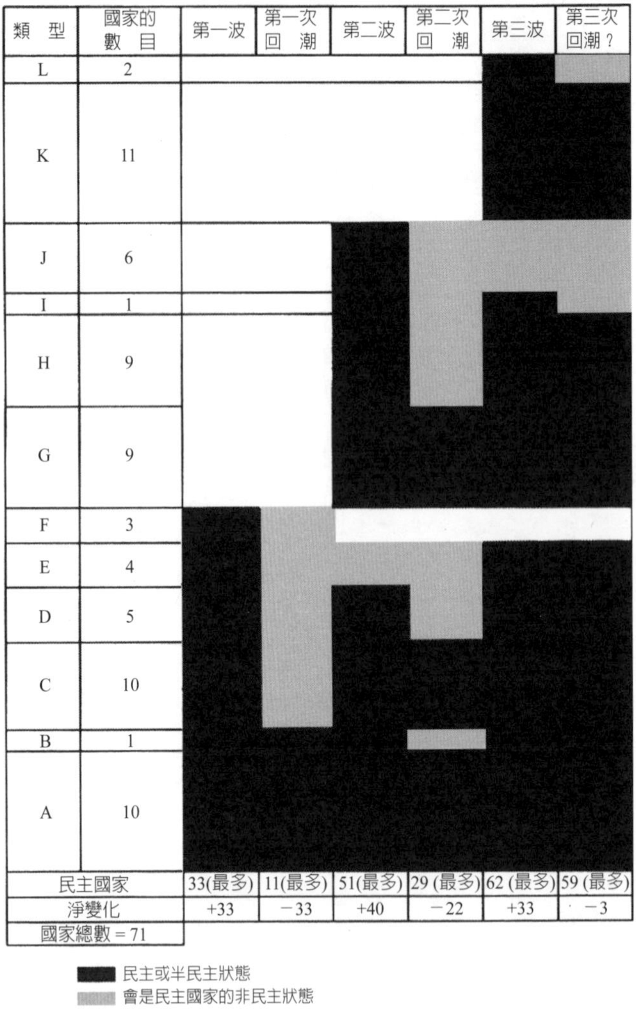

圖1.1　民主化的波浪與回潮

所謂一陣民主化浪潮指的是一群國家政權由非民主轉型到民主，這種轉型通常發生在一段特定的時期內，而且在同一時期內，朝民主化方向轉型的國家在數量上顯然超過朝相反方向轉型的國家。一陣民主化浪潮通常也指，在尚未全面民主化的政治體制中出現的自由化或部分民主化。在近代世界史中出現了三波民主化。[三]每一波只影響到數目比較少的國家，而且在每一波期間都有一些政權朝著非民主的方向轉型。此外，並非所有的民主轉型都發生在民主化的高潮期間。歷史是雜亂無章的，而且各種政治變遷也不會自動把自己歸入整齊劃一的歷史框框中去。歷史也不是單方向的。頭兩波民主化浪潮的每一波之後都出現了一次回潮。在這樣的回潮中，某些國家（並非所有的國家）以前曾有民主轉型的現象，但仍然恢復非民主統治的舊觀。試圖準確地說出一個政權發生轉型的時間常常是武斷的，而試圖具體地說明民主化浪潮和回潮的日期也是武斷的。雖然如此，武斷一點常常是有助益的，而這幾波政權變遷的年代大致如下：

第一次民主化長波：一八二八—一九二六

第一次回潮：一九二二—一九四二

第二次民主化短波：一九四三—一九六二

第二次回潮：一九五八—一九七五

第三波民主化：一九七四—

第一波民主化

第一波民主化起源於美國革命和法國革命。不過，國家層次上民主制度的實際出現，則是十九世紀的現象。在那個世紀裡，大多數國家的民主制度是逐漸發展起來的，因此，要具體說出一個特定的日期來表示此時之後的某一政治體制就算是民主，那樣做不僅有困難，而且失之於武斷。不過，桑沙因（Jonathan Sunshine）提出了兩個合理的主要標準，以判斷十九世紀政治體制何時在該世紀中取得最低限度的民主資格：⑴百分之五十的成年男性有投票權；⑵一個負有責任的行政官員，或者必須維持在一個由選舉產生的議會中得到多數的支持，或者由定期的普選來產生。若是採取這些標準，並且比較寬鬆地加以適用，那麼可以說，美國大約在一八二八年便開始了第一波的民主化。[12] 在歷史較悠久的東部諸州中廢除了財產資格的限制，加上新州陸續跟進採納，致使一八二八年總統選舉中有選舉資格的成年男性迅速超過了白人男性的百分之五十。在往後數十年中，其他國家也逐漸擴大了選舉範圍，減少了複式投票（plural voting），並引入了祕密投票的原則，確立了總理（首相）和內閣對議會的責任制度。瑞士、英國的海外領地、法國、英國本土和幾個較小的歐洲國家在跨入本世紀之前就已開始走向民主。就在第一次世界大戰爆發前不久，義大利和阿根廷也建立起了大致上算是民主的政權。在第一次大戰之後，新獨立的愛爾蘭和冰島成了民主國家，而且邁向民主的群眾運動也發生在取代羅曼諾夫（Romanov）王朝、哈布斯堡（Hapsburg）王朝和霍亨索倫（Hohenzollern）王朝的那些國家之中。大約在本世紀三〇年代初期，第一波民主化完全結束之後，西班牙和智利也加入了民主化的行列。一般說來，約一百年的時間內，總共有三十多個國家建立了至少是最低限度的全國性民主制度。在十九世紀三〇年代，這種潮流啟動之初，托克維爾（Tocqueville）就已預言了。在一九二〇年，布萊斯（James Bryce）回顧了這段歷史並且沉思，這個「今日到處可見的邁向民主化的潮流，可否爲一個社會進步之一般法則造成的自然趨勢？」[13]

第一次回潮

不過，即使布萊斯先生思索過民主的前途，民主的趨勢仍不斷地減弱並產生回潮。本世紀二〇年代和三〇年代政治發展的主幹是偏離民主，不是回到傳統的威權統治形式，就是引入新的以群眾爲基礎的、更殘酷的和更普遍監管的新型極權主義政體。這種逆轉大部分發生在那些剛在第一次世界大戰前後採行民主政體的國家。在這些國家中，不僅民主是個新事物，而且在許多情況下，國家也是個新事物。在一九一〇年之前建立民主制度的十二個國家中，只有希臘在一九二〇年之後經歷了一次逆轉。在一九一〇年至一九三一年之間採行民主制度的十七國家中，只有四個國家在整個二〇年代和三〇年代保住了這種制度。

第一次回潮始於一九二二年，墨索里尼（Mussolini）向羅馬進軍，輕而易舉地廢除義大利脆弱而且相當腐敗的民主體制。過十年後不久，立陶宛、波蘭、拉脫維亞和愛沙尼亞之無經驗的民主制度也被軍事政變所推翻。像南斯拉夫和保加利亞這樣的國家就從來不知道什麼是真正的民主政治，於是，遭受了更加嚴厲的獨裁政權統治。希特勒（Hitler）在一九三三年奪權，終止了德國的民主體制，同時也爲奧地利的民主體制在四年後的垮臺打了包票。最後，捷克的民主在一九三八年結束。希臘的民主在一九一五年被全國分立派（National Schism）攪得不得安寧，最後在一九三六年壽終正寢。葡萄牙屈服於一九二六年的軍事政變，這場政變導致了漫長的薩拉查獨裁政權。巴西和阿根廷在一九三〇年也發生了軍事接管；烏拉圭在一九三三年退回到了威權體制；一九三六年的一次軍事政變導致了內戰和西班牙共和國在一九三九年的死亡；日本在二〇年代引入了新而有限的民主，但最後在三〇年代初被軍人統治所取代。

這些政權的變化反映了共產主義、法西斯主義和黷武主義意識形態的崛起。在民主制度巋然不動的法國、英國和其他國家，反民主的運動從二〇年代的疏離和三〇年代的經濟蕭條中獲得了力量。打那場戰爭本應是使世界的民主更加有保障，結果卻釋放了左的和右的兩種政治極端運動，而這些運動卻都處心積慮要摧毀民主政治。

第二波民主化

第二波短短的民主化始於第二次世界大戰。盟軍的占領促進了民主制度在西德、義大利、奧地利、日本和韓國的建立，而蘇聯的壓力卻撲滅了捷克和匈牙利初萌的民主。在四〇年代末期和五〇年代初期，土耳其和希臘開始民主化。在拉丁美洲，烏拉圭在戰爭期間回到了民主體制；而巴西、哥斯大黎加則在四〇年代末期轉向民主體制。在阿根廷、哥倫比亞、秘魯、委內瑞拉等四個拉丁美洲國家中，一九四五年和一九四六年的選舉引進了由普選產生的政府。不過，在所有這四個國家中，民主的經驗並沒有持續下去，到了五〇年代初，獨裁政權就復辟了。五〇年代末，阿根廷和秘魯又退回到有限的民主，不過，由於在軍方與民粹主義的美洲人民革命聯盟（Aprista）和裴隆派（Peronista）之間的衝突，這種有限的民主變得極其不穩定。相形之下，在五〇年代末，哥倫比亞和委內瑞拉的菁英們也經由談判達成了協議，結束了這些國家的軍事獨裁，並建立了可大可久的民主制度。

在西方殖民統治開始告終的同時，產生了一大批新的國家。這許多國家之中，人們並未從事眞正的努力來建立民主制度。有些國家的民主制度則極其脆弱，例如，在巴基斯坦，民主制度從來就沒站穩腳步，而且在一九五八年遭到撤廢；馬來西亞在一九五七年獨立建國，除一段短暫的時期（即一九六九－一九七一年的緊急狀態）外，一直維持在「準民主」（quasi-democracy）的狀態中；印尼在一九五〇－一九五七年之間有一種混亂的議會民主體制。在少數幾個新國家，如印度、斯里蘭卡、菲律賓和以色列，民主制度持續了十年或更長的時間，而且，在一九六〇年，非洲最大的國家——奈及利亞開始了民主國家的新生涯。

第二次回潮

六〇年代初期，第二波民主化已經告一段落。到五〇年代晚期爲止，政治發展和政權轉型都呈現出強烈的威權主義色彩。[14]這種變遷在拉丁美洲最富有戲劇性。秘魯在一九六二年開始轉向威權主義，那一年，軍方出面干預而改變了選舉的結果。第二年，一名被軍方接受的文人當選爲總統，但他在一九六八年被一場軍事政變所取代。一九六四年，軍事政變推翻了巴西和玻利維亞的文人政府。阿根廷和厄瓜多分別在一九六六年和一九七二年如法炮製。一九七三年，軍人接管了烏拉圭和智利的政權。根據某種理論，巴西、阿根廷的軍事政府以及智利和烏拉圭的軍事政府（對後兩個國家較有爭議），是一種新型式的政治體制，即「官僚威權主義」（bureaucratic authoritarianism）。[15]

在亞洲，巴基斯坦軍方在一九五八年建立了一個實施戒嚴統治的政權。在五〇年代末，李承晚開始逐步破壞韓國民主程序的根基，在一九六〇年接替他的民主政權卻在一九六一年被一場軍事政變所推翻。這一新的「半威權」政權在一九六三年的選舉中獲得了合法地位，但在一九七三年終於蛻變成了一個極爲全面的威權體制。一九五七年，印尼的蘇卡諾（Sukarno）用指導式民主（guided democracy）取代了議會民主，一九六五年，印尼軍方結束了指導式民主，進一步接管了該國的政府。在一九七二年，馬可仕（Ferdinand Marcos）總統在菲律賓實行戒嚴統治，而在一九七五年，甘地夫人（Indira Gandhi）終止了民主常規，並且宣布印度進入緊急狀態。在中華民國臺灣，非民主的國民黨政權曾在五〇年代容忍過自由派的異議分子，但是這些異議分子在六〇年代的「黑暗時代」被鎮壓下去了，而且「任何形式的政治討論」都被壓制得鴉雀無聲。[16]

在地中海地區，希臘的民主政治在一九六五年的「皇家」政變和一九六七年的軍事政變之前就已崩潰。土耳其的軍方在一九六〇年推翻了文人政府，旋即在一九六一年還政於民選政府，在一九七一年的一次「半政變」中再次干政，又於一九七三年把權力還給民選的政府，然後在一九八〇年實行了全面的軍事接管。

在六〇年代，若干個非洲以外的英國殖民地獨立了，而且建立了民主政權，這些民主政權持續了相當一段時期。她們包括於一九六二年獨立的牙買加和千里達托貝哥、一九六四年獨立的馬爾他、一九六六年獨立的巴貝多和一九六八年獨立的模里西斯。不過，在六〇年代獨立的大多數新興國家卻位於非洲。這些國家中最重要的是奈及利亞，她獨立之初是一個民主國家，但在一九六六年被一場軍事政變所推翻。唯一持續維持民主制度的非洲國家是波札那。在一九五六年到一九七〇年之間獲得獨立的三十三個其他非洲國家，在獨立一開始或是獨立後不久就變成了威權國家。非洲的非殖民化所導致的結果是，在歷史上出現了一大批獨立的威權政府。

在本世紀六〇年代和七〇年代初期，全球性偏離民主政治軌道的現象令人印象深刻。根據一項統計，在一九六二年，世界上有十三個政府是由政變產生的；到一九七五年，這一數目則達到了三十八個。根據另一項估計，在一九五八年，世界上三十二個民主國家中，有三分之一的國家到七〇年代中期時已變成了威權體制國家。[17]在一九六〇年具有伊比利半島傳統的南美國家，十個中有九個國家的政府是由民主選舉產生的；到了一九七三年只剩兩個，即委內瑞拉和哥倫比亞。這一波偏離民主化軌道的浪潮，由於其包括智利、烏拉圭（「南美的瑞士」）、印度和菲律賓在內，所以更加予人印象深刻，因爲這幾個國家維持長達四分之一世紀以上的民主政權。這些政權的轉型，不僅增強了官僚威權主義的理論用來解釋拉丁美洲的變遷，也產生了一種更廣泛的悲觀主義；這種悲觀主義懷疑民主體制在開發中國家的適用性，而且這些變遷還促使人們注意到，民主政治在行之有年的先進國家的生存能力和可行性。[18]

第三波民主化

但是，歷史的辯證法再一次顛倒了社會科學的理論。在葡萄牙於一九七四年結束獨裁政權後的十五年間，民主政權在歐洲、亞洲和拉丁美洲大約三十個國家取代了威權政權。其他國家的威權政權則發生大規模的自由化運動。另外一些國家，推廣民主政治的運動獲得了力量和合法性。儘管遭到抵抗和挫折，就像在一九八九年的中國大陸那樣，邁向民主政治的運動似乎變成了勢不可擋的世界潮流，而且從一個勝利走向另一個勝利。

第三波民主化的潮流首先出現在南歐。在葡萄牙政變後的三個月，自一九六七年以來一直統治希臘的軍事政權垮臺了，一個在卡拉曼里斯（Constantine Karamanlis）領導下的文人政府接管政權。一九七四年十一月，在一場競爭非常激烈的選舉中，希臘人民給予卡拉曼里斯及其政黨以決定性的多數，而且，一個月之後，又以壓倒性的多數票決定不恢復君主制。一九七五年十一月二十日，正好是伊恩斯在葡萄牙擊敗馬克思列寧主義信徒後的第五天，佛朗哥將軍的死亡終結了其對西班牙長達三十六年的統治。此後的十八個月中，新的國王卡洛斯（Juan Carlos）在其首相蘇維斯（Adolfo Suárez）的幫助之下，獲致國會和民眾表決通過政治改革法，並根據這項法案選舉出一個新的立法機構。這個立法機構草擬了一部新憲法，該部憲法在一九七八年的公民複決中獲得通過。根據這部新憲法，於一九七九年三月舉行國會選舉。

七〇年代末期，民主的浪潮湧入拉丁美洲。一九七七年，厄瓜多的軍方領袖宣布他們願意退出政治；一九七八年起草了一部新憲法；一九七九年的選舉則產生了一個文人政府。在秘魯，也經歷了軍方退出政治的類似過程，結果是在一九七八年選舉產生了一個制憲大會，於一九七九年制定一部新憲法，在一九八〇年則選舉出一個文人總統。在玻利維亞，由於軍方的退出政治，卻使得從一九七八年起連續四年的局勢混亂不堪，有政變和中止的選舉夾雜其間，最後還是在一九八二年選舉出了一個文人總統。就在同一年中，由於在與英國的戰爭中敗北，阿根廷的軍事政府受到了重挫，結果在一九八三年選舉出一個文人總統和文人政府。在烏拉圭，軍方和政治領袖之間的談判，導致於一九八四年十一月選舉產生了一個文人總統。一九八五年一月，巴西從一九七四年就開始的「開放」過程到達了一個決定性的關頭，選舉出了自一九六四年以來的第一個文人總統。在此同時，中美洲的軍方也退出政界。宏都拉斯在一九八二年一月任命了一位文人總統；薩爾瓦多的選民在一九八四年五月的一次競爭空前激烈的選舉中選出杜瓦爾特（José Napoleon Duarte）爲總統；瓜地馬拉在一九八四年選出一個制憲大會，並在一九八五年選出一位文人總統。

民主化的運動也出現在亞洲。早在一九七七年，第三世界最主要的民主國家印度，在經歷了一年半載的緊急狀態之後，回到了民主的常軌。一九八〇年，爲了對暴力和恐怖主義有所因應，土耳其的軍隊第三次接管了該國的政府。不過，在一九八三年，他們退出了政界，並經由選舉產生了文人政府。在同一年，暗殺艾奎諾（Benigno Aquino）的事件使菲律賓進入多事之秋，最後演變成在一九八六年二月結束了馬可仕的獨裁政權，菲律賓恢復了民主體制。一九八七年，韓國的軍事政府推出候選人競選總統，並在競爭激烈而大致公平的選舉中當選爲總統。次年，反對黨控制了韓國的國會。一九八七年和一九八八年，在臺灣的中華民國政府大幅放寬了在該國進行政治活動的限制，並致力於創造一個民主的政治體制。一九八八年，巴基斯坦的軍事統治告一段落，而在此同時，由一位女性所領導的反對黨，贏得了選舉的勝利，並控制了政府。

八〇年代末，民主的浪潮也吞沒了共產主義世界。一九八八年，匈牙利開始轉型到多黨體制。一九八九年，蘇聯的國民議會選舉使得幾位共產黨高層領導人受到了嚴重的挫敗，並產生了一個愈來愈具有決定性的國民議會。一九九〇年初，波羅的海的三個共和國建立了多黨體制，而且蘇聯共產黨（Communist Party of the Soviet Union, CPSU）也放棄其主導的角色。一九八九年，波蘭的團結工聯（Solidarity）在國民議會的選舉中席捲了大多數的選票，至此，非共產黨的政府開始存在。在一九九〇年，團結工聯的領導人華勒沙（Lech Walesa）當選爲總統，取代了共產黨的將軍賈魯塞斯基（Wojciech Jaruzelski）。一九八九年的最後幾個月中，東德、捷克和羅馬尼亞的共產黨政權相繼崩潰了。這些國家於一九九〇年相繼舉行有競爭性的選舉。在保加利亞，共產黨政權也開始自由化，而且要求民主政治的群眾運動也出現在外蒙古。在一九九〇年，這兩個國家都出現了還算公平的選舉。

而在此同時，再回過頭來看看西半球，墨西哥的執政黨第一次以些微多數在一九八八年驚險地贏得了總統選舉，又在一九八九年頭一遭淪陷了一個州長席位。智利的民眾在一九八八年的一次公民投票中結束了皮諾契特（Augusto Pinochet）將軍繼續壟斷權力的企圖，並在來年選出一位文人總統。美國的軍事干預在一九八三年結束了格瑞那達（Grenada）的馬列主義獨裁政權，並在一九八九年結束了諾瑞加（Manuel Noriega）在巴拿馬的軍事獨裁政權。在一九九〇年二月，尼加拉瓜的馬列主義政權在選舉中失敗，並且下臺。一九九〇年十二月，海地選舉出了一個民主政府。

本世紀七〇年代和八〇年代初期是歐洲非殖民化的最後階段。葡萄牙帝國的終結產生了五個非民主的政府。不過，在一九七五年，巴布亞紐幾內亞在獨立之初就是一個民主的政治體制。在清掃大英帝國殘餘（多半是島嶼）的過程中產生了十多個新的迷你國家，幾乎所有的這些國家都維持著民主的制度，儘管在格瑞那達，這些制度是藉由外來的軍事干預才重新恢復的。一九九〇年，納密比亞獨立之初就在國際監督之下選出了一個政府。

在非洲和中東，一九八〇年代的民主運動受到了限制。奈及利亞在一九七九年從軍事統治回復到一個民主選舉產生的政府，但是，這一政府接著又在一九八四年初被一場軍事政變所推翻。到一九九〇年，在塞內加爾、突尼西亞、阿爾及利亞、埃及和約旦都出現了某種程度的自由化。一九七八年，南非政府開始逐步縮小種族隔離的範圍，並逐步擴大非白人少數民族的政治參與，但是，這種開放並不針對占該國人口絕對多數的黑人。經過一段時間的停頓，然後在戴克拉克（de Klerk）當選爲總統之後，這一進程又於一九九〇年恢復，在政府與非洲民族議會（African National Congress, ANC）之間也開始談判。到一九九〇年，在尼泊爾、阿爾巴尼亞和其他民主經驗幾乎微乎其微或者根本不存在的國家，也聽到了湧動著的民主波濤。

整體來看，民主化的運動是一項全球性的運動。在十五年中，民主化的波濤席捲了南歐，橫掃拉丁美洲，挺進到了亞洲，沖垮了蘇聯集團的專制政權。在一九七四年，十個南美國家中有八個是非民主政府，但到了一九九〇年，其中九個國家用民主的方式選擇了政府。在一九七三年，根據「自由之家」的估計，世界總人口中有百分之三十二生活在自由國家；而一九七六年，由於印度實施緊急統治，大約只有不到百分之二十的世界人口生活在自由國家中。相比之下，到了一九九〇年，全人類約有百分之三十九生活在自由社會中。

在某種意義上，自由化的波濤及其回潮呈現出一種進兩步、退一步的形態。到目前爲止，每一次回潮都淹沒了一些（但不是全部）在前一次浪潮中轉型到民主政治的國家。然而，表 1.1 中的最後一欄顯示，民主的遠景仍然不太樂觀。國家大小各有不同，在二次世界大戰後的數十年間獨立國家的數量增加一倍。民主國家在全世界國家所占的比例卻仍差不多，變化不大。在兩次回潮的谷底，世界上分別只有百分之十九點七和百分之二十四點六的國家是民主國家，而在兩次民主化的高峰，分別有百分之四十五點三和百分之三十二點

表1.1　現代世界的民主化

年份	民主國家	非民主國家	國家總數	民主國家在所有國家中的百分比
1922	29	35	64	45.3
1942	12	49	61	19.7
1962	36	75	111	32.4
1973	30	92	122	24.6
1990	58	71	129	45.0

註解：本表估計的國家數目不包括人口不足一百萬的國家。

四的國家是民主國家，而在一九九〇年，世界上大約有百分之四十五的獨立國家擁有民主體制，這與一九二二年的百分比相同。當然，格瑞那達是否民主，其具有的意義比中共是否民主要小得多。民主國家與國家總數之間的比例並不總是那麼懸殊。此外，在一九七三年至一九九〇年之間威權國家的總數頭一遭在絕對數量上下降了，然而，由於到一九九〇年爲止，第三波民主化浪潮仍然未把民主國家在世界上所占的比例提高到超過六十八年前的第一個高峰上。

第四節　民主化的問題

最高法院密切注視選舉結果；社會科學家們則試圖趕上歷史，琢磨已發生事件所以發生的原因暨理論。他們試圖要解釋六〇年代和七〇年代對民主政治的悖離，但他們找到的理由卻是民主政治不合乎貧窮國家，威權主義對政治秩序和經濟成長有好處，以及經濟發展本身往往產生新的、更持久的官僚威權主義。當人們還在喋喋不休地糾纏於這些理論時，那些國家又逐漸回復到了民主政治。社會科學家們爲了努力趕上這些變化，於是換檔改變他們的速度，撰述大量的文獻，其主題是關於民主化的先決條件、發生的過程，以及鞏固新民主政權的問題。這些研究擴大了民主化進程的相關知識，並加深了對這些進程的理解。[19]

到八〇年代中期，民主的轉型也產生了對民主前途的新一波樂觀主義。可以相當準確地用布里辛斯基（Zbigniew Brzezinski）的話說，共產主義已被看作是「一個大失敗」。其他人進一步認爲「可行的替代體制的失落」意味著「經濟和政治自由主義的理直氣壯的勝利」。還有人高呼道「民主贏了！」再有人則說，對民主政治的樂觀主義「比一九七五年時籠罩著的悲觀主義有更堅實的基礎」。[20]誠然，七〇年代中期與八〇年代晚期對民主政治前途的看法，的確不可同日而語。

以上這些你來我往的議論已經提出了政治民主與歷史發展之間關係的基本問題。這些大問題關係到民主的程度及其永恆。如托克維爾和布萊斯所預料的那樣，是不是有一種根本上是不可阻擋的、長期性的、朝向民主政治體制擴張的全球性趨勢存在？或者說，政治民主是一種有限統治的政府體制，只是在世界上少數社會中，特別是那些富裕的或西方社會中少數幾個例外國家才能實施的一種政體嗎？或者說，政治民主對多數國家來說是一件往昔之物？還是說，民主是一種與各種形式的威權統治交替出現的政體？

這些是重要的問題？有些人也許會認爲它們不是。理由是對一群人或其街坊鄰居來說，一個國家是否以民主或不民主的方式來治理，沒有什麼多大差別。例如，有大量的學術文獻認爲公共政策是由國家的經濟發展程度決定的，而不是由國家政權的性質決定的。在所有的社會中，不論其政體如何，都找到腐敗、低效率、不適任和少數特殊利益分子的操縱現象。有一本廣受歡迎的關於比較政治學的書開宗明義即宣稱：「不同國家間最重要的政治差異性不在於其政體，而在於其統治的程度。」[21]

這些論點中不乏言之鑿鑿之處。一個國家的政體並不是唯一重要的東西，甚至可能不是最重要的東西。井然有序與無政府之間的分野，比民主與獨裁之間的分野更爲重要，然而，這種分野由於幾個方面的原因也仍然是至關重要的。

首先，政治民主與個人自由密切相關。民主國家可能、而且也的確濫用過個人的權利和自由，但是，一個治理得井井有條的威權國家，甚至會爲其公民提供高度的安全和治安的保障。不過，從總體上說，民主的存在與個人自由的生活方式之間的相關性很高。的確，一定程度的個人自由是民主政治的一個絕對必要的元素。反過來看，民主政治運作的長期影響可能是，擴大和深化個人的自由。在某種意義上講，自由是民主政治特有的美德。如果人們關心自由，把自由當作終極的社會價值來加以關懷，則人們同樣也會關懷民主的命運。

其次，如上所述，政治穩定和政體是兩個不同的變項。然而，它們也是相互關聯的。民主國家中常有違法現象，但很少訴諸政治暴力。在現代世界中，民主的體制比不民主的體制更容易避免社會暴力。民主政府對其國民所使用的暴力遠遠少於威權政府對其國民所施加的暴力。民主國家也提供具有公信力的傳播管道，使異議分子和反對派得以在體制內表達他們的意見。因此，政府和反對派不大可能用武力來相互對抗。民主國家也藉著法律所規定之定期更換政治領袖和不斷地兌現公共政策的機會，而得以維持政治穩定。而民主國家很少在一夜之間發生戲劇性的變化；變化通常是溫和的和漸進的。與威權政治相比，民主政治更能夠避免重大的革命性動盪。正如切・格瓦拉（Che Guevara，古巴的共產革命聖人）曾經說過的，不可能用革命的方式成功地反對一個「經由某種形式的普選而掌權的政府，不論其中是否有詐欺舞弊現象，它至少維持了憲政的合法性。」【22】

第三，民主體制的擴展對國際關係也有重要的意義。歷史上，民主國家打過的戰爭與威權國家打過的戰爭一樣多。威權國家既與民主國家打過仗，也相互之間打過仗。不過，從十九世紀初到一九九〇年爲止，民主國家（除極少幾個除外）沒有與別的民主國家打過仗。[23]只要這種現象持續下去，世界上民主政體的擴張就意味著，世界的和平地帶也在擴大。根據過去的經驗，一個占絕對優勢地位的民主世界很可能是一個較能免於國際暴力的世界，特別是，蘇聯和中共若變成像其他主要大國那樣的民主國家，重大的國際戰爭之可能性將會大大地降低。

另一方面，一個持續分裂的世界極有可能是一個充滿暴力的世界。在傳播和經濟上的發展，增強了國家間的互動。在一八五八年，林肯（Abraham Lincoln）曾經指出，「一個分裂的家庭不可能持續下去，這個永久實行半奴隸、半自由的政府也不可能持續下去」。在二十世紀末的世界，不再是一個單一的家，它已變得愈來愈緊密地整合在一起。互相依賴是這個時代的潮流。一個日益互相依賴的世界能在半民主、半威權的狀態下持續多久呢？

最後，從比較狹隘的立場來看，世界上未來的民主前途對美國人尤其重要。美國是當前世界上最重要的民主國家，而且其作爲一個民主國家的身分、與其對自由和民主價值所承擔的義務是不可分離的。其他國家也許可以從根本上改變其政治制度，而無損於國家的存在，但是美國卻沒有這樣的選擇自由。因此，美國人在發展一種適合於民主生存的世界環境中具有特殊的利益。

因此，自由、穩定、和平的未來，以及美國的未來，在某種程度上取決於民主政治的未來。本書雖然並不試圖去預測這一未來，但的確試圖經由對一九七四年開始的民主化浪潮的分析，來勾勒這一未來景象。本書試圖探討這一連串演變的原因（第二章），這種轉型發生的過程以及民主的支持者和反對者各自採取的策略（第三、四章），還有新興民主國家所面臨的問題（第五章）。本書最後的一部分探討的是，民主政權在世界上進一步擴展的展望（第六章）。

在討論這些主題時，我用的是現有的社會科學理論和通則，以便看看哪一種有助於解釋最近發生的這些轉型。不過，本書並不企圖去構建一個關於民主的先決條件或民主化過程的一般理論，也不試圖去解釋某些國家在一個世紀以來一直實行民主政治，而其他國家卻繼續實行獨裁統治的原因。本書的意圖並不大，只不過是試圖解釋一群在七〇年代和八〇年代大致同時出現的國家走民主的原因、方式和影響，以了解這些轉型對世界的民主前途所具有的意義。

◆註解◆

[1] 關於對「四・二五」政變的策劃與執行，見 Robert Harvey "*Portugal: Birth of a Democracy*",London: Macmillan 1978, pp. 14-20; Douglas Porch, "*The Portuguese Armed Forces and Revolution*", London: Croom Helm; Stanford: Hoover Institution Press, 1977, pp. 83-87, pp. 90-94.

[2] 譯注——Kerensky，俄國革命家，一九一七年任俄國總理，不久被十月革命所推翻。

[3] 引自 Tad Szulc, "Lisbon and Washington: Behind the Portuguese Revolution", 載於 "*Foreign Policy*, 21, Winter 1975-76", p. 3.

[4] 關於這些困難的進一步描述，見 Samuel P. Huntington, "The Modest Meaning of Democracy", 載於 Robert A. Pastor 編, "*Democracy in the Americas: Stopping the Pendulum*", New York: Hlomes and Meier, 1989, pp. 11-18, 以及 Jeane J. Kirkpatrick, "Democratic Elections, Democratic Government, and Democratic Theory", 載於 David Butler, Howard R. Penniman, 及 Austin Ranney 編, "*Democracy at the Polls*", Washington: American Enterprise Institute for Public Policy Research, 1981, pp. 325-348.

[5] Joseph A. Schumpeter, "*Cpaitalism, Socialism and Democracy*", New York: Harper, 1947, 第二十一章與 p. 269.

[6] 見 Robert A. Dahl, "*Polyarchy: Participation and Opposition*", New Haven: Yale University Press, 1971, pp. 1-10; Giovanni Sartori, "*Democratic Theory*", Detroit: Wayne State University Press, 1962, p. 228; Kirkpatrick, p. 325; Raymond English, "*Constitutional Democracy vs. Utopian Democracy*", Washington: Ethics and Public Policy Center, 1983; G. Bingham Powell, Jr., "*Contemporary Democracies*", Cambridge: Harvard University Press, 1982, pp. 2-7; Juan J. Linz, "Crisis, Breakdown, and Reequilibration", 載於 Juan J. Linz 和 Alfred Stepan 編 , "*The Breakdown of Democratic Regimes*", Baltimore: Johns Hopkins University Press, 1978, pp. 5-6: Guillermo O'Donnel 和 Philippe C. Schmitter, "*Transitions from Authoritarian Rule: Tentative Conclusions about Uncertain Democracies*", Baltimore: Johns Hopkins University Press, 1986, pp. 6-14; Alex Inkeles, "Introduction: On Measuring Democracy", 載於 "*Studies in Comparative International Development*, 25, Spring 1990," pp. 4-5; Tatu Vanhanen, "*The Emergence of*

Democracy: A Comparative Study of 119 States, 1850-1979", Helsinki: Finnish Society of Sciences and Letters, 1984, pp. 24-33.

[7] 關於民主與穩定的融合問題，見 Kenneth A. Bollen, "Political Democracy: Conceptual and Measurement Traps", 載於 "*Studies in Comparative International Development*, 25, Spring 1990", pp. 15-17.

[8] Inkeles,〈論測量民主〉p. 5。Bollen 認為存在有持續的變項和持續的測量方法，這意味著民主像工業化一樣有程度上的差異。不過，這顯然不合事實，正如一九八九年至一九九〇年蘇東波民主化所顯示的，國家可以很快地從不民主國家變成民主國家，但是這些國家卻不能很快地從非工業化國家變成工業化國家，而且經濟學家們能夠就哪些國家是工業化國家，哪些國家不是工業化國家很容易達成一致的看法。Bollen 自己在一九六五年的數字指標（其中民主指標有六個），從零到一百的分數等級上，把二十七個國家列在九十分以上，這些包括所有在一九六五年已被歸類為民主的國家，西德除外，西德的得分是八十八點六。見 Bollen,〈政治民主〉pp. 13-14, 18, 20-23。關於對此一問題的二分法研究的理由，有人作簡要的闡明，見 Jonathan Sunshine, "Economic Causes and Consequences of Democracy: A Study in Historical Statistics of the European and European-Populated English-Speaking Countries", 哥倫比亞大學，博士論文，1972，pp. 43-48.

[9] Juan J. Linz, "Totalitarian and Authoritarian Regimes", 載於 "*Macropolitical Theory*". Fred I. Greenstein 和 Nelson W. Polsby 編, "*Handbook of Political Science*" 第三卷 "Reading, Mass: Addison-Wesley, 1975", pp. 175。亦見 Carl J. Friedrich 和 Zbigniew Brzezinski 編, "*Totalitarian Dictatorship and Autocracy*", New York: Praeger, 1965, 隨處可見。

[10] G. P. Gooch, "*English Democratic Ideas in the Seventeenth Century*", New York: Harper, 1959, p. 71.

[11] 對於民主政體之前八後的出現有一項類似而並不完全相同的圖表說明，見 Robert A. Dahl, "*Democracy and Its Critics*", New Haven: Yale University Press, 1989, 第一、二、十七章；Ted Robert Gurr, Keith Jaggers, Will H. Moore, "The Transformation of the Westem State: The Growth of Democracy, Autocracy, and State Power Since 1800", 載於 "*Studies in Comparative Development*, 25 Spring 1990", pp. 88-95; Vanhanen, "*Emergence of Democracy*", 隨處可見；Dankwart A. Rustow, "Democracy: A Global Revolution?" 載於 "*Foreign Affairs*, 69, Fall 1990", pp. 75-76; Powell, More Countries Become Democratic? 載於 "*Political Science Quarterly* 99, Summer

1984", pp. 195-198.

[12] Jonathan Sunshine, 〈民主的經濟原因與影響〉pp. 48-58。根據 Sunshine 的看法，美國在一九八四年達到了選舉權的標準。不過，Walter Dean Burnham 的證據完全支持在一八二八年達到選舉權標準的說法。見 William N. Chambers, "Party Development and the American Mainstream", 載於 "*The American Party Systems: Stages of Political Development*",Willian N. Chambers 和 Walter Dean Burnham 編 New York: Oxford University Press, 1967, pp. 12-13.

[13] James Bryce, "*Modern Democracies*, vol. 1", New York: Macmillan 1921, p. 24.

[14] Rupert Emerson, "The Erosion of Democracy", 載於 "*Journal of Asian Studies*, 20, November 1960", pp. 1-8，把一九五八年看成是「新興國家中民主憲政崩潰的一年」。

[15] 見 Guillermo A. O'Donnell, "*Modernization and Bureaucratic-Authoritarianism: Studies in South American Politics*", Berkeley: University of California, Institute of International Sutdies, 1973, 與 David Collier 編, "*The New Authoritarianism in Latin America*", Princeton: Princeton University Press, 1979.

[16] Tun-Jen Cheng, "Democratizing the Quasi-Leninist Regime in Taiwan", 載於 "*World Politics* 41, July 1989", pp. 479-480.

[17] S. E. Finer, "The Man on Horseback: *The Role of the Military in Politics*, 2nd ed.", Harmondsworth: Penguin Books, 1976, p. 223; Sidney Verba, "Problems of Democracy in the Developing Countries", 在哈佛與麻省理工學院政治發展聯合研討會（Harvard-MIT Joint Seminar on Political Development）上的發言，一九七六年十月六日，p. 6.

[18] 政治發展論著把重點從民主轉到穩定，並強調發展中的矛盾與危機，對此 Samuel P. Huntington 有簡要的描述，見 "The Goals of Development", 載於 "*Understanding Political Development*", Myron Weiner 和 Samuel P. Huntington 編, "Boston: Little, Brown, 1987", p. 3。對西方民主的關心反映在 Michel Crozier, Samuel P. Huntington 以及 Joji Watanuki 所編的 "*The Crisis of Democracy*", New York: New York University Press, 1975 與 Richard Rose 和 B. Guy Peters, "*Can Government Go Bankrupt?*" New York: Basic Books, 1978.

在一九七六年二月十一日，應中央情報局首長的邀請，我在向該局的分析家們就「民主在全球的衰敗」（The Global Decline of Democracy）作了演說。毋庸諱言，我有一些很有說服力的理論來解釋此一現象的深度及其嚴重性。那時，第三波民主化已經有一周歲零九個月了。

【19】主要的搭擋合作研究包括以下幾項：Juan J. Linz 與 Alfred Stepan 合編 "*The Breakdown of Democratic Regimes*", Baltimore: Johns Hopkins University Press, 1978; Guillermo O' Donnell, Phillippe C. Schmitter 與 Laurence Whitehead 合編 "*Transitions from Authoritarian Rule: Prospects for Democracy*, 4 vols", Baltimore: Johns Hopkins University Press, 1986; 及 Larry Diamond, Juan J. Linz 和 Seymour Martin Lipset 合編，"*Democracy in Developing Countries*, 4 vol.", Boulder Colo,: Lynne Rienner, 1988-89。Linz 與 Stepan 所編的這本書反映了從第一波回潮向第三波民主化的轉型，其中把民主的出現與崩潰的研究都納入。

【20】Franics Fukuyama, "The End of History?" 載於 "*The National Interest*, 16, Summer 1989" p. 3; Charles Krauthammer, "Democracy Has Won", 載於 "*Washington Post National Weekly Edition*", 一九八九年四月三一九日，p. 24; Marc C. Plattner, "Democracy Outwits the Pessimists", 載於 "*Wall Street Journal,*" 一九八八年十月十二日，A 20 版。比較：Zbigniew Brzezinski, "*The Grand Failure: The Birth and Death of Communism in the Twentieth Century*", New York: Charles Scribner's Sons, 1989.

【21】Samuel P. Huntington, "*Political Order in Changing Societies*", New Haven: Yale University Press, 1968, p. 1.

【22】Che Guevara, "Guerrilla Warfare", New York: Vingtage Books, 1961, p. 2.

【23】就這一現象的性質，程度和可能的原因已有大量的文獻。見 Dean V. Babst, "A Force for Peace", 載於 "*Industrial Research* 14, 一九七二年四月", pp. 55-58; R. J. Rummel, "Libertarianism and International Violence", 載於 "*Journal of Conflict Resolution*, 27, 一九八三年三月", pp. 27-71; Michael W. Doyle, "Kant, Liberal Legacies, and Foreign Affairs", 載於 "*Philosophy and Pubic Affairs* 12, Summer/Fall 1983", pp.205-235, 323-353，以及 "Liberalism and World Politice", 載於 "*American Political Science Review* 80, 一九八六年十二月" pp. 1151-1169; Ze'ev Maoz 和 Nasrin Abdolali, "Regime Types and International Conflict, 1816-1976", 載於 "*Journal of Conflict Resolution* 33, 一九八九年三月", pp. 3-35; Bruce Russett, "Politics and Alternative Security: Toward a More Democratic, Therefore More Peaceful World", 載於 "*Alternative Security: Living Without Nuclear Deterrence*", Burns H. Weston 編, Boulder, Colo,: Westview Press, 1990, pp.107-136.

第二章 原因

第一節 波浪式運動探因

民主化的波浪及其回潮是政治上一種普遍現象。在歷史上，在不同的國家，或不同的政治體制中間，不時地或多或少地發生類似的事件。一八四八年，好幾個歐洲國家發生了革命。一九六八年，學生抗議運動席捲了幾個大洲的許多國家。在拉丁美洲和非洲，不同國家的軍事政變常常集中在同一段時間內發生。某十個年頭中，民主國家的選舉可能向左擺，在下個十年中又向右擺。十九世紀民主化長波的持續時間很長，足以把它與後來的民主化浪潮和回潮顯著地區分開來。不過，每一次回潮都發生在比較短的時間。問題是，如何識別這些政治波浪式運動的可能原因。

讓我們先假定一個由六個問題組成的世界，從第一國到第六國。讓我們再假定在一個比較短暫時間內的一種類似事件——如民主化（X）——發生在每一個國家。是什麼因素導致這種 X 的爆發？有幾種可能的解釋。

單一原因

不妨認爲，所有的六個 X 都有一個共同的原因，即 A，它出現在六個國家中的任何一個之中。例如，這可能是一個新的超級強權的崛起，或是在國際權力分配中出現了某種其他的重大變化。也有可能是一場大戰，或是對許多其他社會有影響的重要事件。例如，有幾個拉丁美洲國家，或是產生了民主政權，或是舉行了新的全國性大選，這些都發生在一九四五年和一九四六年之間。證據顯示，這些 X（「民主化」）發展在相當程度上都是一個單一原因的結果，此單一的原因是 A，即同盟國在第二次世界大戰中的勝利。如圖 2.1。

平行發展

假定 X（「民主化」）是由在相同的自變項（如 a_1、a_2 等）中的類似發展所引起的，這些變項大致同時在六個國家中表現出來。例如，理論家們認爲，一個國家在其跨過了一定的經濟發展門檻之後，就可望實行民主政治，這個經濟發展的門檻是：達到特定水準的每人國民生產毛額（Gross National Product, GNP），或是國民識字率。在這種情況下，每一個國家內部的民主進展是由該國特有的某種東西所引起的，而一至六國中的其他國家也可能或多或少地會同時發生類似的起因，以產生類似的結果。如圖 2.2。

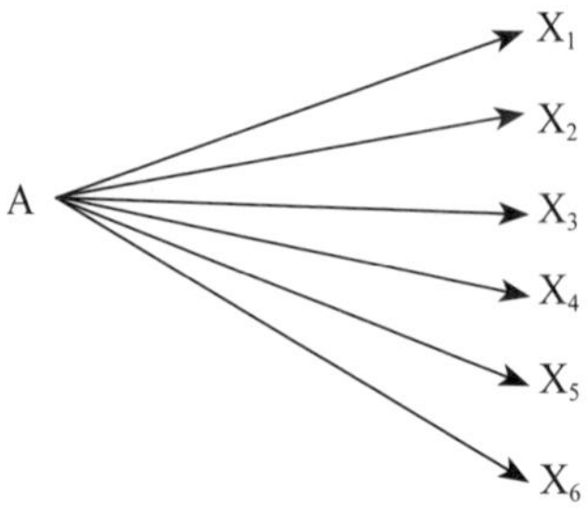

圖 2.1　單一原因

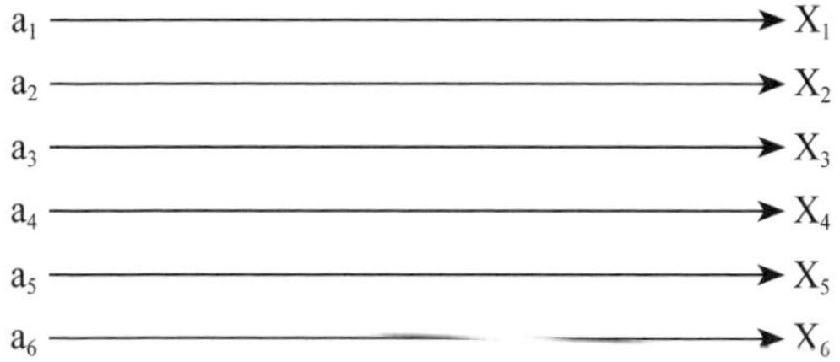

圖 2.2　平行發展

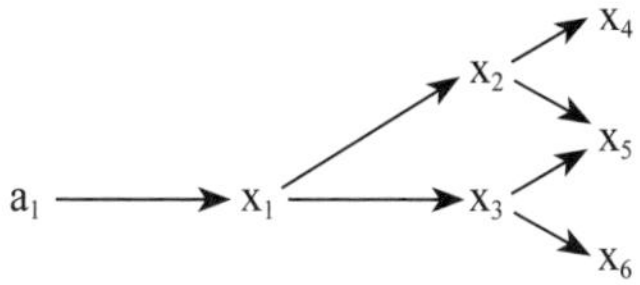

圖 2.3　滾雪球

滾雪球

在某一國家中一項導致 X（「民主化」）的重要原因也許會使得另一個國家也出現了 X。如果 X 完全同步發生，這很不可能。完全同步發生固然非常少見，而孤立的同步發生尤其少見。重大政治事件的消息幾乎可立即不斷地傳播到世界各地。因此，某一國家的事件 X 有可能不斷地引發不同的國家幾乎同時發生類似的事件，而且產生示範效果的可能性也不斷提高。在一個社會中，某種獨特的，甚至是特有的起因（a_1），會導致在另一個國家出現 X_1，但是此後 X_1 又可能在另外一個國家造成類似事件的出現，而這種類似事件又依次對別的國家繼續產生滾雪球的效果。如圖 2.3。

流行性妙方

在不同的國家，導致 X（「民主化」）事件的直接起因可能完全不同。不過，這些不同的起因可能會喚起一種共同的反應，如果不同國家的菁英都相信這一反應的功效，即時代精神（zeitgeist）的流行性妙方。如同六個人幾乎同時服用阿斯匹靈來治療他們六種不同的身體病痛時，這六個國家也會同時進行類似的政權轉型，以適應頗爲不同的類型問題：一個國家以 X 對抗通貨膨脹，另一個國家也以 X 挽求法律和秩序的崩潰，第三個國家則以 X 因應日益嚴重的經濟不景氣，第四個國家以 X 彌補軍事挫敗，如此等等。在這種情況下，政治變遷的個別起因（a_1、b_2、c_3 等等）就會在一套共同的政治信念（Z）上運作，產生類似的 X 反應，如圖 2.4。

以上對政治波浪式運動的四種可能解釋並非鉅細靡遺的，也不是相互排斥的，更不必然相互矛盾。這四種因素可能同時在任何一種情形下產生作用。在試圖說明政治波浪式運動的起因方面，這些是應銘記在心中的解釋模式。

$$a_1 \longrightarrow Z \longrightarrow X_1$$
$$b_2 \longrightarrow Z \longrightarrow X_2$$
$$c_3 \longrightarrow Z \longrightarrow X_3$$
$$d_4 \longrightarrow Z \longrightarrow X_4$$
$$e_5 \longrightarrow Z \longrightarrow X_5$$
$$f_6 \longrightarrow Z \longrightarrow X_6$$

圖 2.4　流行性妙方

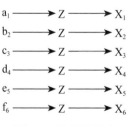

第二節 民主化波浪探因

本項研究的依變項不是民主，而是「民主化」，其目的是要解釋爲什麼某些威權國家在一段特定的時間中會變成民主國家。研究的焦點是政權的變遷，而不是政權本身。

因此，本項研究不同於那些探討民主，或非民主政府之社會特徵的研究。例如，許多研究已經顯示，各種社會因素、經濟因素與民主制度之間，有著高度的相關性。不過，正如羅斯托（Dankwart Rustow）所強調的，起源性的解釋不同於功能性的解釋。[1]幾乎所有的富裕國家都是民主國家，而且幾乎所有的民主國家都是富裕國家。但是，這種相關性本身不能說明任何因果關係，而且，如果民主國家在她們成爲民主國家之前的相當長一段時期內就已是富裕國家（比如，相對而言，大多數的北歐國家就是），那麼，財富本身很可能不是其政治制度從不民主轉向民主的充分解釋。同樣地，歷史上的新教國家與民主國家之間也存在著高度的相關性。但是，許多國家在變成民主國家之前的二、三個世紀裡一直是新教國家或非民主國家。要解釋一個依變項中所發生的變化，通常需要在「自變項」中出現某種形式的變化。

不過，由於自變項變化時，自變項還在，問題於是就變得更爲複雜難解。在威權體制下，三年的經濟停滯也許不會導致政權不保，但是五年的停滯就有可能。自變項在一段時間內的累積性效果最終會造成依變項中的變化。或者正如歐蒙德（Gabriel Almond）曾經指出的，「社會與國際的變遷會持續很長一段時間，而且只有在曲線中出現短期的波折或一連串波折時，才會開始引發政治體制的變化。」[2] 凡牽涉到諸如經濟或社會趨勢這樣的特定自變項時，這種意義上的變化就更有可能產生政治影響。

依變項不僅是動態性的，而且是複雜的。人們有時假定，廢除獨裁政權則民主政治就會開花結果。然而，事實上，一個非民主的政權更可能被另一個非民主的政權，而不是被一個民主的政權所取代。此外，導致非民主政權終結的諸多因素，也許完全不同於那些造成民主政權創立的因素。一個威權政權的經濟破產也許會逐漸腐蝕這一政權的基礎，但是，一個威權政權的經濟成就卻也更有可能爲一個民主政權奠定基礎。有助於民主政權草創之時的環境，對於該民主政權的鞏固和長期的穩定並沒什麼幫助。在最簡單的層次上，民主化牽涉到：(1)威權政權的終結；(2)民主政權的上臺；(3)民主政權的鞏固。成爲這三項發展的原因可能各自不同，而且也彼此矛盾。

在分析自變項——民主化的可能原因——的同時，我們也會提出一些問題。在一端是出現同義反複（tautology）的危險。政治菁英改變或推翻了威權政權，建立並鞏固了民主政權。爲什麼政治菁英們會這樣做？假定他們這樣做是由他們的利益、價值和他們自己心中的目標來考量。如果他們想要民主，他們就會引進並得到民主。或正如羅斯托所描述的，民主政治的建立需要菁英就「遊戲規則（rules of the game）達成程序性的共識。」[3] 這裡把焦點集中在，什麼才是最直接的和最重要的解釋性變項：即政治菁英的信念和行動。這是一項有力的解釋性變項，但卻不是一項令人滿意的變項。即使人們不想要民主，民主也可被創造出來。如果人們想要民主，民主將被創造出來，這不是同義反複的話，那也是雖不中亦不遠矣。有人已經觀察到，人們的心理會駐足停留於某項解釋之中。爲什麼這些重要的政治菁英們需要民主呢？人們的心理會不可避免地沿著這條因果律繼續往前走。

如果自變項和依變項的先後次序不同，如果就像通常的情況那樣，用一個經濟變項來解釋一個政治變項，那麼，自變項與依變項之間的區分是極其明顯的。整個馬克思主義的知識傳統都朝這一方向分析。而且，這種情況又被另一個眾所周知的因素所強化。包括就不同科目的各種統計資料在內的經濟資料，在大多數社會中都可以得到，特別是自二次世界大戰以來，但對西方社會而言，則可以追溯到十九世紀。分析家們不可避免地會使用這些資料，而且用以發現經濟因素與民主化之間可能存在之相關的關係或因果關係。有時，這種努力由理論學說加以鼓吹，有時卻沒有。

社會科學家們有時談到過度確定（overdetermination）的問題。這通常指的是，有多種可能的理論來解釋同一個事件，即確立這些理論的相關效度所產生的問題。不過，這僅僅對於那些關心如何評估理論的人是個問題，對於那些關心如何解釋事件的人而言，這個問題就不再是問題。在政治中，幾乎每件事都有許多起因。爲什麼是這個候選人、而不是那個候選人在選戰中獲勝？顯然有各種變項，而且在這些變項背後有各種理論來解釋像選舉結果這樣簡單的事情。一樁事件要在歷史上發生，幾乎總是在理論上被過度確定。這種情況顯然也適用於民主化。

人們提出了許多種理論和許多種自變項來解釋民主化。人們通常列舉的有助於民主或民主化的變項如下：

一個高水準的總體經濟富裕；
比較平等的所得或財富分配；
一個市場經濟；
經濟發展和社會現代化；
在社會歷史上的某一時間出現過封建貴族政治；
在社會中沒有封建主義；
一個強大的資產階級（用摩爾〔Barrington Moore〕的簡單公式：「沒有資產階級，就沒有民主」）；
一個強大的中產階級；
高識字率和高水準的教育；
一種工具性的而非大一統的文化；
基督新教；
社會多元論和強大的中介團體；
在政治參與擴張之前，政治競爭充分發展；
合乎民主的權力結構存在於一些與政治密切相關的社會群體之中；
低度的社會暴力；
低度的政治兩極化或政治極端主義；

信奉民主的政治領袖；
作爲英國殖民地的經驗；
寬容和妥協的傳統；
被一個親民主的外國占領；
受一個親民主的外國影響；
菁英願意仿效民主國家；
尊重法律和個人權利的傳統；
社群（民族、種族和宗教）的同質性；
社群（民族、種族和宗教）的異質性；
對政治和社會價值的共識；
對政治和社會價值的缺乏共識；

把這些因素與民主和民主化關聯起來的理論幾乎總是有道理的。不過，每一個變項和理論，只能對少數幾個案例具有相關性。在一九四〇年以後的半個世紀裡，民主化發生在印度和哥斯大黎加、委內瑞拉和土耳其、巴西和波札那、希臘和日本。企圖尋找一個共同的、普遍存在的自變項，並假定這一自變項在解釋上述這些不同國家中的政治發展中具有重要作用，幾乎是注定無法成功的，如果不是同義反複的話。民主化的原因隨著時空的不同而迥異。理論的多樣性和經驗的不同顯示以下的命題可能成立：

(1)沒有一個單一的因素足以解釋在所有國家，或是在一個國家中的民主發展。

(2)沒有一個單一因素對所有國家的民主發展是不可或缺的。

(3)每一個國家的民主化都是各種原因配合的結果。

(4)這些造成民主的原因的組合，因國家之不同而異。

(5)通常導致一波民主化的諸多原因的組合，不同於導致其他各波民主化的原因組合。

(6)導致民主化浪潮中最初政權變化的原因，可能不同於導致在這一波中後來政權變化的原因。

維納（Myron Weiner）回顧了具有民主化政府之變化多端的社會之後，得出了這樣的結論：要解釋民主化，人們應該看一看「那些追求民主革命的人採用的策略。」[4]這一建議適當地突顯出，政治的領導統御與政治手腕在實現民主政治中的關鍵角色。不過，這不應等於說，要拒絕承認更開闊的、與歷史背景有關之社會的、經濟的和文化的因素在解釋民主發展中的作用。因果之鏈或漏斗（選擇隱喻）是存在的；而且，國際的、社會的、經濟的、文化的以及最直接的政治因素都能產生影響，而且它們之間常常相互衝突，若非有助於民主政治的建立，即是有助於維持威權主義。

因此，民主化的原因各不相同，而且它們隨著時間而顯現的重要性也大相逕庭。這裡不擬對一九七四年之前產生民主化經驗之原因作詳細的歷史分析。但是，對似乎是第一波和第二波浪潮的主要原因做一個簡短的結論是必要的，這樣做可以爲更深入地討論第三波的原因鋪陳一個脈絡。

經濟發展、工業化、都市化、資產階級和中產階級的出現、工人階級的發展及其早期的組織、經濟不平等的逐步縮小，所有這些似乎都在十九世紀北歐國家的民主化運動中扮演了某種角色，而且這些國家也都是洛克（Locke）、邊沁（Bentham）、彌爾（Mill）、孟德斯鳩（Montesquieu）、盧梭（Rousseau）等人的思潮和法國大革命的理想影響所及的國度。在英國的殖民地，如美國、加拿大、澳洲和紐西蘭，上述的諸多因素也發生過作用，而且，受到更大的經濟機會、薄弱的階級制度和更爲平等的所得分配等因素所強化，這些因素只有在較爲邊遠的社會才可能出現。想像而言，新教似也鼓舞了民主化；在一九〇〇年之前發展出民主制度的國家中，有四分之三的國家在宗教信仰上係以「新教」爲主。

第一次世界大戰後，西方協約國的勝利和在戰後出現的帝國解體也對民主化有重大影響。歐洲的邊緣國家，如芬蘭、冰島、愛爾蘭在維持民主制度上也相當成功；那些繼羅曼諾夫、哈布斯堡和霍亨索倫帝國之後出現的國家在位置上更爲居中，但在維持民主政治上卻不成功。總之，導致第一波民主化浪潮的主要因素似乎是經濟發展和社會發展、英國殖民地國家的經濟環境和社會環境、西方協約國在第一次世界大戰中的勝利，以及主要大陸帝國的相繼解體。

在第二波民主化浪潮當中，政治和軍事的因素也占有顯著的地位。在這一波中走向民主政治的多數國家可以歸爲三類。第一類是，獲勝的西方盟國把民主政治強加於若干國家：西德、義大利、日本、奧地利的主要部分和南韓。第二類是，許多國家因爲西方盟國贏得了戰爭而向民主化方向邁進，這類國家包括希臘、土耳其、巴西、阿根廷、秘魯、厄瓜多、委內瑞拉、哥倫比亞。[5]第三類是，西方國家在戰爭中元氣大傷，而且其在海外殖民地所興起的民族主義，使這些國家開始了非殖民化的過程。有相當數量的新獨立國家是以民主國家的身分起步的，而且在相當長的一段時期內，只有較少數的國家維持了民主制度。西方盟國在第二次世界大戰中的勝利，和這些民主國家在戰後所進行的非殖民化，是造成第二波民主化浪潮的主要原因。這些是歷史上的不連續事件。第三波則是來自另一些原因的混合。

第三節　第三波探因

要探討第三波民主化必須先回答兩個問題。首先，為什麼大約只有三十個威權體制國家，而不是約一百個其他的威權國家轉向民主政治體制？第二，為什麼這些國家的政權變遷發生在七〇年代和八〇年代，而不是在別的某一段時間？

有關第一個問題，是否為從威權主義轉型的國家，可由其威權政權的性質而定。事實上，在第三波中走向民主政治的政權有許多不同樣式，包括一黨體制、軍事政權、個人獨裁政權、南非的種族寡頭政治。在以上每一種政權類型當中，有一些國家在自一九七四年以來的十五年中沒有實現民主化：一黨制國家有中共和越南；軍事政權的國家中有緬甸和印尼；個人獨裁政權的國家中有伊拉克和古巴。因此，威權政權的性質不能解釋為什麼某些政權走向民主，而其他政權卻沒有。

回答這個問題的另一個不同取徑是，把焦點集中在那些實現民主化的國家的政權變遷歷史之上。在輪迴型（cyclical pattern）中，民主體制與威權體制之間交替輪迴。這種類型在拉丁美洲特別普遍，包括諸如阿根廷、巴西、秘魯、玻利維亞和厄瓜多等國家，但是在其他國家也有類似的特徵，如土耳其和奈及利亞。這些國家往往在較大眾化的民主政府和較保守的軍事政權之間搖擺。在一個民主政權下，激進主義、腐敗和騷亂達到了難以容忍的程度，於是，軍隊便起而將之推翻，這很令大眾欣慰和歡呼。不過，接著對軍事政權的聯合支持就拆夥，軍事政權又無法有效地處理該國的經濟問題，於是，具有專業傾向的軍官們就開始對軍隊的政治化感到焦慮不安，並再次受到群眾的歡迎，軍人們自動退出文官職位，或是被排擠出來。因此，在這些國家，政權的變遷所執行的功能，與在穩定的民主體制下政黨的變遷所執行的功能一樣。這類國家未能在民主與威權政治體制之間交互輪替；民主體制與威權體制的循環交替就是這些國家的政治體制。

第二類政權變遷的模式是二次嘗試型（second-try pattern）。實行威權體制的國家向民主體制轉移。或者由於國家缺少民主政治的社會基礎而造成民主體制失敗，或者是新民主體制的領袖們一意孤行極端的政策，這種政策造成了激烈的反彈或是某種大動盪（如大蕭條、戰爭）而瓦解了該政權。於是威權政府便在一段或長或短的時期內掌權。不過，最後，人們會從事第二次更成功的努力重新引入民主，而成功的機會之所以增加，部分是因爲民主領袖們從以前不成功的民主經驗中汲取了教訓。有許多國家，如德國、義大利、奧地利、日本、委內瑞拉、哥倫比亞等，用各種方式在第二次浪潮中建立了相當穩定的民主體制，因爲這些國家在其早期的努力中曾經遭逢逆轉的命運。如果西班牙、葡萄牙、希臘、韓國、捷克和波蘭的第三波民主政權能夠得到穩定的話，她們就是屬於這種二次嘗試型。

第三種模式是間斷民主型（interrupted democracy）。這種模式指的是一些曾經建立起民主政權，而且這種民主政權持續了相當一段時期的國家。不過，在某一時點上有時會出現不穩定、兩極分化或其他情況的發展而造成民主過程的中斷。在七〇年代，印度和菲律賓的民主政治就被由民主方式選舉產生的行政首長打斷；在烏拉圭，是被在選舉中產生的領導人與軍隊聯手而中斷；在智利，則是由軍方領袖推翻了一個由選舉產生的政權而告中斷。不過，由於這些國家有悠久的民主經驗，使得中止民主的領導人不能夠完全根除民主政治。在上述四個案例中，他們最後仍被迫訴諸某種形式的公民投票，而在這種投票中，他們都輸掉了江山。

第四種變遷模式是，有關從穩定的威權政府向穩定民主體制的直接轉渡型（direct tansition）。這種轉渡或者是透過漸進的演變，或者是由後者直接取代前者。這種模式在第一波浪潮中是特別典型的轉型模式。如果在羅馬尼亞、保加利亞、臺灣、墨西哥、瓜地馬拉、薩爾瓦多、宏都拉斯、尼加拉瓜的民主政治得以鞏固，這些國家的第三波努力將大致接近這種模式。

最後一種是非殖民化型（decolonization pattern）。一個民主國家把民主體制強加於其殖民地。該殖民地變成獨立國家，而且與以前的多數殖民地不同，它成功地維持了民主制度。巴布亞紐幾內亞就是第三波中的一例。正如維納指出的，這種模式基本上適用於以前的英國殖民地國家，她們大多數在第二波中獲得獨立。[6]那些留待第三波中才獲得獨立、實現民主化的國家幾乎都是小國，而且是島國，包括安提瓜和巴布達、貝里斯、多米尼克、吉利巴提、聖·克利斯多夫——內維斯、聖露西亞、聖文森和格瑞納丁、所羅門群島、吐瓦魯和萬那杜。除極少數幾個剩餘殖民地（如香港、直布羅陀和福克蘭群島）外，這些國家是大英帝國留給民主化的最後遺產。由於她們面積很小，除非有特別說明，我們不再把她們列入對第三波國家的分析當中。

如果A和D被用來代表比較穩定、持久的威權政權和民主政權，而a和d被用來代表不太穩定、短命的威權政權和民主政權，那麼，這五種類型的政權發展模式就可以描繪如下：

(1) 輪　迴　型：a—d—a—d—a—d

(2) 二次嘗試型：A—d—a—D

(3) 間斷民主型：A—D—a—D

(4) 直接轉渡型：A—D

(5) 非殖民化型：D/a—D

第三波民主化中的國家涵蓋了所有這五種政權變遷的類型。不過，在一九七四年至一九九〇年間實現民主化的二十九個國家，其中二十三個以前有過民主的經驗。在某些案例中，這些經驗在時間上十分遙遠；在另一些案例中，這種經驗又十分短暫；在某些案例中，民主經驗既遙遠又短暫。不過，在某一特徵上，她們終究體驗過民主。大多數在一九七四年實行威權體制，而到一九九〇年又尚未實現民主化的國家並沒有先前的民主經驗。因此，在一九七四年的時候，預測一個威權政府是否會變成民主政府的最佳標準在於其是否曾是民主政府。不過，到了一九八九年，第三波進入第二階段，而且開始影響到那些以前沒有重大民主經驗的國家，包括羅馬尼亞、保加利亞、蘇聯、中華民國臺灣和墨西哥。這就產生了一個至關重要的問題：第三波超越第一波和第二波的程度將會有多大？那些在過去沒有體驗過民主的國家在未來會不會也變成穩定的民主國家？

爲什麼有些國家走向民主，而另一些國家則不能？對此問題看似合理的答案未必能夠用來回答第二個問題：即爲何這些轉型發生在某些特定時候而不發生在其他時候。民主轉型集中發生在十五年間，不大可能是一種純粹的巧合。比較合理的看法是，造成這些轉型現象，部分在於影響到這些國家的共同原因、部分在於幾個國家內部的平行發展，部分則是早期的轉型對後來的轉型的影響。不過，先前的民主經驗並不能解釋爲何這些國家的民主變遷出現在七〇年代和八〇年代。同樣地，有人把八〇年代的民主轉型歸因於一種受威權統治者壓制的人民「對自由的呼喚」（yearning for freedom），這種呼喚極其普遍，而且深深地銘刻在心中。這種呼喚的出現，或許可以把那些實施民主化的國家從那些沒有實施民主化的國家中區別開來，但是，這並不能解釋爲何民主化發生在某個特定的時刻。正如一九五三年、一九五六年、一九六八年和一九八〇—一九八一年的事件所顯示的，東歐數十年來一直在渴望自由；但是，這些國家直到一九八九年才得到了自由。爲什麼那時不能？或早一點也不行呢？在其他國家中，人民也許在早期並沒有呼喚過自由，但是卻在七〇年代和八〇年代實現了自由。困難的問題是解釋這些願望爲什麼在那個時候出現。因此，我們的分析就必須尋找沒有造成這種對自由呼喚的其他發展。

應該回答的問題是：在六〇年代和七〇年代，最可能的自變項出現了什麼樣的變化，以至於造成了七〇年代和八〇年代的民主化政權變遷這個依變項？在引起特定的國家、在特定的時候出現第三波轉型中有下列五項變化似乎扮演著重要的角色：(1)在民主價值被普遍接受的世界上，威權體制之正當性問題的日益複雜，這些政權的合法統治權威因軍事挫敗、經濟破產，以及一九七三－一九七四年和一九七八－一九七九年的石油危機而逐漸消失；(2)六〇年代史無前例的全球性經濟成長。這種成長提高了生活水準，增強了教育功能，在許多國家大大地擴展了都市的中產階級；(3)在一九六三－一九六五年的第二屆梵蒂岡公教會議（Vatican Council）上，天主教教會的活動和信條所表現出的驚人變化，以及國家教會從現狀的維護者搖身一變而為威權主義的反對者和社會、經濟與政治改革的擁護者；(4)外在行動者在政策上的變化，包括：六〇年代末期歐洲共同體對吸收新會員的態度、美國的政策自一九七四年起開始轉向促進其他國家的人權和民主化，以及戈巴契夫（Gorbachev）在八〇年代末期為維持蘇維埃帝國而對蘇聯政策所做的戲劇性變革；以及(5)「滾雪球」或示範效應，這種效應經由新的國際傳播而得以擴展，特別是，第三波中第一個走向民主轉型的國家，往往會刺激其他國家更加努力實現政權變遷，並成為後來者的模範。

第四節　合法統治權威的衰落和政績的困局

合法統治權威是政治分析家們儘量避免使用的不易把握的概念，然而，它對於理解威權政權在二十世紀後期所面臨的問題卻是絕對必要的。盧梭表示，「最強者也不能總是強大得足以永遠作主人，除非他把力量轉化為權利以及把服從轉化為義務」。威權領袖們統治的「權利」及其臣民服從的「義務」又是根源於何方呢？

在過去，傳統、宗教、君權神授和社會歸順給非民主的統治提供了合法性。在民智日開、社會流動增加和文化水準提升的時代，這些威權主義的傳統理論基礎已失去了它們的效力。在現代，威權主義的正當性是以民族主義和意識形態作為後盾的，不過，前者作為非民主統治的基礎，其效力大部分取決於是否的確存在著令整個民族同仇敵愾的死敵。民族主義也是一種大眾的力量，它既可以使民主統治合法化、同樣可以使威權統治合法化。現代的威權主義，其主要的意識形態正當性是馬克思列寧主義。它為一黨獨裁專政、少數貪權戀棧的官僚菁英的統治提供了理論基礎。不過，在二十世紀末的多數威權政權則不再是共產主義政權。與共產政權一樣，威權政權在確立和維持其合法統治權威方面皆面臨著嚴重的問題。

第二次世界大戰中，西方盟國的勝利事實上產生了第二波的民主化，這也在政治的思想環境中造就了更為普遍的和持久的變化。多數國家的人們開始接受——即使不去實現——民主的說詞和觀念。

一種世界性的民主精神應運而生。即使是那些顯然反民主的國家，也常常用民主的價值來證明其行動的正當性。反民主的論調，已經幾乎完全在世界上多數國家的公開討論中消失了。一九五一年，聯合國教科文組織的一份報告中指出：「在世界歷史上，第一次沒有人再以反民主的面目提出一種主義。對反民主的行動和態度的指責常常是針對他人的，但是務實的政客和政治理論家則不遺餘力地強調他們所擁護的制度、所主張的理論中的民主成分。」[7]

民主規範的普及性大部分植基於對那些世界上最強大國家的規範的認同。合法統治權威的另一個主要根源，即馬克思列寧主義，也是被一個第二強大的國家所信仰的。不過，共產主義者通常也藉由強調其意識形態中的民主成分、運用民主的辭句、貶抑列寧主義先鋒黨和無產階級專政的角色功能來頌揚民主價值的優點。

七〇年代的許多威權政權，也面臨了合法性問題，因爲它們以前有過民主的經驗。在某種意義上，這些社會的政治體統（body politic）已經感染了民主的病毒，而且即使以前的民主政權不怎麼成功，但是對一個眞正合法的政府必須建立在民主常規基礎之上的信念卻依然如故。因此，威權統治者莫不被迫用民主的說詞來證明其政權的正當性，並聲稱他們的政權是眞正民主的，或是一旦他們能夠處理好該社會目前所面臨的迫切問題就會在將來變得民主。

威權政權的合法性問題因政權的性質而異。作爲本土政治發展之產物的一黨體制，如革命的共產主義政權、墨西哥和中華民國，就有過較爲牢固的合法性基礎。共產主義和民族主義可以被共同用來扶持這種政權。像東歐這樣由共產主義和一黨制等外在力量強加於上的國家，政權可以從意識形態中得利，但卻不能受益於民族主義，因爲民族主義總是不穩定的潛在根源。不過，隨著時間的推移，共產黨政府發現，今後更難援引共產主義意識形態來支持其合法性。意識形態的感召力隨著國家官僚體制的僵化、社會經濟不平等的惡化而衰頹。共產主義意識形態還會成爲經濟成長的主要障礙，並使該政權在經濟成就的基礎上鞏固合法統治權威的能力銳減。在共產主義國家，馬克思列寧主義最初提供了一種意識形態的合法性，但是，當這種合法性削弱之後，馬克思列寧主義就不可能再顯露出建立在經濟成就之上的合法性。

若是其他情況不變，隨著抉擇已經做出，諾言又不能兌現，挫折感則不斷加深，許多政權的合法性會隨著時間的推移而趨於下降。在多數情況下，支持該政權的聯合力量也會隨著時間而分化。不過，民主體制可以透過選舉來自我更新，這種選舉很可能使得一個新的聯盟勢力掌權，而帶來新的政策和對未來的新承諾。相形之下，自我更新則是威權政權的一個主要難題，由於缺少自我更新的機制，這就嚴重地侵蝕到那些政權的合法性。當然，問題最嚴重的還是在個人獨裁政權中，在這種政權之下，由於其政權的本質而更不可能自我更新（因爲缺少再生能力）。

在少數幾種情況下，威權政權的確發展出了定期更換其最高領導人的機制，因此，也部分實現了有限的更新。在墨西哥和巴西，總統不能連任的原則已經充分制度化了。這種常規化的接班制度，其好處至少有兩點。第一，它鼓勵了威權體制內的重量級人物有希望在下一回合他們能夠晉階最高官職或高級官職，因而降低了他們走抗爭路線，或企圖推翻現任領導階層的動機。其次，在最高領導階層上的定期接班有可能、甚至很有可能導致政策上的變化。在墨西哥，數十年來，左翼出身的總統與右翼出身的總統輪流執政。在巴西，情況也有些類似，兩個結構鬆散的聯盟——索爾邦（Sorbonne）集團和民族主義者——角逐軍隊內部的權力。索爾邦集團自一九六四年政變後開始掌權，直到柯斯達（Artur Costa e Silva）將軍在一九六七年僭奪總統職位後才被取代；一九七四年，蓋賽爾又重新執掌權力。像這一類的機制和程序，使得這些政權有可能避免威權體制的某種功能失調，同時也是以有限方式更新其合法統治權威的手段。每個新的總統都提出了一些新的許諾，因爲他不同於前任總統，這就足矣。從一九二九年到一九八〇年間，墨西哥有一個超穩定的威權政權，它只需要非常適量的鎮壓，其合法統治權威係因爲其革命性意識形態和政治領袖的定期變更而提高。土生土長的共產主義政權則只有革命的意識形態，卻沒有定期的領袖更迭；巴西有定期的領袖更迭，但卻沒有革命的意識形態。

七〇年代的軍事政權和個人獨裁政權，特別是那些在第二波回潮中產生的這類政權，其合法統治權威的問題通常經歷三個階段的演變，取代民主政權的威權政權幾乎總是因爲使民眾有如釋重負的感覺而大受歡迎。在最初階段，新政權受益於來自民主政權失敗的「負面合法性」（negative legitimacy），以及它和前任民主政權的顯著差異。這種新威權政權通常辯稱，他們是要打擊共產主義和內部顛覆、減少社會動亂、重新建立法律和秩序、消除腐敗和貪贓枉法的文人政客，並且提高國家價值、目標和凝聚力來證明其統治的正當性。例如，一九六七年，希臘政變的上校們訴諸「反共國家的意識形態」來使自已合法化；在巴西軍事政權執政的最初幾年中，他們也同樣試圖把合法統治權威的基礎建立在「三反」的訴求上，即反共、反顛覆、反動亂。[8]

負面的合法性不可避免地會隨著時間而衰落。六〇年代和七〇年代的威權政權幾乎毫無例外地被迫把政績當作合法性的主要來源之一。在某些情況下，例如，在秘魯和菲律賓，威權政權的領袖們允諾要進行經濟和社會改革。在多數其他國家，他們許諾實現經濟成長和發展。不過，把合法性建立在政績基礎之上的努力，產生了可以被稱作政績困局（performance dilemma）的東西。在民主國家，統治者的合法性通常要視他們的政績能否滿足選民中之舉足輕重的族群而定。但是，這種制度上的合法性卻建立在程序之上，建立在其選民透過選舉選擇其統治者的能力之上。那些在職的統治者不可避免地會怠忽職守而辜負期望，於是，他們就失去了合法性，也就會在選舉中被擊敗。一群新的統治者會接替他們。因此，統治者失去統治的合法性，導致了這個體制重新肯定其程序上的合法性。不過，在一黨制之外的威權體制下，在統治者的合法性和政權的合法性之間較不可能作出明確的區分。政績拙劣既瓦解了統治者本身的合法性，也瓦解了這一制度的合法性。

歐蒙德、佛拉納根（Scott C. Flanagan）和蒙特（Robert J. Mundt）分析了從一八三二年英國改革法（British Reform Act）到本世紀三〇年代卡迪納斯（Cárdenas）的經濟改革，這一百年來八次主要的政治危機。他們發現，每一個案例都伴隨有「不斷衰落的經濟表現因素（不景氣、失業、食物短缺和飢荒）」。[9] 令人不滿意的經濟表現，同樣也在七〇年代威權政權的危機中扮演了關鍵角色。進行社會和經濟改革的努力在菲律賓很快就停滯不前了，而且在秘魯最後也不得不放棄。許多威權政府從經濟成長中取得合法性的能力，因爲七〇年代石油價格的上揚和威權政府隨後實行的經濟政策而遭到破壞。

一九七三—一九七四年間石油價格的暴漲，引發了一場全球性的經濟不景氣。這引起了人們對歐洲、北美和日本等世界上三大民主政體的統治能力的疑問，同時也大大削弱了第三世界威權政府力圖用經濟成就來支撐其合法統治權威的努力。像菲律賓、西班牙、葡萄牙、希臘、巴西、烏拉圭這樣的國家受到的打擊特別嚴重，因爲，她們幾乎完全仰賴進口的原油。一九七九年的第二次油價上揚使得局勢雪上加霜。在西德、英國、法國、加拿大和美國，執政黨都被三振出局。在第三世界，殘餘的威權政府藉由經濟表現來支撐其合法性的能力進一步受到了削弱。油價飛漲及其經濟面的影響，是在七〇年代和八〇年代初期削弱威權主義的主要原因。

除極少數例外，威權政府在對付石油危機和債務危機方面所採取的政策常常使得經濟局勢更加惡化，造成發展停滯、蕭條、通貨膨脹、低成長率或負成長率、債務擴大，以及這些狀況的某種綜合症，因此進一步毀壞了威權政權的合法性。菲律賓即是一例：

隨著一九七三年和一九七四年的石油危機及隨之而來的全球性衰退，新社會的經濟基礎開始瓦解。百分之九十的石油仰賴進口的菲律賓，很快就發現其能源成本漲了四倍，而出口商品的價格卻不斷下跌。由於一九七九年第二次油價暴漲，經濟崩盤更爲緊迫。馬可仕採取更多的借貸和支出來因應，結果使馬尼拉的外債在一九七九至一九八三年間增加了一倍。而且幾乎一半的債務是短期的……國際債權人對菲律賓的情況很感冒：單單是一九八二年的最後四個月就有七億美元的信用貸款被抽走。[10]

從一九八〇年起，菲律賓的平均國民所得就直線下降。

在阿根廷，一九七八至一九八〇年間馬丁尼茲（Martinez de Hoz）的經濟政策造成了人爲的景氣過熱：

> 這種過熱不可能持續下去。進口商品的價格變得如此低廉，以至於本土工業在競爭下不斷地倒閉。出口商品則變得如此昂貴，以致農產品由於沒有物價優勢而被摒除於世界市場……一九八一年，這顆氣球爆炸了……經濟幾乎在一夜之間陷入蕭條之中。
>
> 在九個月之內，失業和通貨膨脹向上引爆。在巨大的投機壓力下，比索貶值了百分之四百多。欠下美元債務的阿根廷人突然發現他們爲了償還債務必須多付五倍的比索。他們無力償還……而在此同時，恐慌的儲蓄者也開始對銀行進行長期的擠兌。這個國家的外匯準備急速下跌。[11]

在烏拉圭，八〇年代初期的軍事政權使該國竄升爲拉丁美洲每人平均外債的第二大債務國，而且造成了爲期四年的經濟不景氣，這場不景氣使得實質薪資比前十年下降了一半。在葡萄牙，其殖民戰爭的鉅額費用，伴隨著油價上漲和經濟管理失策，同樣地造成了悲慘的經濟結果。

> （戰爭造成的）其他創傷之一是葡萄牙的經濟。到政變時爲止，這個國家的通貨膨脹率已經

達到百分之三十（是西歐最高的），其貿易赤字超過以往任何時候，而且失業率持續上升——儘管人口不停地外移，以尋找工作或是逃避徵兵。

> 幾乎一半的政府經費用於軍事，葡萄牙的「固定」投資比率——即能夠創造就業和出口的那種投資——在西歐是最低的……
>
> 由於百分之八十的能源和一半以上的食品仰賴進口，葡萄牙受一九七三年石油輸出國家組織（Organization of Petroleum Exporting Countries, OPEC）的石油禁運及隨之而來的全球性不景氣和通貨膨脹的打擊特別嚴重。隨著葡萄牙的出口市場趨向疲軟，一切物品的成本，從鱈魚到鬥牛的門票飆漲之風超過了薪資。儘管工會和罷工在這個「新國家」都是非法的，但共產黨領導的工人在一九七三年進行了約四十次大罷工。國際電話電報公司（International Telephone and Telegraph Corporation, ITT）、格龍第西（Grundig）、英國禮蘭（British Leyland）等大公司所擁有的工廠和其他公司行號也關閉了。[12]

在一九六七年接管的軍事政權統治下，希臘經歷了重大的經濟成長，儘管這種成長不太安定。而一九七三年底，僭取權力的新軍事執政團卻「在處理國內所面臨的日益緊迫的問題上的表現，顯得十分無能爲力……通貨膨脹難以抑制。希臘由於其本土的資源很少，受贖罪日戰爭（Yom Kippur War）後而來的石油危機的影響特別嚴重。」[13] 在秘魯，「軍事政權刺激發展的努力……十分不得要領。農業和工業方面的生產雙雙下降、實質工資下跌、空閒的失業增加、通貨膨脹攀升，秘魯的公債也直線上升。」即使是巴西，在經濟表現方面也有問題。隨著這個政權在七〇年代後期開始逐步民主化，經濟問題也不斷增加，而且「政府在實現經濟成長和向所有巴西人民允諾明天會更好的能力明顯惡化。」到了一九八二年，大部分的巴西民眾把這些缺失歸咎於政府的政策失敗。[14]

儘管波蘭和匈牙利欠下了大筆債務，共產政權仍比較未受到石油價格上漲和世界經濟中其他發展的影響。這兩個國家經濟的拙劣表現主要是蘇聯在二次世界大戰後強加於她們的計畫經濟的結果。在五〇年代期間，這些國家的經濟迅速成長。到了六〇年代開始慢下來，在七〇年代和八〇年代則停滯不前。經濟凋敝引發了對現行政治體制很大的不滿和敵意。儘管如此，這種經濟本身還不足以產生朝著民主化方向前進運動。直到蘇聯容許民主化的發生，經濟才成爲促進這些國家民主化的一個因素。在東歐，由於政治受到操縱，而且有蘇聯的支持，共產政權還是能夠承受其差勁經濟表現的苦果。

軍事失利造成了一九七四年至一九八九年間五個威權政權的垮臺。有兩個個人獨裁政權的軍隊對政府愈來愈不滿，因爲他們正與叛軍進行一場毫無勝算的戰爭。葡萄牙政府和軍隊顯然沒有能力贏得其殖民戰爭，這是造成「武裝部隊運動」和四月政變的潛在原因。在菲律賓，也進行了某種類似的「改革武裝部隊運動」（Reform of the Armed Forces Movement, RAM），試圖消除包庇、無能和腐敗（這是馬可仕在軍隊中造成的）。新人民軍（New Pepople’s Army）的共產主義游擊隊的力量在馬可仕政權的最後幾年間日益滋長，廣而言之，這些都是造成該政權日漸衰弱的因素。阿富汗戰爭（Afghan War）的龐大費用和蘇聯軍隊無法順利地結束這場戰爭，則造成了戈巴契夫爲蘇聯帶來的政治自由化。在希臘和阿根廷，由軍事政權所挑起的衝突導致了這些政權的挫敗和下臺了。

即使威權政府兌現了他們的承諾，其政權合法性也會逐漸消失。威權政府爲了達到其目的而失去了其意義。假定其他代價（如缺少自由）與該政權有關，這將減低民眾爲何必須支持該政權的動機。它在政權內部會因爲它應該追求的新目的，而助長不穩定和衝突。例如，在一九八〇年和一九八一年的阿根廷，整個經濟就是一團糟，然而在此同時，該政權消滅了蒙特尼羅（Montonero）的游擊隊，並恢復了國家秩序（如果不是法律的話）。這就消除了支持該政權的一個主要的動機，而且軍事政府「表現出厭倦的跡象，這正是因爲它達成了其主要的目標：擊敗武裝游擊隊。」類似的情況也發生在一九七四年的巴西，「由於秩序的建立大勢抵定，該政權被迫開始將其權力長期制度化的過程，或者相反，開始自由化進程。」[15]在軍事政權敉平了圖帕馬羅人（Tupamaros）的叛亂組織後，烏拉圭也出現了類似的情形。由於威權政權的合法統治權威是建立在政績的標準之上，它們如果不能有好的政績，將失去合法性，而如果政績良好，也將失去合法性。

面對這種合法性的剝落，威權體制領袖們可以，而且的確以下列五種方式中的一種或數種來因應。首先，他們可以直接拒絕承認他們的合法性日益受到削弱，同時希望或相信他們能夠將權力保持下去。在多數威權體制下，回饋機制的脆弱性和許多個人獨裁者的幻想加強了這種傾向。不過，不論是希望還是信念，本身都不大可能有什麼真憑實據。第二，威權政體可以用愈見殘酷的鎮壓、實際上是用強制的服從，來取代日益渙散的義務而生存下來。這通常必須在政權的領導階層中有更迭，如發生在一九七三年的希臘、一九八一年的阿根廷和一九八九年的中國大陸。如果該政權的領導層能夠就這一過程達成共識，他們也許能夠有效地延緩不斷式微的合法性所造成的後果。

第三種選擇是挑起國外的衝突，並試圖訴諸民族主義來恢復合法性。在一九七四年春天，伊奧尼迪斯（Ioannidis）政權發動了一次政變。這場政變推翻了馬卡里奧斯（Markarios）主教爲主的塞浦路斯（Cyprus）政府，建立了一個傾向於與希臘合併的政府。土耳其人入侵塞浦路斯，伊奧尼迪斯試圖聯合希臘軍隊和人民，來與土耳其人作戰。然而，希臘人在軍事上無法與土耳其人匹敵，而且他們的軍事指揮官們拒絕作戰。因此，上校的政權就屈辱地下臺了，事實上是被自己的軍官團趕下臺的。在阿根廷，軍事政權的合法統治權威在一九八二年也達到了谷底，原因是經濟上的失敗，於是，加蒂雷（Leopoldo Galtieri）將軍試圖藉由入侵福克蘭群島來重新獲得對其政府的支持。如果他在軍事上成功了，那麼，他將會變成阿根廷歷史上的一個大英雄。然而，他的失敗和英國收復福島加快了阿國在一九八三年民主轉型的過程。

威權體制的領袖們試圖發動對外戰爭來支撐其日益褪色的合法性的努力，面臨著一個嚴重的內在障礙。軍事政權的軍事力量通常會介入政治，而且缺少有效的指揮系統（阿根廷的情況就是如此），政權愈長久，政治化程度愈高（這也是具有專業傾向的軍方領袖們經常希望能夠結束軍事政權的原因）。另一方面，在個人獨裁政權中，像伊朗的國王和菲律賓的馬可仕那樣，軍人們也許不介入政治，但政治會瀰漫在軍隊中，因爲獨裁者最恐懼的是政變。因此，不具任用資格的人和親密戰友在任命上獲得了優先。因此，軍事政權和個人獨裁政權中軍隊職業化的程度很低，而且軍事作戰的能力也很差。就像希臘和阿根廷的情況所揭示的那樣，挑起一場戰爭因而是一項風險很高的策略。

第四種選擇是，爲他們的政權裝扮一些民主合法性的外表。除了一些在意識形態上以一黨制爲基礎的威權政權外，在七〇年代初期，當時的大多數威權政權就宣稱，他們將在適當的時候恢復民主體制。隨著政績合法性的中衰，他們將面臨愈來愈重的壓力，要求他們兌現上述許諾，而且他們也不斷地試圖透過選舉重新使自己合法化。在某些國家，政治領袖們顯然相信他們能夠贏得選舉。不過，事實似乎從來不是這樣，特別是如果反對派達成了最低限度的統合。政績的困局因此就變成選舉的困局。他們應該發起一次選舉嗎？如果他們這樣做了，他們該用不正當的手段操縱選舉嗎？如果他們這樣做，他們會獲得合法性嗎？如果他們沒有用不正當手段操縱選舉，他們會在大選中輸掉嗎？

第五，威權體制的領導人們可以毅然絕然、因勢利導地主動結束威權統治，導入民主體制。這種情況常常發生，但總是必需先在威權體制下的領導階層內部有人事變動。

合法性的式微通常會在威權領袖們的心中釀成疑雲，同時也會導致領導階層在選擇何種應變方式上出現分歧。因此而導致的遲疑、意見分歧和行動上的搖擺會進一步減弱這些政權的合法性，而且鼓舞政治集團考慮用其他接班人來取代他們。

接替的政權也未必是民主的。在一九七八年和一九七九年，伊朗、尼加拉瓜從具有現代化取向的個人獨裁政權，分別轉向了伊斯蘭教基本教義和馬列主義。隨著七〇年代中期第三波民主浪潮的起步，在非洲和第三世界其他地方的馬列主義政權也出現了一連串的轉型。葡萄牙在經過一場搏鬥之後走向了民主，而葡萄牙的前殖民地在取得獨立之後，則走向馬列主義。在六〇年代中期到八〇年代初期之間，自稱是馬列主義者的第三世界政權的總數從六個增加到十七個。就多數情況而言，這些政權的基礎相當薄弱，而且，它們無法滿足經濟成功或維持政治穩定的要求。在六〇年代初期，拉丁美洲的政客和美國的領袖們，都把拉丁美洲的政治選擇看成是在改革與革命、甘迺迪（John F. Kennedy）或卡斯楚（Fidel Castro）之間的抉擇。不過，除少數幾個例外，拉丁美洲既沒有得到改革，也沒有進行革命，而是以軍事或官僚威權政權的形式實行鎮壓。這些政權隨後在經濟上出現的失敗，就使得這種政府形式在可預見的未來不能成爲另一種選擇。

像菲律賓和薩爾瓦多這樣的右翼獨裁政權常常會刺激左翼革命運動的滋長。不過，在南美洲，軍事政權殘忍而成功的鎮壓，完全消滅了許多革命的極端主義者，同時也在馬克思主義和社會主義團體之中激發了對民主美德的新嚮往。在八〇年代，正如林茲（Juan Linz）和史傑潘（Alfred Stepan）所指出的，拉丁美洲的左派逐漸把「程序民主」當作是「一種本身非常有價值的規範，同時也當作是一種政治安排，這種安排既提供對抗國家恐怖統治的保護傘，也燃起一些透過選舉來邁向社會民主和經濟民主的希望之火花。」在一種可比較的層次上，拉丁美洲解放神學之父中的一位，秘魯的古蒂雷斯（Gustavo Gutiérrez）神父在一九八八年指出，「人們在獨裁下的經驗，使得解放神學家們更加欣賞、珍惜政治權利。」[16] 東歐共產政權的崩潰也進一步削弱了馬列主義作爲其他威權政權之另類選擇的可能性。因此，儘管威權政權有許多形式——如軍事政府、一黨體制、個人獨裁政權、絕對君主專制、種族寡頭統治或伊斯蘭教獨裁政權——到了八〇年代，這些威權體制大體上已不被看成是一種可相互取代的選擇。除了非洲，以及其他地方的少數幾個國家之外，民主體制已經開始被看成是任何威權政權的唯一合法和可行的另類選擇。

第五節 經濟發展與經濟危機

經濟發展與民主和民主化之間的關係是複雜的，而且可能因時因地而異。經濟因素對民主化有著重大的影響，但是這些因素不是決定性的。在經濟發展的程度與民主之間存在著一種全面的相關性，然而，沒有一種經濟發展的層面或形態本身對產生民主化是必要的，或是充分的。

經濟因素以三種方式影響到第三波民主化。第一，正如上面所指出的，在某些國家是由於油價上漲，和在另一些國家是由於馬列主義對經濟發展的束縛而雙雙造成經濟停滯，因此削弱了威權政權；其次，到七〇年代初期，許多國家有了全面的經濟發展，這種發展奠定了民主政治的經濟基礎，促進了民主轉型；第三，有幾個國家，極其迅速的經濟成長破壞了威權政權的穩定性，迫使他們實現自由化，或實行更爲嚴厲的鎮壓。總之，經濟發展爲民主政治奠定了基礎；由快速經濟成長或經濟衰退所造成的危機削弱了威權主義。所有這三個因素並不是在每一個國家中都出現，但是，每一個第三波國家都不能完全逃脫所有這些因素的影響。這些因素在七〇年代和八〇年代爲民主化提供了經濟的原動力和環境。

經濟發展

十八世紀政治理論家們認爲，富裕的國家有可能實行君主制，而窮困的國家則可能是共和國或民主國家。這對農業社會來說，是一個滿像回事的假設。但是，工業化顚倒了富裕的程度和政府形式之間的關係，而且從十九世紀起，民主與財富之間出現了一種正相關。這種正相關仍然一直很強。多數富裕的國家是民主國家，多數民主的國家是富裕國家，然而，印度是一個最明顯的例外。李普塞（Seymour Martin Lipset）在一九五九年突顯了這種關係，而且這種關係也被以後大量的研究所證實。[17] 例如，波倫（Kenneth A. Bollen）和傑克曼（Robert W. Jackman）在一九八五年發現，六〇年代「經濟發展的程度對政治民主產生了顯著的影響，考慮到其他非經濟的因素……國民生產毛額是一個最主要的解釋性變項。」[18] 在一九八九年，世界銀行把每人平均所得在六千零一十美元（西班牙）到二萬一千三百三十美元（瑞士）之間的二十四個國家列入「高所得」國家。其中的三個（沙烏地阿拉伯、科威特和阿拉伯聯合大公國）是石油輸出國家，同時也是非民主國家。在其餘的二十一個高所得國家中，除新加坡外，都是民主國家。在另一個極端，世界銀行把四十二個平均國民所得從一百三十美元（衣索匹亞）到四百五十美元（賴比瑞亞）歸類爲「貧窮」國家。在這些國家中，只有兩個國家（印度和錫蘭）有過廣泛的民主經歷。在五十三個「中等所得」國家中，包括從塞內加爾（平均國民生產毛額是五百二十美元）到阿曼（平均國民生產毛額是五千八百一十美元），只有二十三個是民主國家，二十五個是非民主國家，而且在一九八九年的時候，有五個國家基本上可以列入從非民主轉型到民主的國家。

財富與民主之間的相關，意味著民主轉型主要發生在那些具有中度經濟發展水準的國家。在貧窮國家，民主化是不可能的；在富裕國家，民主化已經發生過了。在這兩者之間有一個政治轉型地帶（transition zone）；那些處於特定經濟發展水準的國家，最有可能走向民主，而多數踏進民主殿堂的國家也勢必處於該位階上。隨著國家經濟上的發展而進入這一地帶，就會出現探求民主化的情景。在十九世紀和二十世紀初期的第一波民主化中，民主體制主要出現在北歐國家。那時，他們的平均國民生產毛額按照一九六〇年的美元幣值計算的話，約在三百到五百美元之間。在二〇年代和三〇年代，有種種的因素——包括經濟危機——產生了第一次倒退回威權主義的逆潮。不過整體而言，經濟發展仍然繼續，因而用以區隔民主國家與非民主國家的轉型地帶中的所得水準也不斷上升。[19]

在五〇年代和六〇年代全球性經濟成長十分令人佩服，特別是在那些低度開發的國家中更是如此。在一九五〇年到一九七五年之間，開發中國家的平均國民生產毛額以每年平均百分之三點四的速度成長，這一成長率「超過了官方的目標和民間的期望。」[20]這一成長率對開發中國家和已開發國家來說都是史無前例的。在六〇年代，即所謂「發展的十年」，開發中國家平均國民生產毛額的年成長率平均超過了百分之五，爲以往同一經濟發展階段的歐洲國家的兩倍。當然，個別國家間發展程度的差距也很大，南歐、東亞、中東和中南美較高；南亞和非洲較低。不過，總體上講，二次世界大戰後，一直持續到一九七三——一九七四年石油危機的高速經濟成長，使得許多國家進入了上述所謂的轉型地帶，而且，這些國家內部產生了有利於民主發展的經濟條件。大體上而言，始於一九七四年的民主化浪潮是之前二十年經濟成長的產物。

到了七〇年代，經濟轉型地帶的中心已經從戰前的三百至五百美元（按一九六〇年的幣值）上升到五百至一千美元。在二十一個第三波民主化國家中，有九個，幾乎占了一半，是出現在這一所得範圍的國家；四個出現在所得三百至五百美元之間的國家；二個（希臘、西班牙）是出現在平均國民生產毛額超過一千美元的國家（按一九六〇年的幣值）；有六個（印度、巴基斯坦、薩爾瓦多、宏都拉斯、玻利維亞和菲律賓）是平均國民生產毛額低於三百美元的國家。經濟發展水準的範圍從印度（八十七美元）到希臘（一千二百九十一美元）不等，這個跨度很大，但是，有三分之二的轉型國家，在其轉型時期的平均國民生產毛額大約在三百至一千三百美元之間（按一九六〇年的幣值）。民主轉型顯然最可能發生在那些中等或中高經濟發展水準的國家，而且正如人們所期望的那樣，主要集中在略高於桑沙困發現的二次世界大戰之前的所得區域（income zone）。

第三波轉型地帶也出現在表 2.1 所顯示的數據中。根據各國在一九七六年時的平均國民生產毛額來分類，這裡是根據「世界銀行」的報告：她們在一九七四年時是否有民主的政治體制？她們在一九七四年到一九八九年之間是否實現民主化或自由化？以及她們在這些年中是否出現過非民主的政權？[21]這些數字再一次指出，第三波國家在經濟發展水準上差別很大，印度和巴基斯坦在一九七六年的平均國民生產毛額不足二百五十美元，而捷克和東德則超過了三千美元。然而，三十一個國家中有二十七個實現自由化和民主化的國家屬於中等所得之列，既不窮也不富，而且第三波國家中有一半的國家在一九七六年時的平均國民生產毛額介於一千美元和三千美元之間。在一九七六年處於這一經

表 2.1 經濟發展與第三波民主化

(1) 1976 年的平均國民生產（按美元計）	(2) 民主國家 1974	(3) 民主化的、自由化的國家1974-1989	(4) 非民主的國家	(5) 總 計	(6) 民主化的、自由化的國家所占的百分比[a]
< 250	1	2[b]	31	34	6
251－1,000	3	11	27[c]	41	29
1,000－3,000	5	16	5	26	76
> 3,000	18	2	3	23	40
總 計	27	31	66	124	32

資料來源：經濟資料來自「世界銀行」，《1978 年世界發展報告》（華府：世界銀行，1978 年），76-77 頁。

a 在 1974－1989 年期間，而且不包括那些在 1974 年已經實現民主化的國家。

b 包括印度，該國在 1975 年變成不民主國家，然後在 1977 年又實現了民主化。

c 包括奈及利亞，該國在 1980 年轉渡到民主，1984 年又回復到軍事統治；也包括蘇丹，該國在 1986 年和 1989 年之間經歷了類似的過程。

濟發展水準，而且到一九七四年時仍然有非民主政府的那些國家中，有四分之三到一九八九年時已經顯著地實現了民主化或自由化。簡而言之，如果在七〇年代中期有某位社會科學家想要預測民主化的未來，他只要扳一扳手指，算一算處於一千美元到三千美元轉型地帶中的非民主國家有幾個，就能預測得很準確。

這並不是說，民主化完全是由經濟發展決定的。顯然不是。在一九七六年，捷克和東德都處於經濟上相當富裕的地帶，照理說，她們「應該」已經是民主國家了，而且蘇聯、保加利亞、波蘭和匈牙利的平均國民生產毛額都超過二千美元，在轉型地帶中位階都相當高。然而，政治和外在力量束縛了這些國家邁向民主的運動，直到八〇年代末期才有轉變。值得注意的是，六〇年代初期的一項研究中，卡特賴特在傳播發展與民主政治之間建立了一個非常強的相關性，並用這一關係來強調偏離他的迴歸線的情況。那時候的民主程度還很低，而又「應該」已經實現民主化的主要歐洲國家是西班牙、葡萄牙、波蘭和捷克。[22] 在較不受束縛的伊比利半島大環境中，政治發展在七〇年代中期趕上了經濟發展；在東歐，直到十五年後，蘇聯解除了控制，政治發展才趕上了經濟發展。

在一九七六年時平均國民生產毛額在一千美元到三千美元的國家中，有五個國家到一九九〇年為止還沒有實現民主化。伊拉克和伊朗是人口很多的石油生產國。黎巴嫩實行有限的協商式民主體制（limited form of consociational democracy），但是在七〇年代中期卻在內戰中分崩離析。在某些方面，南斯拉夫比別的東歐共產國家更自由，但是卻在一九八九年被其鄰國的民主化浪潮所超過，儘管其中兩個最富裕的邦——斯洛維尼亞和克羅埃西亞已經開始朝著民主的方向邁進。城邦國家新加坡——是非產油的第三世界國家中最富裕的——在整個八〇年代仍然處於其哲君的仁慈而又無情的鐵腕統治之下。該國就好像在蘇聯集團中一樣，政治宰制著經濟。

在塞里格森（Mitchell Seligson）的類似分析中也可以看到這種經濟轉型地帶，儘管他認為，在拉丁美洲使得民主成為可能的門檻，未必是平均國民生產毛額（按一九五七年幣值）為二百五十美元或百分之五十的國民識字率。在十一個中南美國家中只有三個，即阿根廷、智利和哥斯大黎加在一九五七年跨過這一門檻。不過，到八〇年代又有七個國家——巴西、秘魯、厄瓜多、薩爾瓦多、尼加拉瓜、瓜地馬拉和剛剛達到界限的宏都拉斯——都達到或超過了這兩個標準。在這項研究所涵蓋的十一個國家中，只有玻利維亞遠低於這一門檻。民主體制的經濟基礎因此在拉丁美洲開始浮現了。

當然這不能保證民主政治的出現，然而，到一九九〇年，這些國家的確已經踏進或正要踏進民主的殿堂。在一項類似的研究中，巴羅耀拉（Enrique Baloyra）指出：在拉丁美洲，老式的個人獨裁政權（如巴拉圭）往往比新式的官僚威權政權（如巴西）更能長久地存活下去。[23] 威權政權的可行性似乎倚賴其社會之本質要更甚於倚賴其政權之本質。

爲什麼經濟發展和這些國家向中高所得水準的挪動會促進民主化呢？證據顯示，財富本身還不是一個關鍵的因素。伊朗和伊拉克都處於轉型地帶，但並沒有民主化。有三個人口較少的產油國（沙烏地阿拉伯、利比亞、科威特）也不是民主國家，儘管他們的平均國民生產毛額在一九七六年就已經超過四千美元，而且名列富裕國家之中。這意味著包括重大工業化項目在內的，已具有深厚基礎的經濟發展會有助於民主化，但是靠出售石油（或其他自然資源）則仍不能達到民主化的地步。石油收入歸國家所有，這些收入也增加了國家官僚體制的權力，因爲它們可以減稅或免稅的效用，它們也減少了政府向民眾攤稅、派稅的必要。稅收的標準愈低，民眾要求擁有民意代表的理由也就愈少。[24]「沒有代表就不納稅」是政治要求；「不納稅就沒有代表」是政治現實。

與石油輸出國家的情況形成對照的是，涉及一些重大工業化的經濟發展會導致新的、多樣的、複雜的和高度互動的經濟形態，這種形態對威權政體來說將會愈來愈難以駕馭。經濟發展造就了新的財富和權力來源，這些來源獨立於國家之外，而且會有功能性需求去分散決策權。更直接的是，經濟發展似乎促進了社會結構的變遷，從而鼓舞了民主化的價值觀。第一，有人認爲，一個社會內部經濟富裕的程度決定了「其公民的價值觀和態度」，而且培育了人際間的相互信任感、生活滿足感及憑能力競爭的習慣，這些習性又分別與民主制度下的生活方式有高度相關。[25]第二，經濟發展提高了社會中的教育程度。一九六〇年到一九八一年間，在開發中國家裡，就讀於中學的相關年齡層團體之比例有了大幅度的增加。[26]更多受過高等教育的人往往會形成相互信任、追求滿足和憑能力競爭的性格，這些都是與民主政治息息相關的。第三，經濟發展使得在社會族群之間有更多的資源可供分配，因此也促進了融合和妥協。第四，六〇年代和七〇年代的經濟發展既需要同時也促進了該社會進一步開放對外國的貿易、投資、科技、觀光旅遊和通訊傳播。一個納入世界經濟體系的國家，會產生一些非政府性的財源和影響力，並使得該社會接受在工業化世界中流行的政治民主觀念的影響。例如，中共願意向世界開放其經濟體系，以促進經濟發展，卻又繼續維持一個封閉的政治體系，因而面臨著難以解決的衝突。自足經濟與發展是一種絕不可能的組合，而發展在外國影響力之下的自由化則是不可避免的組合。

最後，經濟發展促進了中產階級的擴大。社會中愈來愈多的人口是商人、專業人士、店主、教師、公務員、經理、技術人員、薪水階級和售貨員。在某種程度上，民主是以多數統治爲前提的，而且在貧富懸殊的地方，民主也不可能行得通。在這貧富懸殊的地方，人數眾多的貧困多數對抗少數富裕的寡頭。只有在相對貧困的農業社會當中，像十九世紀初的美國或二十世紀的哥斯大黎加，民主才有可能。這兩個國家的土地所有權比較平均。然而，龐大的中產階級通常是工業化和經濟成長的產物。在其早期階段，中產階級未必是贊同民主的力量。在拉丁美洲和其他地方，中產階級團體經常默許或積極支持策劃目的在推翻激進政府的軍事政變，或是主張減少勞工和農民團體的政治影響力。不過，隨著現代化過程的持續進行，農村的激進運動對政治過程的影響力不斷下降，而且，都市中產階級在數量上的增加，可以與勞工階級相匹敵。民主對中產階級構成的潛在威脅因此也就下降了。而且中產階級也愈來愈相信他們有能力透過選舉（electoral politics）來提高他們的利益。

第三波民主化運動並不是由地主、農民或工人（除了波蘭之外）來領導的。實際上，每一個國家民主化最積極的支持者是來自都市中產階級的。例如，在六〇年代和七〇年代，阿根廷面對的抉擇是：由選舉產生的以工人爲靠山的裴隆派政府，還是受中產階級支持的、靠政變起家的軍事政權。然而，到了八〇年代，中產階級的人數已經壯大得足以支持艾方辛（Raúl Alfonsín）領導的激進黨在選舉中獲勝，並且也促使裴隆派候選人開始注意他們的利益。在巴西，中產階級一面倒地支持一九六四年的政變。但是到了七〇年代中期，「正是這些從『經濟奇蹟』的年代中受益最多的人們，在要求回復民主統治的問題上喊得最響亮：他們就是高度開發的大城市的居民和中產階級。」[27]

在菲律賓，中產階級的專業人士和商人充斥了一九八四年反馬可仕示威遊行的行列。次年，艾奎諾夫人競選活動中的核心團體是「中產階級、非政治人物的醫生和律師，他們自願幫忙反對派候選人或是支持『全民爭取自由選舉運動』（National Movement for Free Elections）這樣的公民監督團體，而不是支持任何一個政黨。」[28] 在西班牙，經濟發展也產生了「一個由現代中產階級組成的國家」，這個階級用迅速而和平的方法要求政治體制與社會同步發展。[29] 在臺灣，「政治變遷的主要行動者」是「脫穎而出的新興中產階級知識分子，他們在經濟快速成長的年代中長大成人。」[30] 在南韓，唯有在八〇年代出現了「一個龐大的都市中產階級」之後，八〇年代要求民主的運動才對威權政府構

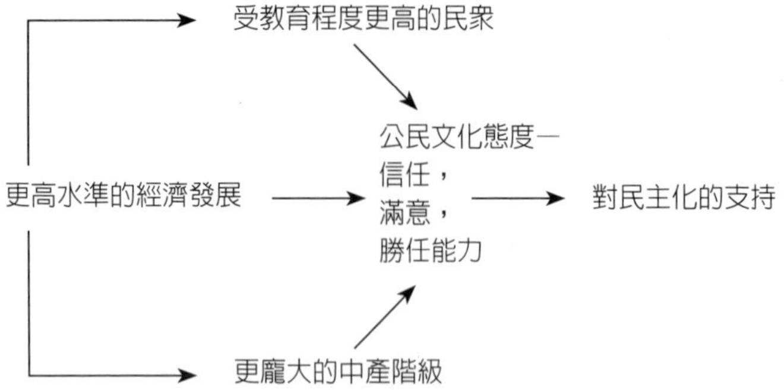

圖2.5 經濟發展是民主化的一個因素

成嚴重的威脅，而且中產階級專業人士也加入了學生們要求結束威權統治的行列。「漢城的管理階層和專業人士的動員也許才是在一九八七年迫使政治步入民主的最重要因素。」《經濟學人》雜誌在報導一九八七年反對全斗煥威權政府的示威時質問：「當催淚瓦斯在漢城卯上中產階級時會發生什麼事？」[31]答案很快就清楚了：催淚瓦斯輸了。在好幾個國家，包括西班牙、巴西、秘魯、厄瓜多和菲律賓，曾經支持威權政府建立的商業界人士，現在在促進民主化的過程當中也扮演了關鍵的角色。[32]相形之下，在都市中產階級規模較小或比較薄弱的地方，如中國大陸、緬甸、蘇丹、保加利亞和羅馬尼亞，要不是民主化尚未成功，就是民主政治仍不穩定。

如果奧唐尼爾（O’Donnell）正確的話，在六〇年代產生官僚威權主義的經濟發展過程因而也成爲八〇年代民主化的動力。圖2.5就試圖對導致這一結果的因果關係做一描繪。

快速的成長

進入經濟轉型地帶的中等所得國家，會在社會結構、信念和文化方面出現變化，這些變化有助於民主的出現。某些國家出現極高的經濟成長率，也招致了對執政的威權政府的不滿。在七〇年代中期開始轉型之前的二十年，諸如西班牙、葡萄牙和希臘等國都經歷了爆炸性的經濟成長。在一九一三年到一九五〇年之間，西班牙每人平均產值的年平均綜合成長率一直是負數，希臘和葡萄牙則都不到百分之一。在一九五〇年到一九七三年間，這一速率在西班牙是百分之五點二，在葡萄牙是百分之五點三，在希臘則是百分之六點二。一九六〇年至一九七三年間，這三個國家的GNP成長率是百分之六到八，同時期的其他西歐國家則爲百分之四到五之間；而且，在一九六〇年到一九八〇年間的平均GNP成長率也超過經濟合作暨發展組織（Organization for Economic Cooperation and Development, OECD）的所有國家，日本除外。[33]

快速的經濟成長迅速地爲民主造就了經濟基礎，緩慢的經濟成長創造民主基礎的速度也相對地緩慢。但是，它也提高了人們的期望，加重了不平等，而且在社會組織當中產生了緊張和壓力，這又刺激了政治動員和政治參與的要求。例如五〇年代和六〇年代期間的希臘，快速而不平等的經濟成長產生了「日增的覺醒、政治化、挫折和怨恨」，這些又造成了「社會不安和政治動員。」[34]這些壓力便是一九六七年政變的一個重要原因，這次政變的目的之一就是要抑制這些壓力。不過，在軍事政權統治下的經濟成長一直持續到一九七三年，該政權同時也致力於兩項相互衝突的政策。該政權「試圖阻止，並扭轉民主化的進程。但是同時，它卻致力於實現快速的經濟成長和現代化。」[35] 社會挫折和政治不滿接踵而來。到一九七三年底，油價的上漲造成了新的不滿，該政權面對這些不滿只有兩條路：開放自由化，或者加強鎮壓。帕帕多普洛斯（Papadopoulos）試探性地傾向自由化；而國立技術大學的學生們卻提出抗議和更多的要求。學生們遭到射殺，於是，由伊奧尼迪斯所領導的強硬派罷黜了帕帕多普洛斯，結果他們自已於半年後因試圖在塞浦路斯挑起軍事對峙而自行垮臺。

在西班牙，六〇年代的「史無前例的經濟成長期」也造成了類似的矛盾。佛朗哥政權的領袖們希望此一成長會使一般民眾知足常樂，對政治不感興趣。「但事實上，快速的經濟變遷卻加重並觸發了西班牙社會中的重大衝突，同時也促進了文化、社會和政治方面的變化。這些變化使得該政權的存活能力出現了問題。西班牙原本是一個農業社會，但是因爲內戰而大傷元氣。在這種農業社會基礎之上建立的政治制度，一旦面對快速變遷的工業化社會所造成的緊張，就顯得不合乎時代的潮流。」[36] 快速成長衍生的政治要求，又接著建立一種能夠全面爲民主政治奠定經濟和社會基礎的經濟體系。在六〇年代，佛朗哥政府的計畫部長（羅培士〔Laureano Lopez Rodo〕）曾預言，當平均國民生產毛額達到二千美元時，西班牙將變成民主國家。事實的確如此。這一轉型由於佛朗哥在一九七五年適時死亡而得到了進一步推動。如果他那時尚未去世，如果卡洛斯國王不致力於締造一個議會民主制，則兩極的對立很可能導致社會暴力，也可能嚴重稀釋西班牙民主政治的展望。不過，正如歷史所展示的那樣，一九七五年的西班牙是有民主所必須的經濟和社會必要條件存在，因此，老練而又有抱負的領導階層能夠比較迅速，而又平穩地實現民主化。

在六〇年代晚期和七〇年代初期，巴西經歷了其「經濟奇蹟」。從一九六八年到一九七三年，其國民生產毛額的平均成長率每年接近百分之十。這使得已經很不平均的所得分配更加嚴重，並使得一些人把巴西形容爲資本主義發展的縮影，並說，在巴西，只有跨國公司及其本地合夥人獲益，而本地的工人、農民則遭殃。這也使得蓋賽爾在一九七四年成爲巴西總統時對巴西做了這樣的評語：「巴西很出色，但是巴西人卻很糟」。在希臘導致軍事政權垮臺，在西班牙導致個人獨裁政權讓位的這種快速經濟成長的壓力，也在巴西同樣顯現出來。然而，巴西的軍方領袖們已經意識到這些壓力，並決心要調控這些壓力。在梅迪奇總統當政的最後一年，他開始考慮使用幾種減壓（distensão/decompression）的辦法。蓋賽爾總統及其首席顧問高貝里（Golbery do Coutoe Silva）將軍開始了這一過程，並持續到一九七八年。費蓋雷多（João Figueiredo）總統繼續並擴大了這一過程，使之成爲一種開放的過程。這兩任總統的行動避開了已經惡化了的社會衝突，而使民主容易到來。

從六〇年代到八〇年代，南韓和中華民國的成長率，在世界上也名列前茅。這兩個國家在經濟和社會方面有深刻的轉變。在這兩個國家出現要求民主化的壓力，比歐洲和拉丁美洲社會發展得慢，原因有二。第一，儒家文化傳統強調層級結構、權威、社群、忠誠，這延緩了社會族群對政體提出強烈的要求。第二，比起其他社會，南韓和中華民國的快速經濟成長發生在所得分配模式比較平均的環境之中。造成第二個原因的因素有若干，其中包括四〇年代末和五〇年代初的土地改革措施，和在此之前已經達成的高識字率和高教育水準。在巴西出現的與快速經濟成長有密切關係的不平等現象，尤其不曾出現在這兩個東亞國家。不過，到了八〇年代，經濟發展已經達到了要求擴大政治參與的臨界點，這迫使兩國政府開始了民主化的進程。

高速的經濟成長不可避免地會產生對威權領袖的挑戰，但這未必讓他們引進民主體制。在一九六〇年到一九七五年之間，巴西國民生產毛額的平均年成長率爲百分之八。同一期間，伊朗的GNP成長率爲百分之十。在一九八〇年到一九八七年間，中共的國民生產毛額也以百分之十的年平均率成長。這些成長率在這三個威權國家造成了高度不穩定的壓力和緊張，加重了不平等和挫折感，促使社會團體對他們的政府提出要求。這三個國家的領袖們也是以三種不同的方式做了因應。巴西的蓋賽爾開放了政權；中共的鄧小平把反對派鎭壓下去了；伊朗國王巴勒維則優柔寡斷、遲疑不決。民主、鎭壓和革命分別是這三種選擇的結果。

總結

從長遠的觀點看，經濟發展將爲民主政權創造基礎。從短期看，高速的經濟成長和經濟危機可能會逐漸瓦解威權政體。如果在沒有經濟危機的情況下實現經濟成長，民主將能夠緩慢發展，就像十九世紀的歐洲那樣。如果不穩定的成長或經濟危機出現，而仍然沒有達到轉型地帶的富裕程度，威權政體就有可能垮臺，但是用長治久安的民主政權來取代它們仍然很成問題。在第三波民主化浪潮中，經濟發展到達相當的程度，加上短期的經濟危機或經濟破產，這種公式是最適用於從威權體制轉型到民主政府。[37]

第六節 宗教變遷

在宗教方面的兩項發展也助長了七〇年代和八〇年代的民主化。

在西方的基督教與民主之間存在著強有力的相互關係。近代民主首先而且主要出現在基督教國家。到一九八八年爲止，以天主教或新教爲主要宗教的四十六個國家中有三十九個是民主國家。這三十九個民主國家構成了全部六十八個以西方基督教爲主要宗教國的百分之五十七。當然，相比之下，五十八個以其他宗教爲主要宗教的國家中只有七個（占百分之二十）爲民主國家。那些以伊斯蘭教、佛教或儒家爲主的國家中，尤其少見民主的蹤影。[38]

這種相關性並不證明兩者之間有因果關係。不過，西方基督教強調個人的尊嚴和教會與國家機關的分離。在許多國家，新教和天主教教會的領袖們，在反對壓迫性國家的奮鬥中成爲骨幹。因此，可以合理地假設，基督教的擴張促進民主的發展。

六〇、七〇年代基督教在何處有顯著的擴張呢？答案是：只在少數的幾個地方。最明顯的例子是南韓。在五〇年代初，首先是南韓出現了李承晚領導下的半民主文人政權，然後六〇年代是朴正熙領導下的半民主軍事政權，接著是七〇年代和八〇年代朴正熙和全斗煥將軍領導下的軍事獨裁政權，各階段之間只有短暫的中斷，而眞正步入民主政治是在一九八七年。第二次世界大戰結束時韓國基本上是一個佛教國家，並帶有儒家的傳統，人口中約有百分之一是基督徒。到八〇年代中期，全人口中約百分之二十五是基督徒，其中五分之四是新教徒，主要是基督長老教會的信徒，另有五分之一是天主教徒。皈依基督教的人主要是住在都市中的年輕中產階級，他們信仰基督教的動機導因於韓國所發生的深刻的社會和經濟變遷。正如一份報告書所描述的：「對那些湧入城市的數百萬人來說，以及對許多仍然留在面貌已經大爲改觀的農村的人來說，韓國農業時代那種缺少活力的佛教已經失去了吸引力。基督教則帶有個人救世和個人命運的訊息，並在迷亂和變遷的時代提供了一種更爲可靠的撫慰。」[39]

基督教也成爲反對政治迫害的一種比較可靠的教義和制度基礎。正如一位南韓人士所形容的：基督教「意義重大，因爲它促進了平等的觀念，和對獨立於國家機關之外的某種權威的尊重。」[40]儒家的威權思想和佛教的消極性被基督教的戰鬥精神所取代了。一九七四年，五位主教率領五千名羅馬天主教徒舉行反對朴正熙總統戒嚴政權的第一次大遊行。反對運動的許多主要領導人，諸如金大中、金泳三都是基督教徒，而新教或天主教神職人員，諸如文益煥大主教和金樹煥樞機主教也是抨擊軍事政府鎮壓行徑的主要領導人。到八〇年代初，教會已變成「反對政府的主要論壇」。在一九八六年和一九八七年，金樞機主教、其他天主教領袖，以及主要的新教組織——全國教會理事會（National Council of Churches）都強烈支持反對黨的總統直接民選的訴求活動。在與政府的衝突中，「教會和教堂爲人權和正義的活動提供了制度的基礎，爲交換不同意見和信念提供了空間。天主教的教士、羅馬天主教青年工人協會（Roman Catholic Association of Young Catholic Workers），以及都市工業傳教會（Urban Industrial Mission）和新教的牧師們都捲入了政治，並代表反政府運動的一個重要部分。漢城的敏東大教堂（Myongdong Cathedral）成爲政治異議分子的象徵性聚會地點。」[41] 因此，在某種意義上，韓國已經顛倒了韋伯（Weber）的關聯（connection）：經濟發展促進了基督教的擴張，而基督教教會領袖和其成員是在一九八七年和一九八八年，成爲民主轉型的主要力量。

鼓舞民主化的第二項，而且更重要的宗教發展是，羅馬天主教會和許多國家的天主教會在其教義、領導方式、普遍參與和政治結盟上所發生的深刻變化。從歷史上看，新教教義和民主政治是相互關聯的。在西方世界中，第一次民主躍動與十七紀世紀的清教徒革命同時發生。在第一波民主化浪潮當中，實現民主化的絕大多數國家是新教國家。第二次世界大戰後的第二波民主化國家則有各式各樣的宗教信仰。不過，在六〇年代，這兩個變項之間存在著很重要的關係。一項研究顯示，在九十九個國家中，「新教徒人口所占的比例愈大，民主的程度也就愈高。」相反地，天主教卻常常與缺乏民主或有限的民主或民主發展落後劃上等號。李普塞指出，「天主教在第二次大戰前的歐洲和拉丁美洲似乎正好是反民主的。」[42]

要解釋這種關係可能有三個方面的原因。從教義上看，新教強調個人的良心、個人對聖經的自由心證，以及個人與上帝的直接關係；天主教則強調教士的中介角色，這一點在拉丁的彌撒儀式中特別明顯。其次，新教教會本身在組織方式上也比較具有民主精神，強調教友至上，同時沒有主教，或者只有權力非常有限的主教。相形之下，天主教是一個威權性的組織，其等級有教士、主教、大主教和樞機主教，最後是教宗，而且也強調教宗無謬論的教義。正如特魯多（Pierre Elliot Trudeau）所指出的：天主教國家「在精神事務上是威權性的；且由於精神事務和世俗事務中甚至連數人頭[43]這種解決方式也不願意採納。」[44]另外，韋伯有一個命題：新教鼓勵經濟企業、資產階級、資本主義和經濟財富的發展，而這些又促進了民主制度的出現。直到六〇年代，人們用來說明宗教和民主之間關係的這些論點和關聯似乎是無懈可擊的。然而，現在情況已完全改觀。七〇年代和八〇年代的第三波民主化已經完全是、或者要是天主教的民主浪潮。第三波民主化的第一批三個國家中有兩個（葡萄牙和西班牙）是天主教國家。接著，民主化橫掃了六個南美洲國家和三個中美洲國家。這股浪潮來到了菲律賓，即第一個實現民主化的東亞國家，然後又折回到智利，並衝擊了墨西哥，然後又在天主教的波蘭和匈牙利，這兩個東歐的第一批民主化國家匯成波濤。在世界上的每一個地區，天主教國家都處於帶頭地位，而且，主要的天主教地區，如拉丁美洲，是民主化最徹底的地區。從總體上看，在一九七四年到一九八九年間轉型到民主政治的國家中大約有四分之三是天主教國家。

這一點做何解釋呢？當然，可能的答案是：到七〇年代初期，世界上的大多數新教國家已經變成民主國家。其中最主要的例外是東德和南非，而新教教會的領袖們促進了這些國家及南韓的民主化。不過，如果更多的國家想要實現民主，她們必須是天主教、東正教或非基督教國家。可是問題仍然還在：為什麼是天主教國家？一個可能的解釋是，天主教不利於民主，這又回到了前面的那個假設。在歷史上，新教國家的經濟發展速度比天主教國家更為迅速，而且達到更高水準的經濟福祉。天主教國家則是些窮國。不過，從五〇年代開始，天主教國家的經濟成長率比新教國家高。當然，這主要是因為她們的總體經濟發展水準較低。雖然如此，經濟成長無疑會促進若干個天主教國家的民主轉型。[45]

造成天主教國家出現民主化波濤洶湧的一個更普遍的原因是，天主教會內部出現的變化。從歷史上看，在西班牙、拉丁美洲和其他地方，教會總是與地方政權、土豪鄉紳和威權政府關係密切。不過，在六○年代，教會改變了這一做法。教會內部的變化把一個非常有勢力的社會機構變成了獨裁政權的反對者，使這些政權失去了他們也許可以從宗教中得到的合法性，並給擁護民主的反對運動保護、支持、資源和領導地位。在六○年代中期以前，天主教會通常和威權政府掛勾，而且經常承認這些政權具有正常性。六○年代中期以後，教會幾乎一致反對威權政權；在某些國家裡——如巴西、智利、菲律賓、波蘭和一些中美洲國家——天主教會在努力改變這些政權的運動中扮演了重要角色。天主教會由現狀的防波堤變成了要求變革的力量，由擁護威權變成主張民主，這一立場的轉變是一個重大的政治現象。五○年代的社會科學家們是正確的：那時的天主教是民主的一個障礙。然而，到了七○年代，天主教成了擁護民主的一股力量，因爲天主教會內部發生了變化。[46]

這些變革發生在兩個層次。在全球層次上，變革是由教宗若望二十三世（Pope John XXIII）所導引的。這些變革導源於他的風格、虔誠及在其通諭（encyclicals）中所詳細闡明的教理。不過，最重要的變化來自第二屆教廷會議。這屆會議是由他召集的，會議從一九六二年一直開到一九六五年。「第二屆梵蒂岡教廷會議」強調，進行社會變革的正當性和必要性，強調由主教、牧師、信徒協同行動的重要性，幫助窮人的奉獻精神，視社會與政治結構的特質而做適時的變革，以及個人的權利等。「第二屆梵蒂岡教廷會議」聲言，宗教領袖們有責任去「下道德判斷，而且一旦因爲維護基本人權……使得這種判斷變成必要時，還可以對政治秩序中的事務下這樣的判斷。」[47]一九六八年在梅德林（Medellin）召開的「拉丁美洲主教會議」和一九七九年在普維布拉（Puebla）召開的上述會議，以及主教們在其他地方的集會中都重申，並詳細闡述了這些觀點。

還有一項同等重要的變化同時發生在天主教會中的普遍參與和教士的活動上。例如，正如林茲所指出的，六〇年代的西班牙：

> 新生代的教士在成長，而且其中許多人就職不久，同時，來自農村的教士人數大量減少，這些人比較注意社會的不公平，並與非基督教的工人階級保持接觸，也加強了宗教實務的社會學研究，教士在巴斯克省和加泰隆尼亞省也被認爲是文化上的、語言上的少數派，而且其中最重要的是，第二屆梵蒂岡會議所產生的重大影響。所有這些都在青年天主教知識分子、信徒和教士中，招致了強烈的批判意識和擾攘不安，並與當局發生衝突。【48】

在六〇年代和七〇年代的巴西，一種投合大眾的教會社區（ecclesiastical base communities, CEBs）迅速普及全國，到了一九七四年，其數量已達四萬個，而且這一發展賦予了巴西教會一個全新的面貌。而在此同時，菲律賓形成了一個「基督教左派」，他們包括牧師和基層群眾的活動家，其中有些人是馬克思主義者，另一些人支持社會民主，這種社會民主既反對帝國主義，也反對共產主義。在七〇年代末的阿根廷，教會戲劇性地擺脫了其以前的保守色彩，教士們動員了一場大規模的青年運動，這場運動導致了「驚人的新教復興」。波蘭和智利的情況也類似，都出現了「教會的草根群眾政治化」：即「每個國家教會立場的基礎可以追溯到具有強烈攻擊性的青年教士所發起的運動。他們強烈認同當地社會的熱望，並試圖組織和保護眞正具有代表性的和非暴力性的社會運動。」[49] 這些草根群眾的動員形成了新的潮流，而且與來自梵蒂岡的新教義所產生的潮流相匯合並締造了一個新的教會，這種教會幾乎毫無例外地反對威權政府。

在非共產國家，教會與威權政府的關係通常經歷三個階段：接受、愛憎交織和反對。最初，教會機構中的保守分子通常處於支配地位，而且充分表現了教會作爲政權的夥伴和社會治安捍衛者的歷史地位。教會領袖們通常歡迎威權政府的既存體制。在西班牙，教會幫助佛朗哥取得了勝利，並長期支持他的政府。巴西的主教們在一九六四年的政變之後立即採取了一種「親軍事政府的熱情立場」。在阿根廷、智利和其他地方，教會也以類似的方式使軍方接管者得到了合法化。[50]

隨著威權政府繼續掌權及加強的鎭壓；隨著國家的整個教會機構都能感受到從基層群眾到梵蒂岡之間出現的匯聚趨勢，教會的立場也發生了顯著的變化。在巴西、菲律賓、智利、中美洲國家和其他地方，兩股對立的思想和活動的潮流開始在教會內部滋長。一種是社會主義，或者說是「紅色的」，這一股思潮鼓吹社會正義、攻訐資本主義的罪惡和強調絕對有必要幫助窮人，並常常將「解放神學」中的馬克思主義基本原理融入其思想中。後者的影響並沒有使得教會朝著民主的方向前進，而只是有助於動員天主教徒以反對執政的獨裁政權（尼加拉瓜除外）。同樣地，在許多國家中，還存在著另外一種溫和的或者稱爲「黃色的」一股力量（比如眾所周知的菲律賓），這種反對力量通常包括天主教團中的重要骨幹，他們強調人權和民主。由於這些發展，天主教會的整體地位通常與威權政府沆瀣一氣，轉變成對威權政府既愛又恨的矛盾心理。

許多國家在某個時刻都會在教會與國家的關係上出現一個突破點，而這個時刻通常都發生在全國性的主教會議，或教會最高領導人公開使教會處於反對政權的地位之時。在智利，軍事政權掌權之後粗暴地踐踏人權，導致了教會與政權提早決裂，並於一九七六年一月成立了牧師會眾（Vicariate of Solidarity）。在巴西，軍事政府執政後不久，教會也與政府決裂，那時，巴西全國主教會議（National Conference of Brazilian Bishops）發表了一篇聲明，譴責政府的國家安全主義是「法西斯式的」主張，並且爲積極的教會反對活動開路，他們提醒巴西人注意納粹德國，因爲納粹德國的基督教「接受了政府的教條，而不分辨這些教條與基督教眞正需求背道而馳。」此後不久，聖保羅市的樞機主教戲劇性地認可了這一決裂，當時，他拒絕爲巴西的軍人總統做生日彌撒，以故意表示輕蔑。[51]在西班牙，政府和教會的決裂出現得較晚，一九七一年九月於馬德里召開的唯一一次主教和教士大會上才使這一決裂公開化。對西班牙的教會來說，這是一次奇特的民主集會，其會議紀錄得到了廣泛的報導；並給西班牙人民「上了一堂民主課」，同時也通過了決議，擁護「言論自由、結社自由和公共集會自由的權利。事實上，也擁護所有佛朗哥政權時期在行使上大受限制的權利」。由於這次會議，「教會與國家機關劃清界限，並放棄了爲政權的正當性背書的角色。」[52]這些變革受到了梵蒂岡的通力支持。在菲律賓，政府與教會的決裂出現於一九七九年，那時，樞機主教辛海梅要求終止戒嚴令，並舉行沒有馬可仕參加競選的新選舉。在阿根廷，政教分離出現於一九八一年，當時，教會散發一份文件，內容是有關「教會與全國共同體」（Church and National Community）。在瓜地馬拉，教會停止充當既存秩序的捍衛者，並變成社會正義、改革和民主的擁護者，一九八三年至一九八六年間，主教們發布了「一系列大約十五封教會書簡和公開的聲討檄文，所有這些文件都呼籲尊重人權，要求進行社會、經濟和土地改革。」[53]在薩爾瓦多，由大主教羅慕洛（Romero）領導的教會也在一九七七年之後同樣與政府決裂了。

幾乎在上述每個國家，教會領袖都譴責政府對神職人員、活躍人士、出版品、機構和財產進行了猛烈的報復。教士和教會工作人員常常被關進監獄，受到折磨，偶爾還被殺害，這就產生了烈士。結果常常是，教會與國家之間在政治、意識形態和經濟上處於全面的對峙狀態，在巴西，教會變成了威權國家的「最公開的反對者」；在智利，教會變成了「反政權道德力量的中心」。[54]在菲律賓和其他國家，教會變成了譴責迫害、捍衛人權和推動民主轉型的主要組織。一個很有意思的例外是，在有深厚天主教傳統的波蘭。從一九八〇年開始，波蘭的「團結工聯」開始壟斷了主要反對黨的角色，然而波蘭教會在小心翼翼的格倫普（Józef Glemp）樞機主教的領導下，數年來一直在政府與反對陣營之間扮演著調停人的角色。

爲了對抗威權主義，全國性的教會動用了許多資源來打這場戰爭。教會組織和教會建築物爲反政府人士提供避難場所和生活資助。教會的電臺、報紙、期刊詳細陳述反對派的事蹟。例如，在巴西，教會作爲一個全國性和群眾性的組織，有一群「全國性組織的成員可供動員」。[55]在某種意義上，這是一種潛在的全國性的政治機器，它有千千萬萬的教士、修女、活躍的一般信徒，他們可以將人民的力量投注於反對派的抗議活動。教會常常出現一些政治手腕非常高超的領袖，諸如巴西的阿恩斯（Arns）樞機主教、菲律賓的辛海梅樞機主教、薩爾瓦多的羅慕洛大主教和韓國的金樹煥樞機主教。

教會創立了許多組織，諸如智利的「牧師會眾」以支持反對派的運動，而在菲律賓，成立了第二次「全民爭取自由選舉運動」來推動回歸選舉程序和維護公正的選舉。[56]（第一次「全民爭取自由選舉運動」是由美國的中央情報局在一九五三年基於類似的目的而創設的。）

此外，教會當然也是一個跨國性的組織。有時各國教會可以透過梵蒂岡或其他國家的教會，以及其他國家的天主教施加影響力。譬如，巴西教會就「透過梵蒂岡及歐洲和美國的教士與信徒的同情力量以及巴西之外的其他人權鬥士們」在海外發動抗議活動。「因此，他們常常在美國和歐洲的報紙上發表抗議文章，來自這些地方的批評使得巴西的軍方特別感到不安。」[57]

在教宗若望保祿二世（John Paul II）上任之後，教宗和梵蒂岡在教會反對威權主義的抗爭中闖出了一片亮麗的天空。一九七九年三月，保祿二世的第一份通諭中，譴責了侵犯人權的行徑，而且特別公開聲稱教會是自由的「護衛者」，而「自由是人類眞正尊嚴的條件和基礎」。教宗的訪問也開始扮演著關鍵的角色。保祿二世常以教宗的身分在民主化的關鍵時刻大駕光臨：波蘭，一九七九年六月、一九八三年六月、一九八七年六月；巴西，一九八〇年六－七月；菲律賓，一九八一年二月；阿根廷，一九八二年六月；瓜地馬拉、尼加拉瓜、薩爾瓦多、海地，一九八三年三月；韓國，一九八四年五月；智利，一九八七年四月；巴拉圭，一九八八年五月。

就如同教宗造訪許多其他地方一樣，這些訪問的目的幾乎總被說成是純宗教性的，而其影響則總是政治性的。在某些情況下，例如，在韓國和菲律賓，當地支持民主運動的人士抱怨教宗沒有旗幟鮮明地支持他們的事業。然而，更通常的是，他非常明確地支持當地教會與威權政府周旋，而且在波蘭、瓜地馬拉、尼加拉瓜、智利、巴拉圭和其他地方，他則明確地認同反對威權政權的行列。[58]當然，他的最大影響是在波蘭，據波蘭的一位主教說，他於一九七九年戲劇性地訪問波蘭，改變了「人們恐懼的心理，恐懼警察和坦克；恐懼失去自已的工作；恐懼得不到晉升；恐懼被趕出學校；恐懼得不到護照，人們知道，如果他們不再恐懼制度，這個制度將無能爲力。」艾希（Timothy Garton Ash）指出，這場「第一次大朝聖」是共產主義在東歐「終結的開端」。「在這裡，我們第一次看到大規模的、持續的、格外和平的、自我節制的、團結的一大群人起而反對黨國」，黨國體制是一九八九年變革的表徵和主要的國內催化劑，東歐的每個國家都是如此，除了羅馬尼亞（即使在羅馬尼亞，群眾也並未發動暴力事件）。[59]一九八七年，教宗在智利與皮諾契特面對面時，詳加說明了他的天職與民主的關係：「我不是民主福音的宣講者；我是福音書的宣講者。當然，人權中的一切問題都與福音書中的啟示有關；而且，如果民主意謂人權，那麼，它也屬於教會的啟示。」[60]

最後，教會領袖和教會組織也不時地在民主化過程中的關鍵時刻，進行政治性的介入。在一九七八年的多明尼加共和國，教會譴責了企圖停止統計選票並延長貝拉蓋爾（Belaguer）總統任期的做法。一九八九年的巴拿馬，教會領袖們亦譴責諾瑞加在選舉中舞弊的行徑，並呼籲巴拿馬軍隊不理會要他們向反對派示威者採取行動的命令。在尼加拉瓜，奧班杜（Obando y Bravo）樞機主教動員反對派，與桑定（Sandinista）派政府相抗衡。在智利，樞機主教弗雷斯諾（Juan Francisco Fresno）像他的前任席爾瓦（Raúl Silva Enriquez）樞機主教一樣，在與皮諾契特政權的抗爭方面總是身先士卒，並於一九八五年八月，把十一個政黨的政治領袖召集起來，簽署國民協議（National Accord），在要求進行憲政改革和選舉的過程中扮演了積極的角色。一九八六年，在韓國民眾要求民主運動的關鍵時刻，金樞機主教採取了公開的政治行動，明確地贊成「修憲」的必要性，以及明講：「我們必須在韓國立即實行民主。」[61]

最積極介入政治的教會領袖無疑是在菲律賓。樞機主教辛海梅折衝於艾奎諾夫人和勞瑞爾（Salvador Laurel）之間，並達成協議，把反對派的選票集中起來。在選舉前的一個月，樞機主教向菲律賓的二千個教區發了一封信函，號召天主教徒選舉那些「體現福音中人道、眞理、廉潔、尊重人權和生命等價值」的人。當然，這種做法不免在人們心中發出樞機主教究竟在支持誰的疑問，但不久之後，他事實上已經明確支持艾奎諾夫人。而馬可仕企圖在選舉中舞弊和克雷姆（Craeme）基地發生兵變之後，辛海梅運用教會組織和教會電臺，代表軍方動員民眾。「對於宗教在爲期三天的叛亂中所扮演的角色，不容被抹黑爲修女和牧師們站在人牆的前列、而反叛的將軍們在人群之前豎起聖母瑪麗的雕像。在馬可仕最後逃到夏威夷之後，辛主教在魯內塔（Luneta）主持了一個慶祝勝利的感恩彌撒，高唱：『柯麗，柯麗』[62]，並且飄揚著天主教的教旗。」[63]辛主教在終結一個政權和更替國家的政治領導階層中扮演了比十七世紀以來任何天主教高級教士更積極和更有影響力的角色。

總之，要不是天主教會內部的變革，以及由此而來的教會對威權思想的抗拒行動，第三波民主轉型的國家就會少很多，而且，許多國家的民主化浪潮會出現得更晚。在一個又一個國家，民主和威權之間的選擇具體化爲樞機主教與獨裁者之間的衝突。在造就七〇年代和八〇年代民主化浪潮無遠弗屆的力量中，天主教的地位僅次於經濟發展。第三波的標識字條就像是一美元紙幣圖案中有耶穌受難像上的十字架。

第七節 外來勢力的新政策

外國政府或機構的行動也許會影響，甚至是決定性地影響到一個國家的民主化。正如達爾所指出的，在一九七〇年的二十九個民主國家中，有十五個民主政權若不是在外國統治期間建立起來，就是脫離外國統治後建立起來的。[64] 很明顯地，外國的勢力也可以推翻民主政權，或是阻止一個國家走向民主。外國勢力甚至可以加速或阻礙經濟發展和社會發展對民主化的影響。正如所指出的那樣，當一些國家達到特定的社會、經濟發展水準時，她們就進入了一個轉型地帶，在這個地帶中，朝民主方向邁進的可能性顯著增加。在一個社會還沒有進入這一地帶時，外國的影響力可能帶領這個國家從事實現民主化的努力，甚或這些國家達到該一發展水準之後，外來的因素也可以妨礙、甚至阻止民主化。例如，桑沙因認爲，一八三〇年之前的歐洲其外在影響力基本上是反民主的，因此阻止了民主化。不過，在一八三〇年到一九三〇年之間，民主化之外在環境是中庸的；因此，不同國家的民主化步伐幾乎是由經濟發展和社會發展來決定的。[65] 與此稍類似的是，協約國在第一次世界大戰中的勝利造就了中歐和東歐國家的民主制度，而這些國家（捷克除外）在社會和經濟方面尚未具備民主政治的條件，因此，這些民主制度很難長久持續下去。第二次世界大戰之後，蘇聯的干預阻止了東歐國家建立民主制度，如捷克、匈牙利和波蘭，而這些國家當時在經濟和社會方面已經比較具備民主化的條件。同樣地，非殖民化所產生的許多新興國家，也建立了以原殖民國爲模範的民主體制，但是，當地的經濟和社會環境不適合民主（如非洲），而且對民主發展形成了重大的障礙。

外來的勢力十分有助於第三波的民主化。的確，到八〇年代末，世界上主要的權力和影響力來源，如梵蒂岡、歐洲共同體、美國和蘇聯都在積極地促進自由化和民主化。羅馬廢了天主教國家威權政權的武功（合法性）；布魯塞爾刺激了南歐和東歐的民主化；美國華府則將拉丁美洲和亞洲的民主化推了一把；莫斯科解除了阻礙東歐民主化的主要障礙。在上述每種情況下，這些外在機制的行動反映了它們在政策上的重大變革。若是沒有這些政策上的變革和外來勢力的這些影響，第三波民主化的限制會多得多。

歐洲建制

「歐洲共同體」起源於一九五一年在法國、西德、義大利和荷、比、盧三國之間簽訂的條約，這項條約創立了「歐洲煤鋼共同體」（European Coal and Steel Community）。一九五七年，「羅馬條約」又創立了「歐洲核能共同體」（Euratom）和「歐洲經濟共同體」（European Economic Community）。成員國都是上述六個國家。一九六九年，這三個機構合併爲「歐洲共同體」。一九六三年，由於戴高樂（de Gaulle）否決了英國加入歐共體，所以上述新合併共同體的會員仍然只有巴黎條約的最初六個締約國。不過，在一九七〇年，「歐洲共同體」改變了做法，並與挪威、丹麥、愛爾蘭和英國就加入共同體的問題開始進行談判。一九七三年，後三個國家成爲歐洲共同體「第一次擴大」行動中加入的會員國。到七〇年代中期，在南歐進一步擴大歐體會員已經成爲一個中心問題。

歐體方面在發展方向上所進行的調整與發生在地中海歐洲的民主化進程是相符合的，並且該項調整對於進程有補強作用。對希臘、葡萄牙和西班牙來說，民主化和加入「歐洲共同體」同時並進。它們都希望取得歐體的會員資格，而且從經濟的理由來看，加入歐體是非常必要的；一個國家要想成爲歐體會員國，首先必須實行民主政治；因此民主政治是經濟成長和繁榮不可或缺的步驟。而在此同時，歐體的會員身分會強化民主政治的實行，並且成爲防止退化到威權體制的外在後盾。當新的民主國家申請加入歐體時，現有的會員「只能別無選擇地接納它們，而且贊同擴大歐體會很快地成爲普遍的共識。」[66]

希臘自一九六二年起，一直是歐體的準會員國，一九七四年軍事獨裁政權畫上句點時，希臘新領導階層迅速地展開其與歐體的關係，並在一九七五年六月正式申請成爲歐體的正式會員。卡拉曼里斯政府和支持這一舉動的希臘人希望，以此促進經濟發展，爲希臘產品，尤其是農產品，找到進入西歐市場的通道，同時減少對美國的依賴，而且，也爲了反制土耳其和斯拉夫國家而加強與西歐國家的關係。不過，同樣重要的是，希臘政治中占優勢的中間派和保守勢力承認，加入「歐洲共同體」會「爲希臘無經驗的民土制度提供最好的保障」。[67]

七〇年代中期的西班牙和葡萄牙，人們普遍希望認同他們國家爲歐洲國家。觀光、貿易和投資使得西班牙的經濟體系成爲歐洲的一部分。同樣地，葡萄牙對外貿易的半數是與歐體進行的。卡洛斯國王強調，西班牙的天職在歐洲，而且與歐洲連在一起。史匹諾拉將軍說：「葡萄牙的前途絕對是與歐洲連在一起的。」[68]這些情感在兩個國家的中產階級中特別強烈，這也爲民主運動奠定了社會基礎。葡萄牙在一九七七年三月申請成爲歐體的會員；西班牙則是在一九七七年六月。如同希臘一樣，這兩個國家民主體制的確立，都被看成是獲得歐體會員資格帶來經濟利益的必要條件，而且歐體的會員資格也被看成是民主政治穩定性的保障。一九八一年一月，希臘成爲歐體的正式會員，五年之後，西班牙和葡萄牙也成爲其正式會員。

在葡萄牙，「歐體」對民主化的影響不僅僅局限在被動地提供經濟刺激和政治後盾。西德政府和社會民主黨（Social Democratic Party, SDP）率先、積極地介入與共產主義者的鬥爭，並對葡萄牙政府和葡萄牙的社會黨人提供大量的資源。[69]西德的做法也樹立了一種模式、一種刺激和一種機構，使得美國也跟進，並且挹注大量財力予捍衛民主的力量。由於一九七五年這一年，蘇聯對共黨國家提供大量財政援助（估計在四千五百萬至一億美元之間），由德國帶領的西方干預對於葡萄牙的民主化是具有決定性作用的。

第三波民主化的發動，大致上與「歐洲安全暨合作會議」（Conference on Security and Cooperation in Europe, CSCE）及「赫爾辛基藏事議定書」（Helsinki Final Act）相契合，這也是日後所謂「赫爾辛基進程」（Helsinki Process）的開端。在這一進程中，有三個因素影響到東歐人權和民主的發展。首先，在最初和隨後召開的各次會議中，都採納了種種文件，對人權和自由賦予國際的合法性，而且對個別國家的人權和自由進行國際監督。有三十五個歐洲和北美國家政府的首長在一九七五年八月所簽署的「赫爾辛基蕆事議定書」中提出，把「尊重人權和基本自由，包括思想自由、良心自由或宗教自由」當作十項原則中的一項。決議的第三部分詳細闡述了政府在促進資訊自由流通、少數人的權利、旅行自由和家庭團聚方面所應承擔的責任。一九八九年一月，在維也納舉行的「歐安會」決議文件中包括了有關人權和基本自由更詳細的條款。同時它還設立了「人性空間會議」（Conference on the Human Dimension），這次會議於一九八九年五月和六月首先在巴黎召開，第二次會議於一九九〇年六月在哥本哈根召開。後一次的會議通過了一項全面性的文件，以維護法治、民主、政治多元化、組織政黨的權利，以及自由和公平的選舉。在短短十五年內，「歐安會」的會員國就這樣從只遵守有限的人權進步而保障全方位的民主自由和制度。

第二，「赫爾辛基蕆事議定書」在美國受到許多人的攻擊，指責它使蘇聯在東歐劃定的邊界得到了合法化，卻只換得了蘇聯對遵守某些人權所作的沒什麼意義的承諾。然而，隨後「歐安會」分別在貝爾格勒（一九七七—一九七八年）、馬德里（一九八〇—一九八三年）和維也納（一九八六—一九八九年）舉行的歷次會議卻給了美國和其他西歐國家向蘇聯和東歐國家施加壓力的機會，要她們履行赫爾辛基責任，提醒並要求她們關注和糾正違背這些責任的一些做法。

最後，所謂的「赫爾辛基進程」也包括在這些國家中成立委員會或觀察小組來監督決議的遵守情況。歐洛夫（Yuri Orlov）和其他的蘇聯異議分子在一九七六年五月建立了第一個這樣的團體，隨後，捷克又成立了七七憲章團體，在其他國家也成立了類似的委員會，這些團體雖然常常受到其政府的迫害和壓制，但是卻構成了要求自由化的國內壓力團體。

「赫爾辛基進程」對東歐民主化三個面向的影響雖然有限但卻實在。共黨政府承認西方在人權標準上所提出的原則，這就使他們侵犯這些權利時將受到國際和國內的批評。赫爾辛基是改革者用來努力開放其社會的誘因和武器。至少有兩個國家的這種影響是十分直接的。一九八九年九月，具有改革決心的匈牙利政府引用其對個人遷徙自由的承諾（這項承諾在維也納會議的決議文件中有詳細規定）來辯稱其未違反其與東德政府的協定，而讓東德人借道匈牙利前往西德。這一過程啟動了一連串的事件，這些事件導致了東德共產主義社會的崩潰。一九八九年十月，「歐安會」在保加利亞舉行有關生態環境的會議，卻在索菲亞（Sofia）激發了數場遊行示威，而這些遊行示威受到了政府粗暴的鎮壓，從而開始了在十一月將頑固的獨裁者吉科夫（Todor Zhivkov）趕下臺的一連串事件。

「歐洲共同體」積極地推動民主化，而且有希望成爲歐體會員國對於民主化的國家也是一項誘因。「歐安會」是一個使共黨政府承諾實行自由化的過程，也是使國內異議分子和外國政府迫使他們實現自由化的努力得以合法的過程。「歐安會」雖然沒有創立民主國家，但它卻有助於培養東歐、蘇聯的政治開放。

美國

美國向其他國家推銷民主和人權的政策，在七〇年代初開始改弦易轍，並在一九七三年至一九八九年間經歷了四個階段。在六〇年代末和七〇年代初，這些目標在美國的外交政策中居於從屬的地位。進步同盟（Alliance for Progress）的積極主張被擱在一邊；那時，政府和國家都全力關注於越戰；尼克森總統和季辛吉國務卿在外交政策上採取一種現實政治（realpolitik）的做法。不過，在一九七三年，形勢開始轉到另一個方向。國會首先發起變革呼聲，並由弗雷澤（Donald Fraser）眾議員在國際組織與行動小組委員會中主持了十五次聽證會，時間是在一九七三年的下半年。該小組委員會在一九七四年初的報告中敦促美國，把促進人權作爲主要的外交政策目標，並建議採取一連串行動以促進這一目標。一九七四年，國會在援外法（Foreign Assistance Act）、互助法（Mutual Assistance Act）和貿易改革法（Trade Reform Act）中增加了人權修正案。三年之後，國會又對國際金融機構法（International Financial Insitutions Act）做了類似的修正。這些修正案規定，對那些嚴重侵犯人權的國家不得給予援助，除非總統認爲對方有不得已的理由。在一九七四年、一九七五年和一九七六年期間，國會對人權的關心及對侵犯人權者實行經濟制裁的想法已比以前要明顯得多。

美國政策的第二個階段，始於一九七七年的卡特政府。卡特將人權作爲其競選期間的一個論題，而且，人權也成爲他就任後第一年外交政策的一個重要面向。總統的行動（例如，在就職後不久，他就致函沙卡洛夫〔Andrei Sakharov〕及他在白宮接見布柯夫斯基〔Vladimir Bukovsky〕）；由總統、國務卿和其他政府官員所發表的演說和聲明，終止對若干國家的經濟援助，以及提升政府機構中人權組織的地位——所有這些皆旨在強調，人權在美國外交政策中的中心角色，正如卡特總統所形容的；把人權納入「世界事務議程」之中。

雷根政府一上任就決心使其對外政策與前任有所不同。這其中的一個做法便是批評卡特的人權政策，因爲卡特的政策只關注個人的人權遭到踐踏，而不把矛頭對準拒絕人權的政治體制。最初，雷根政府對拉丁美洲和亞洲「威權」國家的人權問題輕描淡寫，而強調向共黨政權挑戰的必要性。不過，到一九八一年底，在國會和拉丁美洲民主轉型的壓力下，美國行政當局開始改變立場，雷根總統在一九八二年六月對國會的演說中宣示了這個改變。到一九八三年和一九八四年，美國的政策進入第四階段，其特點是美國採取積極行動以促進共黨和非共黨的獨裁國家進行民主的改革，其具體做法是美國成立「國家民主基金會」（National Endowment for Democracy），結果，卡特和雷根政府都遵循了一條近乎「道德主義的」途徑在國外推廣人權和民主。[70]

在第三波民主化當中，美國政府動用了種種手段，包括政治的、經濟的、外交的和軍事的來促進民主化。這些包括以下若干方面：(1)由總統、國務卿和其他官員發表聲明，支持民主化的整體趨勢和個別國家的民主化進程；由國務院每年對各國的人權狀況提出評鑑報告；由美國新聞總署（U. S. Information Agency）、美國之音（Voice of America）、自由歐洲電臺（Radio Free Europe）和自由電臺（Radio Liberty）宣揚民主思想；(2)經濟壓力和制裁，包括由國會限制／或禁止美國對十五個國家的援助、貿易或投資；在另一些情況下則由行政部門終止援助；同時在由跨國金融機構提供貸款時投下反對或棄權票；(3)外交行動，包括啟用一批具有新觀念的人出任美國駐外大使，他們是積極的「自由推銷者」（其中的典範是一九七五年出任葡萄牙大使的卡盧奇〔Frank Carlucci〕[71]，諸如出任駐烏拉圭和尼加拉瓜大使的佩佐羅〔Lawrence Pezzullo〕、出任駐菲律賓大使的博斯華斯〔Stephen Bosworth〕、出任駐薩爾瓦多、巴基斯坦和巴拿馬大使的辛頓〔Deane R. Hinton〕、出任秘魯、玻利維亞和薩爾瓦多大使的考爾〔Edwin Corr〕、出任駐巴拉圭大使的泰勒〔Clyde Taylor〕、出任駐智利大使的巴恩斯〔Harry Barnes〕和出任駐匈牙利大使的帕瑪〔Mark Palmer〕〕；同時也還包括美國南方司令部總司令在厄瓜多和智利施加的影響；⑷對民主的勢力進行物質的援助，包括由中情局（CIA）在一九七五年對葡萄牙社會黨提供的協助，爲數可能達數千萬美元；對波蘭「團結工聯」大量的財政援助；由「國際開發總署」（Agency for Internaional Development, AID）和由「國家民主基金會」提供的數百萬美元，以確保一九八八年在智利舉行針對皮諾契特將軍的公民投票能夠順利進行，而且在一九九〇年對尼加拉瓜挹注經費以獎勵其民主化；⑸軍事行動，包括卡特政府在多明尼加共和國外海部署戰艦，以確保一九七八年的選舉能夠公正的進行開票作業，雷根政府在一九八三年入侵格瑞那達，以及布希政府命令軍機飛越馬尼拉上空，以示支持艾奎諾夫人，另外在一九八九年入侵巴拿馬；在菲律賓和薩爾瓦多則軍事援助民選的政府，展開對馬列主義叛亂組織的戰鬥，在阿富汗、安哥拉、柬埔寨和尼加拉瓜等非民主政府國家，則對叛軍施以財政援助；⑹多邊的外交，包括由卡特和雷根任命坎佩爾曼（Max Kampelman）在貝爾格勒和馬德里舉行的「歐安會」談判中，就「赫爾辛基協定」中第三部分的談判向蘇聯施加壓力，以及動員聯合國各機構來對抗一些惡名昭彰的侵犯人權國家。

上述各種行動對民主化有多大的幫助呢？無疑地，最重要的作用是使得人權和民主成爲國際關係中的一個重要問題。國際人權聯盟（International League for Human Rights）指出，在一九七七年，人權「第一次在許多國家中成爲國家政策的一個主題」，而且「成爲國際組織討論的重點和全世界新聞媒體關注的焦點。造成這種變化的一個最重要的因素是，卡特總統和美國的人權政策。」正如史勒辛格（Arthur Schlesinger）所寫到的：卡特的人權運動「改變了國際環境，把人權納入世界事務的議程當中，同時也納入世界的良心之中。」[72] 雷根總統在他就任的第一年就制定了「民主計畫」（Project Democracy）。他在一九八二年對國會的演說、一九八四年「國家民主基金會」的成立，以及一九八六年三月向國會發表的諮文中，再加上美國外交官在相關國家的活動都有助於使民主化一直成爲八〇年代國際事務的一個焦點，同時也強化了有利於民主的全球性總體思想環境。

在某些國家，美國的角色是直接的和關鍵性的。就像樞機主教和教廷大使一樣，美國的大使不時地在各國反對派團體之間促成協議，並在這些團體與威權政府之間充當調解人。在一九八〇年、一九八三年和一九八四年，美國政府出面干預，分別阻止了薩爾瓦多、宏都拉斯和玻利維亞的軍事政變陰謀。一九八七年，雷根總統和舒茲（George Shultz）國務卿催促韓國的全斗煥總統與反對黨保持對話，而且，國務院還對韓國的軍方發出了「嚴重警告」，不要試圖發動軍事政變。一九八九年一月，秘魯的一場軍事政變似乎迫在眉睫，美國大使斷然宣布美國反對這一政變；結果政變並未發生。[73] 有好幾種原因，使得美國政府採取行動以反制軍事政變，維持了菲律賓民主。美國在這些國家和其他國家所採取的行動也許是決定性的，也許不是，但是這些行動在支持民主化運動中的作用卻是重大的。事實上，在卡特、雷根和布希執政期間，美國政府採取的是，一種民主版本的布里茲涅夫主義（Brezhnev doctrine）：在其勢力範圍之內不能容許民主政府被推翻。

卡特和雷根辛苦耕耘的結果所產生的影響顯然是因不同的國家而大異其趣，即使要評判單一國家所產生的影響也需要相當的努力。也許可以從兩個相關方面來進行衡量。一個是，從這些政策的受益人這一方面來衡量。例如，一九八一年至一九八四年在位的厄瓜多民主政府總統胡爾塔多（Osvaldo Hurtado）在一九八六年指出：「美國從未像今天這樣致力於民主制度的推廣；若是沒有卡特和雷根總統所支持的擁護民主的政策，拉丁美洲的某些民主進程絕不會出現，也不會達到今天這樣的成就。」一九八四年十二月，即烏拉圭自一九七一年以來出現的第一位由民主程序選出的總統就任剛滿一星期，桑格內蒂（Julio Sanguinetti）表達了類似的感想：「卡特政府的積極性政策對烏拉圭的民主化歷程是最重要的外來影響。在獨裁政權的歲月中，我們這些在野的人實際上是在黑暗中進行抗爭。我們在爲數甚少的重要支持力量中有一個就是美國政府的政策。美國政府不斷地尋找踐踏人權的行爲。」在菲律賓，辛海梅樞機主教針對反馬可仕抗爭的傑出表現發表評論時，指出：「若沒有美國的幫助，沒有人會在本地獲勝。」即使蘇聯也感受到這一影響。國際特赦組織莫斯科分部的負責人在一九八〇年評論說，「我不知道卡特能否被寫進美國歷史，但是他因爲這項政策而已經被寫入了俄國歷史。」【74】

判斷美國對民主化所產生影響的第二個尺度是，那些要求維持獨裁政權的人。在卡特和雷根當政期間，巴西、阿根廷、智利、烏拉圭、菲律賓、中國大陸、蘇聯、波蘭和其他國家獨裁政權的最高領導人們叫苦連天，經常抱怨美國「干涉」他們的內政。這一證據強烈顯示，在多數情況下這些抱怨其來有自。

許多專家所觀察到的情況也加強了由當事者對這些國家所作的判斷。根據阿布加塔斯（Luis Abugattas）的觀察，一九七七年，秘魯的再民主化，由於卡特政府的人權政策，以及考慮到藉外債談判來強化外在合法統治權威的需要而獲得加強。自一九七六年中以來，與「國際貨幣基金」（ＩＭＦ）的談判屢告中斷，而且軍事政府不能恢復這些評判，因爲他們不願意採納ＩＭＦ所要求的「休克政策」（shock policies）。民主開放引起了美國國務院的關注，朝著民主方向每前進一步都得到了積極的回應，例如，增加對該政權的援助。此外，美國的大使館也接到命令，要求反對右翼軍官和地方首府的派系，因爲他們試圖使軍人在南美國家長期掌政，並公開表示卡特政府不接受這一選擇。如果再民主化於一九七六年七月之後還有可能實現的話，則到一九七七年七月之後，就已成爲事實。

在厄瓜多，美國的壓力「似乎是阻止一九七八年威權復辟」的三個要素之一，而且當費布斯——卡德羅（Febres-Cordero）總統企圖終止一九八五年的期中選舉時，他「最後不得不在受美國大使館的重大壓力下如期舉行選舉。」一九八四年，玻利維亞的總統被安全部隊劫持時，由於「受到工人、軍隊中的效忠力量和美國大使館的激烈反對」才得以獲釋。在多明尼加共和國，民主化被貼上了「『外來的』演變」這一標籤，因爲美國的干預，而且直到第三次干預才使得一九七八年的選舉確實進行計票作業。在智利，「源源不絕的美國壓力」有助於一九八八年對皮諾契特政權進行自由而乾淨的公民投票成爲可能。雷根政府在鼓勵智利、薩爾瓦多、瓜地馬拉和宏都拉斯這些國家的民主化方面具有特別的影響力，因爲這些國家的軍隊，基本上對雷根政府持友善的態度。[75]

美國在促進其他國家民主化方面最公開的和最有爭議的努力是，國會重新通過被雷根否決了一九八六年「全面反種族隔離法」（Comprehensive Anti-Apartheid Act），強行對南非實施制裁。在對此一措施的辯論中，支持者認爲制裁將會對南非的經濟產生重大影響，會迫使南非政權盡快結束種族隔離。持反對意見者也認爲制裁會嚴重地影響到南非的經濟，會剝奪黑人的就業機會、會惡化黑人的生活水準及扼殺出頭的希望。這兩種主張都有言過其實之處。美國的制裁和歐洲共同體比較溫和的制裁，對八〇年代南非的經濟形成了某種衝擊。這些制裁是否對南非擺脫種族隔離的運動產生重大的影響則有待證實。掙脫種族隔離運動始於一九七九年，其直接導因於南非的經濟發展以及開放技術性工作給黑人、設立合法的黑人工會、改善黑人的教育、允許勞工自由流動及增加黑人的購買力等方面的必要性。種族隔離與比較貧困的農業經濟體系是共生的，種族隔離與複雜的、富裕的、都市的工商業經濟體系是不能並存的。正如在其他國家一樣，經濟發展產生了政治自由化。美國和歐洲在八〇年代中期的制裁無疑地影響到南非白人的心理和孤立感，同時也爲掙脫種族隔離添加了特別的刺激。制裁可能影響到反隔離運動的速度和性質，但是其影響與南非國內經濟變遷和社會變遷的影響相比則是次要的。

關於美國在第三波民主化中的角色，此處不能做權威性的評價。不過，從總體上看，美國的支持對多明尼加共和國、格瑞那達、薩爾瓦多、瓜地馬拉、宏都拉斯、烏拉圭、秘魯、厄瓜多、巴拿馬、菲律賓的民主化顯得至關重要，而且它也是葡萄牙、智利、波蘭、南韓、玻利維亞和中華民國民主化推波助瀾的因素。如同天主教會所扮演的角色一樣，若是沒有美國參與這一進程，民主轉型的國家將會少得多，而且時間上也會晚得多。

蘇聯

八〇年代末，東歐出現的民主化是蘇聯政策出現轉變的結果，這種轉變比美國國會和卡特總統在七〇年代美國政策中所做的轉變，意義更爲深遠、更富有戲劇性。戈巴契夫總統揚棄了布里茲涅夫主義，而且向東歐各國政府和反對派團體傳達了一個明確的訊息：蘇聯不會採取行動來維持現有的共黨獨裁政權，蘇聯反而贊同採取經濟自由化和政治改革措施。戈巴契夫支持和期待政治改革的程度究竟有多大，這一點還難以確定。但毫無疑問的是，老戈贊同解除像東德的何內克（Erich Honecker）、保加利亞的吉科夫和捷克的雅克斯（Milos Jakes）之流的守舊派領導人的職務，而啟用主張改革的共黨人士來取代他們，因爲這些人會成爲他的當然盟友。尚不清楚的是，他是否也贊同在東歐國家實現全面的民主化，以及是否容忍蘇聯影響力在所有這些社會中的全面瓦解。然而，這卻正是他的行動所產生的後果。

蘇聯的新政策爲廢黜執政的共黨領導人、非共團體參與權力、透過競爭性選舉拔擢政府官員、開放與西歐的邊界，以及加強努力以朝更具市場導向的經濟體系邁進，以上種種都敞開了大門。波蘭在一九八八年至一九八九年的演變，顯然主要來自於其國內的發展。不過據報導，一九八九年八月，戈巴契夫出面干預，敦促共產黨領導人加入「團結工聯」主導的政府。九月，蘇聯沒有反對匈牙利開放他們與西方的邊界。十月初，戈巴契夫訪問東柏林，並宣稱「那些不肯改革的人將會付出生命的代價」，這導致了何內克的下臺。克里姆林宮明白表示蘇聯軍隊不會被用來鎮壓在萊比錫（Leipzig）和其他城市的抗議活動。十一月，保加利亞與蘇聯合作罷黜保共黨魁吉科夫，以及建立了一個由姆拉德諾夫（Petar Mladenov）領導的改革派政府。至於捷克，據報導，戈巴契夫在一九八九年夏天敦促改變雅克斯和阿達梅奇（Ladislav Adamec）的領導體制。同年十一月，蘇聯表示，他們將與一九六八年的入侵事件撇清關係，爲此就使捷克共產黨的領導階層失去了正當性，同時蘇聯還嚴厲警告捷克不要用武力來阻止變革。[76]

在拉丁美洲和東亞，美國人運用其影響力促進了民主化；在東歐，蘇聯勢力的退出也產生了類似的效果。蘇聯轉變導致了具有高度民族主義傾向的親民主示威者在萊比錫、布達佩斯、布拉格的街頭歌頌：「戈比！戈比！」[77]。戈巴契夫也成爲像教宗若望保祿二世、卡特、雷根等二十世紀末民主演變的主要跨國推銷者。

第八節　示範效應或滾雪球

導致第三波民主化的第五個因素也許可以用示範效應、感染、播散、仿效、滾雪球，甚至是骨牌效應（domino effect）等字眼來形容。一個國家成功地實現民主化，這會鼓勵其他國家的民主化，或者是因爲這些國家也面臨著同樣的問題，或者是因爲其他地方成功的民主化暗示民主化可以醫治它們所面臨的任何問題，或者是因爲已經民主化的國家十分強大，可以被當作政治或文化典範。歐蒙德和蒙特在其《危機、選擇與變遷》（*Crisis, Choice and Change*）一書的研究中發現，示範效應在他們分析的五項環境因素中具有一定的重要性。對政變和其他政治現象的統計研究顯示，至少在某些環境中民主化是相互傳染的。[78]分析示範效應在個別案例中的影響是困難的，而且需要深入的研究，在這裡更不可能做到，但是，我們不妨就示範效應在第三波民主化中的一般角色提出若干個可行的假設。

實際上，示範效應示範了什麼呢？首先，示範效應向一個社會中的領袖和社會團體示範了另一個社會中的領袖和社會團體，在結束威權體制方面和建立民主體制方面的能力。他們的示範說明這一點能夠做到，這樣很可能就會激發另一個社會中的領袖和社會團體競相模仿第一個社會中領袖和社會團體的所做所爲。其次，示範效應顯示了，如何做到這一點。後進社會的人民學習並努力效法先進民主化國家所使用過的技術和方法。韓國的社會團體刻意師法「人民權力」的方法，這種方法使馬可仕獨裁政權垮臺。而且這種學習時常是民主人士之間直接磋商和自覺教育過程的結果，就像發生在匈牙利民主人士和他們之前的西班牙民主人士之間那樣。第三，後進的民主人士也學會如何避免危險、克服困難。例如，在一九七四年和一九七五年間，葡萄牙所出現的社會動亂和社會衝突就使得西班牙和巴西的民主運動領袖們試圖進行「一種能駕御的政治演變過程，以極力避免像葡萄牙的民主化那樣遭到腰斬。」同樣地，西班牙的民主領袖們認爲，一九八〇年九月土耳其的軍事政變是「一個危險的先例」，[79]西班牙應避免重蹈覆轍。

示範效應在第三波民主化中的一般性角色可以歸結爲以下三個敘述。

第一，示範效應在第三波民主化中比在前兩波民主化，或者說比二十世紀任何一次政治浪潮的重要性都大得多。原因是，在全球通訊傳播和運輸方面的驚人擴展發生在第二次世界大戰後的數十年，特別是在七〇年代，電視和通訊傳播衛星席捲了全球。雖然政府仍然可以控制著當地的新聞媒體，並不時地排除其人民獲得當局不願他們獲得的資訊能力。但是這樣做的困難度和成本顯著地增加。這也可能會造成一個神通廣大的地下傳播網，就像在波蘭和其他國家所發生的那樣。短波收音機、衛星電視、電腦、傳眞機使得威權政府愈來愈難以對其菁英和民眾進行資訊封鎖，以防止他們知道發生在其他國家有關反抗或推翻威權政府的舉動。拜全球傳播的無遠弗屆之賜，到了八〇年代中期，「世界性的民主革命」形象無疑地已在世界上大多數國家的政治和知識領袖們的心目中變成了一個現實。因爲人民相信它是眞的，它的影響力也就成眞。人們可以，而且的確會關心在遙遠的國度裡所發生的事件對他們本身的相關性。波蘭「團結工聯」的奮鬥和菲律賓馬可仕的倒臺都在智利引起了共鳴，這在數十年前幾乎是不可能的。[80]

其次，儘管日益發達的通訊傳播變天涯為咫尺，但是在地理上相近、文化上相類似的國家之中，示範效應仍然最為強烈。威權思想在葡萄牙的冰消瓦解，對南歐和巴西有著直接的影響。正如一位雅典人在一九七四年六月——即葡萄牙政變發生之後的兩個月、希臘軍事政權垮臺的前一個月——說道：「我們需要的正是一位希臘的史匹諾拉將軍來推翻軍事執政團、並回復到憲政政府。」長達四十五年的葡萄牙獨裁政權之終結「對其西班牙的難友無疑是一個極大的衝擊，對反對派的士氣則是一個極大的鼓舞。而且，彼國的窮親戚居然能實施民主，這只能迫使西班牙加緊實行變革。」[81]就本質而言，希臘的民主化對其他地方應該沒有什麼影響。然而，西班牙的民主化對拉丁美洲卻是意義深長。正如一位阿根廷人士所指出的，「我們從不奢望要效法美國，但師法西班牙則是另一回事。」西班牙和葡萄牙的民主轉型強有力地說明了，伊比利半島文化並非先天地和永遠地反民主。如果西班牙和葡萄牙能夠做到，「拉丁美洲也能夠擺脫專制。」艾方辛廣為運用這個西班牙的「隱喻」來使其在阿根廷的活動正當化。[82]接著，用玻利維亞總統的話說，「阿根廷的民主化支撐著整個拉丁美洲的民主」，而且對其鄰國有著特別的影響。對烏拉圭的影響有正面的，也有負面的。毗鄰的大國既然已經實現了民主，那麼烏拉圭的民主就更加不可避免。然而，艾方辛政權提早起訴前軍事統治者，這一舉動刺激了某些烏拉圭的軍方人士，他們撤回了交出政權的承諾。桑格內蒂悲嘆著說，「阿根廷人給我們造成了這樣可怕的傷害」。阿根廷的民主化鼓勵了智利和巴西的民主人士，而且據報導，這也使試圖推翻秘魯和玻利維亞新民主政權的軍事政變受到中挫。艾方辛親自接見並支持其他拉丁美洲國家民主反對派團體的領袖。[83]

一九八六年二月，馬可仕的垮臺對亞洲其他地方的威權領袖和反對派民主人士中，分別產生了焦慮和希望。受影響最大的是南韓。繼辛海梅樞機主教在菲律賓政權變遷中扮演了關鍵角色之後的一個月，南韓的金樞機主教也第一次要求韓國進行憲政改革、實現民主。反對黨領袖金大中說，「亞洲有許多獨裁政權，但是只有南韓和菲律賓的人民積極地追求民主。菲律賓人成功了，也許我們此時此刻也會成功……現在是亞洲的開發中國家展現主權在民的時候了。我們從來沒有像現在這麼有信心。」[84] 儘管現成的證據很少，但是幾乎可以說，菲律賓和韓國發生的事件對於緬甸在一九八八年夏天、中國大陸在一九八六年秋天和一九八九年春天發生的民主運動有著示範作用，同時對發生在中華民國臺灣的自由化也有一定的影響。

最戲劇性的滾雪球效應是發生在東歐。一旦蘇聯默許，甚至鼓勵非共黨人士於一九八九年八月在波蘭接掌政權，民主化的浪潮就一下子橫掃了整個東歐，先是九月分湧入匈牙利，十月分到達東德，十一月分到達捷克和保加利亞，十二月分到達羅馬尼亞。正如一位東德人士所說的，「我們看到了波蘭和匈牙利的所做所爲；我們聽到了戈巴契夫的話，每個人都感受到了。我們爲什麼要被別人拋在後面呢？」正如艾希所說的，在捷克的「每個人都從他們鄰國的經驗中知道這件事情可以做得到。」[85] 有些國家的民主化也激發了鄰國的自尊心。難道歷盡滄桑的、工業化程度高的、中產階級多的西班牙要落在弱小而貧困的葡萄牙後面嗎？既然烏拉圭和智利曾經有悠久的民主政府經歷，難道要被阿根廷和巴西比得相形見絀嗎？難道捷克作爲東歐唯一有眞正民主傳統的國家，應該被其他國家甩在後面嗎？

東歐和東亞的民主化進程說明了示範效應的第三個重要特徵：民主化浪潮的肇因，隨著時間的推移在相對重要性上發生了變化。示範效應顯然不能影響到第一個民主化的國家。第三波民主化中較早的國家是另一些觸發因素的產物，而不是雪球。一場打不贏的殖民地戰爭、在塞浦路斯的一次軍事挫敗、佛朗哥的死亡分別引發了葡萄牙、希臘和西班牙的民主化。福克蘭群島戰爭吃了敗仗、暗殺艾奎諾、教宗的訪問對阿根廷、菲律賓和波蘭產生了類似的影響。在很大程度上，這些進程是土生土長的。不過，一旦這種進程啟動了，這些先導國家──西班牙、葡萄牙、阿根廷、菲律賓、波蘭──的變革就有助於激發其鄰國或文化上類似的國家產生進行相同變革的要求。示範效應的影響未必顯著地取決於接受國所出現的有利於民主之經濟和社會條件的現狀。的確，隨著這些雪球繼續滾動，這些進程本身往往成爲上述條件的替代物。這一事實反映在其加速度上。隨著不同階段的推進，波蘭的民主化歷程耗費了十年的光陰，在匈牙利耗時十個月，在東德需時十星期，在捷克用去了十天，在羅馬尼亞則僅需十個小時。[86]

一九八九年底，一位埃及人在評論阿拉伯世界的政治前景時說：「現在沒有國家能夠逃避民主。」[87]他的預言成了滾雪球就是肇因的假設之縮影：因爲民主化在那裡發生了，它也將在這裡發生。不過，雪球滾下山，不僅有加速度、體積也會增加，而且也會在不適宜的環境中融解。到八〇年代末，示範效應在那些具備其他有利於民主化的條件和民主本身很薄弱或根本缺乏的國家，出現了要求民主化的努力。在菲律賓、波蘭和匈牙利開始出現民主運動之後，韓國人、東德人和捷克人也一致問道：「爲什麼我們不能？」在這些人開始發動民主運動之後，中國人、羅馬尼亞人隨後又問道：

「爲什麼我們不能？」不過，就這兩個國家而言，上述問題的答案令人感嘆不已，顯得強人所難。中國大陸的平均國民生產毛額只有菲律賓的一半、韓國的十分之一；經濟上，中國大陸距離政治轉型地帶還很遠。中國大陸缺少強有力的資產階級。它從沒有被美國占領過，也未曾是美國的殖民地。基督教的影響力非常弱小，天主教會幾乎不存在。中國大陸以前沒有民主的經驗，其傳統文化有許多威權的成分。羅馬尼亞在東歐是僅次於阿爾巴尼亞的最窮國家；她沒有民主的經驗；西方的基督教幾乎完全不存在；她被孤立於歐洲共同體、梵蒂岡、美國，甚至蘇聯的外來影響力之外。然而，示範效應在羅馬尼亞和中國大陸都是推動民主化努力的強有力的力量。這一效應把第三波民主化，從里斯本的康乃馨（Carnation），延伸到了北京和布加勒斯特的大屠殺（carnage）。

第九節　從肇因到肇端

造成七〇年代和八〇年代威權政權垮臺，或受到嚴重削弱的因素包括：民主的規範在全球和許多國家流行；一般而言是威權政權（而不是一黨制）失去以意識形態爲基礎的合法統治權威；軍事的挫敗；經濟問題和由於石油輸出國家組織的石油震撼、馬列主義意識形態、愚蠢和無效的經濟政策而造成的經濟破產；在實現某些目標上的成就，而這些成就或者是減輕了威權政權的困境（如游擊隊的叛亂已被鎮壓），或者是增強了社會壓力與政治參與的要求（如實現了快速的經濟成長）；在威權政權中的統治聯盟內部分裂的情勢有所發展，特別是在就武裝部隊是否政治化的軍事政權中出現裂痕；某些威權政權的垮臺對其他威權國家統治者和反對派的信心所產生的滾雪球效應。

造成七〇年代和八〇年代在以前的威權國家出現民主政權的因素包括：最重要的和高層次的經濟富裕，這導致了識字率、教育和都市化的更加普遍，更龐大的中產階級、支持民主之價值和態度的成長；在天主教會領導教會反對威權政權和民主方面，下層社會和領導階層都出現變化；歐洲共同體、美國和蘇聯在八〇年代中期的政策轉變對民主發展的支持；在西班牙、阿根廷、菲律賓和波蘭等先導國家出現的民主政權，對加強其他國家的民主運動所產生的滾雪球效應。

這些是第三波民主化的一般原因。這些雖然不同於第二波，也在一定程度上不同於第一波民主化的主要原因。這些一般原因的相對重要性隨著地區的不同、威權政權的不同類型和國家的不同而有所差異。其相對重要性也隨著在第三波期間所處的時間位置而有所不同。軍事挫敗、經濟發展和由石油震撼造成的經濟危機是早期的民主化肇因中比較突出的。外來勢力，而且特別顯著的滾雪球效應是後來民主化運動的主要原因。在任何一個特定的國家，民主化都是某些一般原因加上這個國家特有的某些因素相結合的產物。

一般的因素產生了有利於民主化的條件，這些因素並未使民主化成爲必然，而且它們與直接造成民主化的因素還有一些差異。一個民主政權不是由民主化的潮流建立起來的，而是由人民建立起來的。民主國家不是由肇因（casues）建立起來的，而是由肇端（causers）創建的。政治領袖和民眾必須有所行動。爲什麼伊恩斯和蘇亞雷斯；卡拉曼里斯、卡洛斯和蘇維斯；埃夫倫（Evren）和歐薩爾

（Ozal）；蓋賽爾和費蓋雷多、艾方辛、杜瓦爾特；艾奎諾夫人和羅慕斯（Ramos）；盧泰愚和金大中、金泳三；蔣經國和李登輝；華勒沙和賈魯塞斯基；戴克拉克和曼德拉（Mandela）以及其他地方類似的領袖領導他們的國家邁向了民主化？政治領袖的動機是各不相同的、互相混雜的，甚至是十分神祕的，而且常常他們自己也不清楚。領袖們之所以造就民主是因爲他們相信民主本身是一個目的，因爲他們視民主是實現其他目標的手段，或者說因爲民主是他們追求其他目標的副產品。在許多情況下，民主也許不是政治領袖們所最期望的結果，而可能是最不稱心如意的演變。[88]

有利於民主的社會、經濟和外在條件的出現絕不足以產生民主。不論某些政治領袖的動機是什麼，他們都必須去造就民主，去採取行動（諸如局部的自由化），這才有可能導致民主的出現。政治領袖不能在民主的先期條件欠缺的地方貫徹其意志和技巧去創造民主。在八〇年代末，海地的民主障礙眞是剪不斷理還亂，以至於即使是最有手腕、最忠誠的民主領袖也難以有所作爲。不過，如果一位政治領袖眞心以對的話，即使他遠沒有李光耀那麼老練，也能夠在新加坡創造民主政治。在第三波中，創造民主的條件必須存在，但是只有政治領袖願意冒民主的風險時，民主才可能出現。

◆註解◆

[1] Dankwart A. Rustow, “Transitions to Democracy: Toward a Dynamic Model”, 載於 “*Comparative Politics* 2, April 1970”, p. 337.

[2] Gabriel A. Almond, “Approaches to Developmental Causation”, 載於 “*Crisis, Choice, AND Change: Historical Studies of Political Development*”, Gabriel A. A. Almond, Scott C. Flanagan 和 Robert J. Mundt 編, Boston: Little, Brown, 1973, p. 28.

[3] Rustow,〈民主轉型〉, p. 337.

[4] Myron Weiner, “Empirical Democratic Theory”, PS 20, Fall 1987, p. 863.

[5] 關於盟國的成功經驗對一些拉丁美洲國家的民主化影響的評論，見 Cynthia McClintock, “Peru: Precarious Regimes, Authoritarian and Democratic”, 載於 “*Democracy in Developing Countries: Latin America*”, Larry Diamond, Juan J. Linz, Seymour Martin Lipset 編, Boulder, Colo,: Lynne Rienner, 1989, p. 344; Laurence Whitehead, “Bolivia’s Failed Democratization, 1977-80”, 載於 “*Transitions From Authoritarian Rule: Latin America*”, Guillermo O’Donnell, Philippe C. Schmitter 和 Laurence Whitehead 編, Baltimore: Johns Hopkins University Press, 1986, pp. 52-53; Luis A. Abugattas, “Populism and After: The Peruvian Experience”, 載於 “*Authoritarians and Democrats: Regime Transition in Larin America*”, James M. Malloy 和 Mitchell A. Seligson 編, Pittsbrugh: University of Pittsburgh Press, 1987, p. 122; Aldo C. Vaces, “Authoritarian Breakdown and Redmocratization in Argentina”, 載於《威權論者與民主論者》, Malloy 和 Seligson 編, p. 16.

[6] Weiner, “Empirical Democratic Theory”, p. 862.

[7] Richard McKeon 編, “*Democracy in a World of Tensions: A Symposium Prepared by UNESCO*”, Chicago: University of Chicago Press, 1951, p. 522, 引自 Giovanni Sartori, “*The Theory of Democracy Revisited*”, Chatham, N. J,: Chatham House Publishers, 1987, p. 3.

[8] Harry Psmiades, “Greece: From the Colonels’ Rule to Democracy”, 載於 “*From Dictatorship to Democracy:*

Coping with the Legacies of Authoritarianism and Totalitarianism", John H. Herz 編, Westport, Conn: Greenwood Press, 1982, p. 251; Scott Mainwaring 和 Eduardo J. Viola, "Brazil and Argentina in the 1980s", 載於 "*Journal of International Affairs* 38, Winter 1985", p. 203.

〔9〕Gabriel Almond 和 Robert J. Mundt, "*Crisis, Choice and Change*", Almond, Flanagan 和 Mundt 編, p. 628.

〔10〕Arthur Zich, "The Marcos Era" , 載於 "*Wilson Quarterly* 10, Summer 1986", p. 126.

〔11〕Edward Schumacher, "Argentina and Democracy", 載於 "*Foreign Affairs* 62. Summer 1984", p. 1077.

〔12〕Tomas C. Bruneau, "Discovering Deomcracy", 載於 "*Wilson Quarterly* 9, New Year's 1985", pp. 68-69; "*Boston Globe*" 一九八四年十一月三日，p. 2.

〔13〕Richard Clogg, "*A Short History of Modern Greece*, 2nd ed." Cambridge: Cambridge Universty Press, 1986, p. 198. 關於希臘及軍事政權經濟表現不令人滿意的論點，見 Constantine P. Danopoulos, "Military Professionalism and Regime Legitimacy in Greece, 1967-1974", 載於 "*Political Science Quarterly* 98, Fall 1983", pp. 495-498.

〔14〕Jane S. Jaquette 和 Abraham F. Lowenthal, "The Peruvian Experiment in Retrospect", 載於 "*World Politics* 39, January 1987", p. 284; Thomas R. Rochon 和 Michael J. Mitchell, "Social Bases of the Transition to Democracy in Brazil", 載於 "*Comparative Politics* 21, April 1989", p. 309.

〔15〕Virgillio R. Beltran, "Political Transition in Argentina: 1982 to 1985", 載於 "*Armed Forces and Society* 13, Winter 1987", pp. 214-216; Mainwaring 和 Viola, 〈巴西與阿根廷〉 p. 203.

〔16〕Juan Linz 和 Alfred Stepan, "Political Crafting of Democratic Consolidation or Destruction: European and South American Comparisons", 載於 "*Democracy in the Americas: Stopping the Pendulum*", Robert A. Pastor 編, New York: Holmes Meier, 1989, p. 47; "*New York Times*", 一九八八年七月二十七日，p. A2，引自 George Weigel, "Catholicism and Democracy: The Other Twentieth-Century Revolution", 載於 "*the New Democracies: Global Change and U. S. Policy*", Brad Roberts 編, Cambridge: MIT Press, 1990, p. 33.

〔17〕Seymour Martin Lipset, "*Political Man: The Socical Bases of Politics*", New York: Doubleday, 1960, pp. 45-76, Lipset, 修訂版, "*Political Man*", Baltimore: Johns Hopkins University Press, 1981, pp. 469-476; Robert A. Dahl, "*Polyarchy: Participation and Opposition*", New Haven: Yale University Press, 1971, pp. 62-80; Seymour Martin

Lipset, Kyoung-Ryung Seong，和 John Charles Torres, "A Comparative Analysis of the Social Requisites of Democracy",（未發表的論文，Standford University, 1990）。

[18] Kenneth A. Bollen 和 Robert W. Jackman, "Economic and Noneconomic Determinants of Political Democracy in the 1960s", 載於 "*Research in Political Sociology*, 1985", pp. 38-39. 由 Zehra F. Arat 進行的一項重要研究旨在對這種關係提出疑問，但是這項研究本身在方法上有嚴重缺陷，因為它把政權內部的變化和一個政權到另一個政權的變遷都納入一個依變項之中。見 Arat "Democracy and Economic Development: Modernization Theory Revisited", 載於"*Comparative Politics* 21, October 1988", pp. 21-37.

[19] Jonathan H. Sunshine, "Economic Causes and Consequences of Democracy: A Study in Historical Statistics of the European and European-Populated, English-Speaking Countries", Ph. D. diss., Columbia University, 1972, pp. 109-110, 134-140.

[20] David Morawetz, "*Twenty-five Years of Economic Development 1950 to 1975*" ,Washington: World Bank, 1977, p. 12.

[21] 理想上，若是按照第三波民主化在一九七四年開始時這些國家的平均國民生產毛額來為這些國家作經濟上的排列，或許更合適。但是那一年可獲得的資料十分有限。世界銀行的第一份年度發展報告是在一九七八年公布的，只包括一百二十五個政治體在一九七六年的平均國民生產毛額的數字，包括那些實行中央計畫經濟的國家。但是，不能對這些計畫經濟國家的估計數字看得過於認真，在以後數年中，世界銀行不再提供有關實行計畫經濟的非會員國的相關資料。不過，若是把這些數字用來將相關國家分成四大類組，那麼，這些數字應該是相當準確的。見世界銀行："World Development Report, 1978", Washington: World Bank, 1978, pp. 76-77。

[22] Phillips Cutright, "National Political Development: Measurement and Analysis," 載於 "*American Sociological Review* 28, April 1963", pp. 253-264.

[23] Mitchell A. Seligson, "Democratization in Latin America: The Current Cycle" 與 "Development, Democratization, and Decay: Central America at the Crossroads", 載於 "*Authoritarians and Democrats*", Malloy 和 Seligson 編, pp. 6-11, 173-177; Enrique A. Baloyra, "Conclusion: Towards a Framework for the Study of Democratic Consolidation", 載於 "*Comparing New Democracies: Transition and Consolidation in Mediterranean Europe and the Southern Cone*", Enrique A. Baloyra 編, Boulder, Colo,: Westview Press, 1987, p. 297.

[24] 有關石油收入和勞務匯款對沙烏地阿拉伯和北葉門的經濟和政治發展的不同影響所作的詳細而充滿洞見的分析，請參見 Kiren Aziz Chaudhry, "The Price of Wealth: Business and State in Labor Remittance and Oil Economies",（博士論文，Harvard University, 1990）。

[25] Alex Inkeles 和 Larry J. Diamond, "Personal Development and National Development: A Cross-National Perspective", 載於 "*The Quality of Life: Comparative Studies*", Alexander Szalai 和 Frank M. Andrews 編, London: Sage Publications, 1980, p. 83; Lipset, Seong 和 Torres, "Social Requisites of Democracy", pp. 24-25; Ronald Inglehart, "The Renaissance of Political Culture", 載於 "*American Political Science Review* 82, December 1988", pp. 1215-1220.

[26] Lipset, Seong 和 Torres，〈民主之社會要件〉，pp. 25-26; 世界銀行 "*World Development Report 1984*", New York: Oxford University Press, 1984, pp. 266-267。比較 Dahl, "*Polyarchy*", pp. 74-76.

[27] Scott Mainwaring, "The Transition to Democracy in Brazil", 載於 "*Journal of Interamerican Studies and World Affairs* 28, September 1986", p. 152.

[28] 《紐約時報》，一九八四年十月八日，A 3 版；Sandra Burton, "*Impossible Dream: The Marcoses, the Aquinos, and the Unfinished Revolution*", New York: Warner Books, 1989, p. 327.

[29] Nancy Bermec, "Redemocratization and Transition Elections: A Comparison of Spain and Portugal", 載於 "*Comparative Politics* 19, January 1987", p. 222.

[30] Tun-jen Cheng, "Democratizing the KMT Regime in Taiwan", 提交給中華民國民主化會議的論文，臺北，臺灣，中華民國，一九八九年一月九—十一日，p. 20。有關對臺灣新興中產階級及其政治的進一步討論，參見 "*Free China Review* 39, November 1989" 有關這一主題的特刊，以及 Chu Li-His, "New Generation Electorate", 載於 "*Free China Review* 40, February 1990", pp. 48-50.

[31] "*The Economist*" 周刊，一九八七年六月二十日，p. 39；一九八九年四月十五日，p. 24；James Cotton, "From Authoritarianism to Democracy in South Korea", 載於 "*Political Studies* 37, June 1989", p. 252.

[32] 見 *Bermeo*, "*Comparative Politics* 19 219f"; Linz and Stepan, "Political Crafting", 載於 "*Democracy in the Americas*", Pastor 編, p. 48; Fernando H. Cardoso, "Entrepreneurs and the Transition Process: The Brazilian Case",

載於 "*Transitions from Authoritarian Rule: Comparative Perspectives*", Guillermo O'Donnell, Philippe C. Schmitter 和 Laurence Whitehead 編, Baltimore: Johns Hopkins University Press, 1986, pp. 137-153.

[33] Allan Williams, "*Southern Europe Transformed: Political and Economic Change in Greece, Italy, Portugal and Spain*", London: Harper & Row, 1984, pp. 2-9; Alfred Tovias, "The International Context of Democraitc Transition", 載於 "The New Mediteranean Democracies: Regime Transition in Spain, Greece and Portugal, Geoffrey Pridham 編, London: Frank Cass, 1984, p. 159; Jane S. Jaquette 和 Lowenthal, "*World Politics* 39", p. 390; Catherine M. Conaghan, "Party Politics and Democratization in Ecuador", 載於《威權論者與民主論者》，Malloy 和 Seligson 編，pp. 146-147；Burton, "*Impossible Dream*," p. 283;《紐約時報》，一九八四年九月四日，D1 版。

[34] P. Nikiforos Diamandouros, "Regime Change and the Prospects for Democracy in Greece: 1974-1983", 載於 "*Transitions from Authoritarian Rule: Southern Europe*", Guillermo O'Donnell, Philippe C. Schmitter 和 Laurence Whitehead 編, Baltimore: Johns Hopkins University Press, 1986, p. 149.

[35] Psomiades, 〈希臘〉, 載於 "*From Dictatorship to Democracy*", Herz 編 , p. 252.

[36] Kenneth Medhurst, "Spain's Evolutionary Pathway from Dictatorship to Democracy", 載於 "*New Mediterranean Democracies*", Pridham 編, pp. 30-31.

[37] 有關類似的簡要分析，見 Lipset, Seong 和 Torres, "Social Requisites of Democracy", pp. 18-19。

[38] 對這些國家進行嚴格分類所依據的資料，載於 "*The Statesman's Yearbook* 1988–1989", John Paxton 編, New York: St. Martin's Press, 1988。一些很小的國家和沒有主要宗教的國家不予列入。

[39] Henry Scott Stokes, "Korea's Church Militant", 載於 "*New York Times Magazine*", 一九七二年十一月二十八日，p. 68.

[40] 引自 James Fallows, "Korea Is Not Japan", 載於 "*Atlantic Monthly* 262, October 1988", p. 30.

[41] Stokes，〈韓國的教會好戰份子〉，p. 105; "*Washington Post*", 一九八六年三月三十日，A19 版；《紐約時報》，一九八六年三月十日，A3 版，一九八七年四月十五日，A3 版；Sook-Jong Lee, "Political Liberalization and Economic Development in South Korea"（未發表的論文，哈佛大學社會系，政治社會組織研究中心，1988），p. 22.

[42] Kenneth A. Bollen, "Political Democracy and the Timing of Development", 載於 "*American Sociological Review* Vol. 44 no. 4, August 1979", p. 583; Lipset, Seong 和 Torres, "Social Requisites of Democracy", p. 29.

[43] 譯者注——人頭指的是民主。

[44] Pierre Elliot Trudeau, "*Federalisma and the French Canadians*", New York: St. Martin's Press, 1968, p. 108, 引自 Lipset, Seong 和 Torres, 〈民主之社會要件〉，p. 29.

[45] Inglehart, "*American Political Science Review* 82", pp. 1226-1228.

[46] 在天主教會中發生這些重大變化的原因和方式超出本書的研究範圍。威格爾認為，造成天主教會轉變對自由民主國家的立場的因素可以追溯到十九世紀晚期。他認為，其中「特別重要因素」是美國和美國的主教們。威格爾指出，他們的影響最後表現在第二屆梵蒂岡教廷會議及其關於宗教自由的宣言中。這一宣言是「美國經驗和美國實驗的產兒」，特別是美國神學家茂雷的產兒。見威格爾"Catholicism and Democracy: The Other Twentieth-Century Revolution", 載於 "*The New Democracies: Global Change and U. S. Policy*", 羅伯茲編，（劍橋：麻省理工學院，一九九〇年），pp. 20-25。如果威格爾的論點正確，美國在造成第三波民主化的運動中扮演了兩個角色：一是直接運用其七〇年代和八〇年代的新政策，一是間接地運用其對基督教會的長期影響。

除極少數人外，社會科學家們忽略了天主教會內部的變化對民主發展的重要意義，就像他們當初也忽視了在六〇年代和七〇年代伊斯蘭教中發生的同等重要的（如果不是完全不同的）發展。只有一個人對教會的發展有先見之明，他是洛奇，他在一九七〇年出版了一本書 "*Engines of Change: United States Interests and Revoltion in Latin American*"（紐約：Alfred A. Knopf）。

[47] 引自 Brian H. Smith, "*The Church and Politics in Spain: Challenges to Modern Catholicism*", Princeton: Princeton University Press, 1982, p. 284.

[48] Juan J. Linz, "Religion and Politics in Spain: From Conflict to Consensus above Cleavage", 載於 "*Social Compass* 27 no. 2/3, 1980", p. 258.

[49] Jackson Diehl, "*Washington Post National Weekly Edition*", 一九八七年一月五日，p. 29; Thomas P. Skidmore, "*The Politics of Military Rule in Brazil, 1964–1985*", New York: Oxford Universiry Press, 1988, p. 78, 27; Hugo Villela G., "The Church and the Process of Democratization in Latin America", 載於 "*Social Compass* 26 no. 2/3, 1979", p. 264;

Brian H. Smith, “Churches and Human Rights in Latin Anerica: Recent Trends on the Subcontinent”, 載於 “*Churches and Politics in Latin America*”, Daniel H. Levine 編，Beverly Hills: Sage Publications, 1979, pp. 155-193.

[50] Skidmore,《軍事統治的政治》，p. 78, 334; Thomas C. Bruneau, “*The Political Transformation of the Brazilian Catholic Church*”, Cambridge: Cambridge University Press, 1974, pp. 222-223. Bruneau, pp. 182-216. 詳細描述了一九六六年七月至一九七一初期加重教會與國家之間衝突的十起意外事件。

[51] Skidmore,《軍事統治的政治》，p. 137; Mark A. Uhlig, “Pinochet’s Tyranny”, 載於 “*New York Review of Books*”, 一九八五年六月二十七日，p. 38.

[52] Alfred Fierro Bardaji, “Political Positions and Oppsiton in the Spanish Catholic Church”, 載於 “*Government and Opposition* 11, Spring 1976”, pp. 200-201。亦見 Cooper, “*Catholicism and the Franco Regime*”, pp. 35-44.

[53] Gordon L. Bowen, “Prospects for Liberalization by Way of Democratization in Guatemala”, 載於“*Liberalization and Redemocratization in Latin America*”, George A. Lopez 和 Michael Stohl 編, New York: Greenwood Press, 1987, p. 38.

[54] Skidmore,《軍事統治下的政治》，p. 137; Mark A. Uhlig，〈皮諾契特的專制〉，載於《紐約圖書評論》，一九八五年六月二十七日，p. 38.

[55] Skidmore,《軍事統治下的政治》，p. 184.

[56] Burton, “*Impossible Dream*”, p. 217.

[57] Skidmore,《軍事統治下的政治》，p. 137.

[58] 見《紐約時報》對教宗這些重大訪問活動的報導。

[59] “*Time*”，一九八九年十二月四日，p. 74; Timothy Garton Ash, “Eastern Europe: The Year of Truth”, 載於《紐約圖書評論》，一九九〇年二月十五日，p. 17.

[60] Feliccian Foy 編, “*1988 Catholic Almanac*”, Huntington, Ind.: Our Sunday Visitor Books, 1987, p. 34.

[61] 《紐約時報》，一九八六年三月十日，A３版。

[62] Rosalinda Pineda Ofrenco, “The Catholic Church in Philippine Politics”, 載於 “*Journal of Contemporary Asia* 17 no. 3, 1987”, p. 329;《時代周刊》，一九八六年二月三日，p. 34; 一九八六年二月十七日，pp. 36, 39.

【63】譯者注——柯拉蓉．艾奎諾的暱稱。

【64】Dahl, "*Polyarchy*", p. 197. 我在 Dahl 對十四個個案所作的分析中加進了愛爾蘭。

【65】Sunshine, "Economic Causes and Consequences of Democracy", pp. 134-140.

【66】Frans A. M. Altirg Von Geusau, "Shaping the Enlarged Community: A Survey", 載於 "*From Nine to Twelve: Europe's Detiny?*" J. S. Schneider 編 , "Alphen aan den Rijn: Sijthoff and Noordhoff, 1980", p. 218.

【67】Susannah Verney, "Greece and European Community", 載於 "*Political Change in Greece: Before and After the Colonels*", Kevin Featherstone 和 Dimitrios K. Katsoudas 編, London: Croom Helm, 1987, p. 259.

【68】Howard J. Wiarda, "The Significance for Latin America of the Spanish Democratic Transition", 載於 "*Spain in the 1980s: The Democratic Transition and a New International Role*", Robert P. Clark 和 Michael H. Haltzel 編, "Cambridge, Mass: Ballinger Publishing, 1987", p. 159; Bermeo, "Redemocratization and Transition Elections", p. 218; Kenneth Maxwell, "Portugal: A Neat Revolution", 載於《紐約圖書評論》，一九七四年六月十三日，p. 16.

【69】Thomas C. Bruneau, "Portugal in 1970s: From Regime to Regime", （為美國政治學會年會提交的論文，華府，一九八〇年八月二十八—三十一日）pp. 15-16.

【70】見 Tamar Jacoby, "The Reagan Turnaround on Human Rights", 載於 "*Foreign Affairs* 64, Summer 1986", pp. 1066-1086。關於對卡特和雷根在美國人權政策上的相似之處所作的簡要觀察，參閱 Paula Dobriansky, "Human Right and U. S. Foreign Policy", 載於 "*The New Democracies*", Roberts 編, pp. 145-161; 關於國會的角色，見 David P. Forsythe, "*Human Rights and U. S. Foreign Policy: Congress Reconsidered*", Gainesville: University of Florida Press, 1988; 關於對卡特政策的分析，見 Joshua Muravchik, "*The Uncertain Crusade: Jimmy Carter and the Dilemmas of Human Rights Policy*", Lanham, Md.: Hamilton Press, 1986.

【71】「由於」西德的強力支持，卡盧奇建議對社會黨人持巧妙的支持態度。他也繼續疏遠舊的右翼強硬派分子，而這些人以前曾得到華盛頓的垂青；他幫助軍隊中溫和的左派強大起來，同時十分賣力地奔走，為社會黨和溫和軍官的聯盟提供很多的經濟援助，他們曾在一九七五年十一月擊潰了共產黨分子和激進的士兵。Kenneth Maxwell, "Regime Overthrow and the Prospects for Democratic Transition in Portugal", 載於 "*Transitions from Authoritarian Rule: Southern Europe*", Guillermo O'Donnell, Philippe C. Schmitter 和 Laurence Whitehead 編,

Baltimore: Johns Hopkins University Press, 1986, p. 131。

促進其所派駐國的民主是美國大使的責任，而不是僅僅與該國政府維持良好的關係，卻不管該政府行徑多麼惡劣。這一觀念反映了美國國務院在心態上的革命性轉變，對於外交官為何從送往迎來（cookie-pusher）轉變為推銷自由（freedom-pusher），其原因和方式的心路歷程值得認真推敲。

【72】

【73】引自 Muravchik，《沒有把握的聖戰》，p. 214.

Whitehead, "Bolivia's Failed Democratization", 載於 "*Transitions from Authoritarian Rule: Latin America*", O'Donnell, Schmitter 和 Whitehead 編, pp. 66, 233；《紐約時報》，一九八四年十一月二十九日，A 3 版，一九八九年一月十五日，p. 6；《時代》周刊，一九八七年六月二十九日，p. 22；《經濟學人周刊》，一九八九年一月二十一日，p. 40.

【74】這些引語可以分別在下列著作中找到，Osvaldo Hurtado, "Changing Latin American Attitudes: Prerequisite to Institutionalizing Democracy", 載於 "*Democracy in the Americas*", Pastor編, p. 101；《波士頓環球報》，一九八四年十二月三日，p. 2；Burton，《黃粱夢》，p. 343；《紐約時報》，一九八〇年八月一日，A 23 版。

【75】見 Luis A. Abugattas, "Populism and After: The Peruvian Experience", 載於 "*Authoritarians and Democrats*", Malloy 和 Seligson 編, p. 132；Philip Mauceri, "Nine Cases of Transitions and Consolidations", 載於《美洲的民主》，Pastor 編, pp. 217, 229；Cynthia McClintock, "The Prospects for Democratic Consolidation in the 'Least Likely' Case: Peru", 載於 "*Democracy in Developing Countries*", Diamond, Linz 和 Lipset 編；Howard J. Wiarda, "The Dominican Repulic: Mirror Legacies of Democracy and Authoritarianism", 載於《開發中國家的民主：拉丁美洲》，Diamond, Linz 和 Lipset 編，p. 437；《紐約時報》，一九八八年十月四日，A 6 版；Mark Falcoff, "The Democratic Prospect in Latin America", 載於《新興民主國家》，Roberts 編，pp. 68-69.

【76】Timonthy Garton Ash, "Easten Europe: The Year of Truth", 載於《紐約圖書評論》，一九九〇年年二月十五日，p. 17；Michael Dobbs, "Gorbachev: Riding the Tiger", 載於 "*Washington Post National Weekly Ediion*", 一九九〇年一月八一十四日，pp. 6-7；《華盛頓郵報》，一九八九年十一月二十二日，p. 1; "The New Germany", 載於 "*Economist*", 一九九〇年六月三十日，pp. 4-5；及 Renee Nevers, "*The Soviet Union and Eastern Europe: The End of an Era*", London: International Institute for Strategic Studies, Adelphi Paper, no. 249, 1990.

[77] 譯者注——即戈巴契夫的暱稱。

[78] Almond and Mundt, "Tentative Conclusions", 載於 "*Crisis, Choice, and Change*", Almond, Flanagan 和 Mundt 編，pp. 626-629：David L. Huff 和 James M. Lutz, "The Contagion of Political Unrest in Independent Black Africa", 載於 "*Economic Geography* 50, October, 1974", pp. 352-367：Richard P. Y. Li 和 William R. Thompson, "The 'Coup Contagion' Hypothesis", 載於 "*Journal of Conflilct Resolution* 19, March 1975", pp. 63-88.; James M. Litz, "The Diffusion of Political Phenomena in Sub-Saharan Africa", 載於 "*Journal of Political and Military* Sociology 17, Spring 1989", pp. 93-114.

[79] Kenneth Maxwell, "Regime Overthrow and the Prospects for Democratic Transition in Portugal", 載於"*Transitions from Authoritarian Rule: Southern Europe*", O'Donnell, Schmitter 和 Whitehead 編, p. 132：Jose Maravall "*The Transition to Democracy in Spain*", London: Croom Helm, 1982, p. 65.

[80] 《紐約時報》，一九八九年五月十四日，E 6 版。

[81] 《華盛頓郵報》，一九七四年六月十九日，A 10 版：Paul Preston, "*The Triumph of Democracy in Spain*", London: Methuen, 1986, p. 60.

[82] Falcoff, "The Democratic Prospect", 載於 "*The New Democracies*", Roberts 編, pp. 67-68：Robert A. Pastor, "How to Reinforce Democracy in the Americas: Seven Proposals", 載於 "*Democracy in the Americas*", Pastor 編, p. 143：Howard J. Wiarda, "The Significance for Latin America of the Spanish Democratic Transition", 載於 "*Spain in the 1980s*", Clark 和 Haltzel 編 , pp. 165-172.

[83] 《紐約時報》，一九八三年十二月十三日，p. 3，一九八四年一月二十二日，E 3 版：《華盛頓郵報》，一九八四年一月二十五日，A 5 版。

[84] 《紐約時報》，一九八六年三月十五日，A 7 版：《波士頓環球報》，一九八六年四月五日，p. 1。

[85] Timothy Garton Ash, "The Revolution of the Magic Lantern", 載於《紐約圖書評論》，一九九〇年一月十八日，p. 51：《時代周刊》，一九八九年十一月二十七日，p. 41。

[86] 這一妙語顯然出自 Timothy Garton Ash 之筆。見 Ash，《紐約圖書評論》，一九九〇年一月十八日，p. 42。

[87] 《紐約時報》，一九八九年十二月二十八日，A 13 版。

[88] 有關領袖及其選擇，見 Samuel P. Huntington 和 Joan M. Nelson，《難以抉擇：開發中國家的政治參與》(*No Easy Choice: Political Participation in Developing Countries*), (Cambridge: Harvard University Press, 1976)，第一五九－一七一頁，和 Larry Diamond，《危機，選擇與結構：對解釋第三世界國家民主成敗的替代模式所做的調和》（*Crisis, Choice, and Structure: Reconciling Alternative Models for Explaining Democratic Success and Failure in the Third World*），（提交給美國政治學會年會的論文，Atlanta, Georgia，一九八九年八月三十日－九月三日）。關於民主化動機的討論，見第三章。

第三章　方式——民主化的過程

第三波民主化是如何發生的？民主化的原因和方式交織在一起，但是，在分析上，重點已經從前一點（即原因），轉到了後一點（即方式），從原因轉到過程：即政治領袖和民眾在八〇年代結束威權體制、創立民主體制的方式。變革的路線是各式各樣的，就像實現這一變革的各族人民在各個方面也不盡相同一樣。此外，這一過程的起點和終點是不對稱的。在民主政權之中也存有顯著的差異：有些民主政權是總統制，有些是內閣制，有些是戴高樂式的總統制與內閣制混合的雙首長制；有些是兩黨制，有些是多黨制，而且在政黨的性質、力量上也存在著重大差異。這些差異對於所創立的民主體制的穩定性事關重大，而對於造成民主體制的過程則無關宏旨。[1] 更重要的是，在所有的民主政權中，政府的主要官員是經由競爭性的選舉產生的，而且人口中的大多數都可以參加此一選舉。因此，民主體制有一個共同的制度核心，這一核心確定了民主的特徵。威權政權簡單地被界定為欠缺這種制度核心，在本項研究中該術語就是這樣的意思。除了不夠民主之外，威權政權可說少有共通之處。因此，在開始論述威權政權的變革時，有必要找出這些威權政權間的差異，以及這種差異對民主化過程所具有的重要意義。然後，分析就轉到這些過程的性質和民主人士與反民主人士所使用的策略上。第四章將探討第三波民主化中的一些共同特徵，以此來結束對「方式」的探討。

第一節　威權政權

在歷史上，非民主的政權以很多種形式出現。在第一波浪潮中，民主化的政權通常是絕對的君主專制、老牌的封建貴族政體國家或是大陸帝國的繼承國。第二波實現民主化的國家過去曾是法西斯國家、殖民地或個人軍事獨裁政權，而且通常以前都有一些民主的經歷。在第三波民主化中走向民主的政權通常可分成三類組：一黨制、軍事政權和個人獨裁政權。

一黨制是由革命創立的或是由蘇聯乘人之危所強加的，通常包括共黨國家，加上臺灣和墨西哥（土耳其在一九四〇年的第二波民主化浪潮之前也適合這一模式）。在這些體制中，政黨有效地壟斷著權力，而且接近權力的途徑須透過黨的組織，而黨透過意識形態使其統治合法化。這些體制常常可取得比較高水準的政治制度化。

軍事政權是由取代民主或文人政府的軍事政變而產生的。在軍事政權中，軍方在一種制度基礎上行使權力，而且軍方領袖們或者以軍事執政團的方式進行集體領導，或是由高級將領輪流擔任政府最高首長。軍事政權在拉丁美洲數目最多（其中有些接近官僚威權模式），同時也存在於希臘、土耳其、巴基斯坦、奈及利亞和南韓。

第三種是個人獨裁政權，而且也是一種更爲多樣的非民主體制。個人獨裁政權的根本特徵是，個別領袖爲權威和權力的來源，別人的權力取決於與他接近的程度、親密的程度、依靠的程度和受他支持的程度。這類國家包括薩拉查和卡埃塔諾所統治下的葡萄牙、佛朗哥統治下的西班牙、馬可仕統治下的菲律賓、甘地夫人統治下的印度、希奧塞古（Nicolae Ceausescu）統治下的羅馬尼亞。個人獨裁政權的起源也各不相同。在菲律賓和印度是行政政變（executive coup）的結果，在葡萄牙和西班牙始於軍事政變（在西班牙，這場政變曾釀成內戰），而且政變之後，獨裁者便拋開軍隊建立了自己的權力基礎。在羅馬尼亞，個人獨裁政權衍生於一黨制。皮諾契特統治下的智利，起先是軍事政權，但實際上，後來變成個人獨裁政權，因爲他延長了任期，以及他與軍方領袖的不睦和對軍方領袖的宰制。一些個人獨裁政權，諸如馬可仕和希奧塞古，以及蘇慕薩（Somoza）、杜瓦里葉（Duvalier）、莫布杜（Mobutu）和伊朗國王，是韋伯所謂的蘇丹政權的典型模式，其特徵是酬庸、裙帶關係、包庇和貪汙腐敗。

一黨制、軍事政權和個人獨裁政權既壓制競爭，也壓制參與。南非的體制不同於這些政權，因爲它基本上是一個種族寡頭制，它把百分之七十的人口排除於政治之外，但是在統治的白人社群內卻有十分激烈的政治競爭。歷史經驗顯示，如果競爭在參與之前就有所發展，民主化的進程就會容易得多。[2]如果情況果眞如此，在南非圓滿達成民主化的希望比在其他類型威權國家的可能性要大得多。在某種程度上，南非的民主化進程會像十九世紀歐洲的民主化一樣，十九世紀歐洲民主化的主要特徵是選舉權的擴大和建立一個包容面更廣的政體。不過，歐洲之所以排斥某些公民的選舉權，是基於經濟因素，而不是基於種族因素。然而，階級層次分明的宗法制度在歷史上十分抗拒和平的變革。[3]因此，像南非這樣的寡頭統治國家，內部的競爭有利於順利地實現民主化；但是，該寡頭統治集團的種族定義卻爲民主化製造了一些難題。

特定的政權並不總是很適合特定的模式。例如，在八〇年代初，波蘭具有日漸式微的一黨制和由軍方主導的戒嚴體制的雙重成分，這一戒嚴體制是由身兼共產黨總書記的將領所領導的。羅馬尼亞的共產黨政權（像北韓的體制一樣）是靠一黨制起家的，但是到了八〇年代卻變成蘇丹式的個人獨裁政權。一九七三年到一九八九年之間的智利政權有幾分像是個軍事政權，但是與其他南美洲的軍事政權相比，其存在期間只有一個領袖，他控制著所有的權力資源。因此，智利也有個人獨裁政權的許多特徵。另一方面，諾瑞加在巴拿馬的統治具有高度個人獨裁政權的特徵，且幾乎完全依靠槍桿子。因此表3.1中的分類應當被視爲一種大致的歸類。當一個政權具有兩種類型政權的要素時，它是根據在轉型過程中哪一特徵較占優勢來劃分的。

在第二波中，民主化大部分是經由外來的強迫或非殖民化而出現的。在第三波中，正如我們所看到的，這兩個過程不太重要，在一九九〇年以前，僅限於格瑞那達、巴拿馬和在加勒比海地區幾個相當小的英國前殖民地。儘管外來的影響常常是第三波民主化的重要原因，但是民主化本身的進程卻主要靠國內自發的。這些過程可以循著一個連續統（continuum）而找到出處，此一連續統是由執政團體與在野團體作爲民主化來源的相對重要性這個角度出發的。爲了分析的方便，這裡把上述案例分成三種概括類型的進程。第一種是變革（transformation，用林茲的術語稱爲改革〔reforma〕），即當執政的菁英帶頭實現民主時就出現改革。第二種是置換（replacement，即林茲所稱的決裂〔ruptura〕），當反對派團體帶頭實現民主，而且威權政權垮臺或被推翻時，便出現置換。第三種進程是

表 3.1 威權政權與自由化、民主化過程：一九七四—一九九○年

過程類型	政權類型			
	一黨體制	個人獨裁	軍事政權	種族寡頭
變革	（臺灣）[a] 匈牙利 （墨西哥） （蘇聯） 保加利亞	西班牙 印度 智利	土耳其 巴西 祕魯 厄瓜多 瓜地馬拉 奈及利亞* 巴基斯坦 蘇丹*	
16	5	3	8	
移轉	波蘭 捷克 尼加拉瓜 外蒙古	（尼泊爾）	烏拉圭 玻利維亞 宏都拉斯 薩爾瓦多 韓國	（南非）
11	4	1	5	1
置換	東德	葡萄牙 菲律賓 羅馬尼亞	希臘 阿根廷	
6	1	3	2	
干預	格瑞那達		（巴拿馬）	
2	1		1	
總計				
35	11	7	16	1

注：民主化的主要標準是，透過公開的競爭性、全面參與性及公平選務工作的選舉來組織政府。

a 括號表示一個國家有了顯著的自由化，但到一九九○年爲止卻尚未民主化。

* 表示一個國家恢復威權體制。

移轉（transplacement 或 ruptforma），當民主化主要是因爲政府和反對派團體採取聯合行動而實現時便出現所謂的「移轉」。[4] 幾乎在所有的案例中，執政的和在野的群體都扮演了某種角色，而且這些類別只是區分政府和反對派的相對重要性。

就政權的類型而言，政權變遷的歷史案例未必完全合乎理論上的範疇。幾乎所有的轉型國家，而不僅僅是那些出現移轉的國家，都引起某種談判，即在政府和反對派之間進行的或明或暗的談判。轉型過程經常是作爲一種類型開始的，然後又變成了另一種類型。例如，在八〇年代初期，波塔（P. W. Botha）似乎要開啟對南非政治體制進行民主化變革的進程，但是進行沒多久便叫停了。他的繼任者戴克拉克遭遇了不同的政治環境，便轉而向移轉的過程努力，即與主要反對派團體進行談判。同樣地，學者們一致認爲，多年以來，巴西的政府掌握著轉型過程的主動權，並加以有效地控制。也有人認爲，由於一九七九年至一九八〇年民眾的動員和罷工的結果，該政權失去了對這一進程的控制；不過，另一些人則指出，政府成功地阻擋了反對派在八〇年代中期要求直接選舉總統的強烈呼聲。歷史上的每一個案例都包含著兩種或更多的轉型過程。不過，幾乎每一個歷史上的案例都顯然更接近某一類型的轉型過程。

那麼，威權政權的本質與轉型過程的性質有多少關聯呢？正如表 3.1 所示，沒有所謂一對一的關係。然而，威權政權的本質的確對轉型過程的性質具有影響。除了三個例外的情況，即阿根廷、希臘和巴拿馬外，軍事政權的所有轉型都引起變革或移轉。在這三種例外的情況中，軍事政權由於在軍事上遭到了挫敗，並因此而垮臺。在其他地方，軍事統治者有時主動對反對派或大眾的壓力有所回應，而導致政權的變化。軍事統治者們與其他政權相比，更容易自己終結他們的政權，因爲軍方領袖們幾乎從來不把自己看成是國家永久統治者。他們都懷有一種期望，那就是一旦糾正了罪惡，他們就會退出權力，然後回復到正常的軍事職務。當然，他們也正是在這一清除罪惡的過程中上臺的。軍方有一個永久的制度化的角色，這是其他政治和統治者任期所沒有的。因此，到了某個時機，（除了阿根廷、希臘和巴拿馬的）軍方領袖會決定主動把權力交還給文人的民主統治，或是與反對派團體進行談判以退出權力。這種情況幾乎是發生在軍事政權的最高領導階層出現了某種變換之後。[5]

軍方領袖們幾乎總是毫無例外地爲他們退出權力設置兩項條件，或稱「出路保障」（exit guarantees）。第一，不會對他們進行起訴、懲罰或其他針對軍官們在其掌權期間所採取的任何行動進行報復。其次，尊重軍隊組織的制度化角色和自主權，包括他們對國家安全所負有的全部責任，以及他們在政府部門中有關安全事務方面的領導地位，甚至包括其對軍火工業和其他傳統上受軍方支配的經濟企業的控制。退出政壇的軍方是否有能力保證文人的政治領袖們同意履行這些條件，這就要看他們的相對權力而定。在巴西、秘魯及其他一些實行變革的國家，軍方領袖們主宰了這一過程，而且，文人的政治領袖們除了默認軍方的要求外，幾乎沒有什麼選擇的餘地。在那些相對權力比較平等的地方，如烏拉圭，軍方在和文人官員談判時，會對軍方的要求略加節制。希臘和阿根廷的軍方領袖們也要求同樣的保障。不過，他們的要求被文人領袖們拒絕了，他們也不得不同意，這事實上是無條件地拱手交出權力。[6]

因此，對軍事統治者來說，退出權力、恢復其職業軍人的角色反而是一件比較容易的事情。不過，問題的另一面是，一旦碰到緊急狀況，或是他們本身利益的需要，他們重新執政掌握權力也可能很容易。一個國家成功的軍事政變會使得另一個國家的政治領袖或軍方領袖們不可能完全忽略在另一個國家進行這種政變的可能性。取代軍事政權的第三波民主國家就是在這種陰影之下獲得新生的。

變革和移轉的另一個特點出現在一九八九年，是由一黨制走向民主，但不包括東德和格瑞那達。一黨制政權有一個制度上的架構和意識形態上的合法性，這兩點把它們既與民主國家也與軍事政權區分開來。它們也有一個不變的假設，這一假設把它們與軍事政權區分開來。一黨制的獨特之處在於政黨和國家緊密地交織在一起。這就產生了兩組問題，即在民主轉型的過程中所出現的制度上和意識形態上的問題。

在列寧式政黨的國家，制度上的問題最爲嚴重。在臺灣及在共產主義國家，「黨政分離」是民主化進程中「對列寧式政黨的最大挑戰」。[7] 匈牙利、捷克、波蘭、東德等國的憲法規定了共產黨的「領導地位」，這類條款必須加以廢除。在臺灣，一九五〇年在憲法上增加了「臨時條款」，這種類似的規定也面臨同樣的挑戰。在所有的列寧式政黨體制下，主要的問題與物質和財政資產的所有權有關——它們是屬於黨，還是屬於國家？這些財產的處置方式也成了問題——它們應該是歸黨所有，還是由政府加以國有化，還是由黨出售給報價最高的投標者，還是在社會團體和政治團體之中以某種平等的方式進行分配？例如，尼加拉瓜的桑定派政府在一九九〇年二月的選舉中失敗以後，顯然很快地「把大量的政府財產移轉到桑定派手中」。「他們把房子和汽車出售給自己」，這是根據一位反桑定派商人的指控。[8] 即將接管波蘭政府的「團結工聯」，也對共產黨處置財產的方式提出了類似的指控。（在智利，也有類似的情況，皮諾契特政府在即將退出權力時把屬於政府機構的財產和檔案紀錄轉移給了軍方。）

在某些國家，對執政黨的武裝力量必須加以解散，或置於政府的控制之下，而且幾乎所有的一黨制國家，正規軍都必須加以非政治化。例如，在波蘭，就像在大多數共黨國家一樣，所有的軍官都必須是共產黨黨員；不過，在一九八九年，波蘭的軍官們要求國會禁止軍官加入任何政黨。[9]在尼加拉瓜，桑定派的「人民軍」一直是桑定派的軍隊，同時也是國家的軍隊，因此，必須把這支軍隊變成僅屬於國家的軍隊。政黨是否應在經濟企業中繼續保持其基層組織也是一個極具爭議的問題。最後，在單一政黨長期執政的地方，政府中的領袖與諸如政治局或中央委員會這樣的最高黨務機構的關係上也會出現問題。在列寧主義國家，政府部門的政策受政治局和中央委員會的指揮。然而，這種關係與在民主國家中由選舉產生的國會機構之至高無上地位和責任內閣制精神幾乎是不相容的。

另一組問題是意識形態上的。在一黨制國家，政黨的意識形態界定了國家的身分。因此，反對這一個政黨的人就等於背叛國家。要使反對派反對執政黨的行爲合法化，就有必要爲國家建立一些另外的身分。這一問題在三種情況中表現出來。首先是在波蘭、匈牙利、捷克、羅馬尼亞、保加利亞，共產主義意識形態和共黨統治是由蘇聯所強迫的。意識形態不是表明國家認同上所必須的。事實上，至少在上述國家中有三個國家的民族主義是反對共產主義的。當這些國家的共產黨不再宣稱他們擁有以意識形態爲基礎的當然統治權時，這些國家就會重新把他們的國家由「人民共和國」界定爲「共和國」，並以民族主義而不是以意識形態作爲國家的基礎。因此，這些變遷發生起來比較容易。

其次，在民主化出現問題的好幾個一黨制國家，其一黨體制是由國民革命所建立起來的。例如，中共、墨西哥、尼加拉瓜和土耳其這些案例中，國家的性質和目的，是由政黨的意識形態決定的。在中國大陸，執政者們堅定地固守其意識形態，並把反對共產主義的民主反對派視同對國家的背叛。在土耳其，政府對於向其凱末爾派的國家世俗基礎提出挑戰的伊斯蘭教團體一直採取一種不確定的和又愛又恨的政策。在墨西哥，執政的「憲政革命黨」（Partido Revolucionario Institucional, PRI）的領導階層對於反對黨「國民行動黨」（Partido Acción National, PAN）也有類似的政策，因爲PAN有自由主義傾向，時常對具有革命的、社會主義的、統合主義特徵的PRI國家機關提出挑戰。在尼加拉瓜，桑定派的意識形態不僅是黨綱的基礎，而且也是由尼加拉瓜革命所建立的國家合法性的基礎。

第三，在某些例子中，單一政黨的意識形態既規範了國家的性質，也界定了其地理的範圍。在南斯拉夫和蘇聯，共產黨意識形態供養了多民族國家的意識形態的合法性基礎。如果這一意識形態遭到拒斥，那麼國家的基礎就會消失，每一個民族就可以合法地宣布成立其自己的國家。在東德，共產主義給分裂國家奠定了意識形態的基礎；一旦這種意識形態被放棄，東德作爲一個國家的理論基礎就消失了。中華民國國民黨的意識形態清楚地闡明，在臺灣的政府是中國的政府，該政權把支持臺灣獨立的反對分子看作是顚覆的。臺灣的問題不如上述三個地方的問題那麼嚴重，因爲這種意識形態只是使一種願望合法化，而不是使一種現實合法化。國民黨政府事實上一直是十分成功地統治著臺灣，即使在自己的眼中，其合法性依賴於其爲全中國之正統政府的迷思。

當軍方放棄他們對政府的控制時，他們未必也放棄對暴力機構的控制，而藉著這種暴力控制，他們可以恢復對政府的控制。不過，一黨制國家的民主化意味著壟斷性的政黨使其對政府的控制處於危險的境地，而且會淪爲一個在多黨制中進行競爭的一個普通政黨。在這種意義上，該政黨與權力的分離不如軍方脫離權力那麼徹底。該政黨還繼續是一位政治行動者。桑定派一九九〇年的選舉中失敗之後仍然希望「繼續戰鬥，直到有一天」透過選舉的方式重新掌權。[10] 在保加利亞和羅馬尼亞，共產黨化身的政黨都贏得了選舉；在其他東歐國家，這些政黨卻不敢樂觀地期望他們能夠在未來某個時候加入聯合政府。

在經歷民主化之後，以前的壟斷性政黨比其他政治團體更難以恢復威權體制。該政黨雖然放棄了對權力的壟斷，但卻沒有放棄經由民主方式競逐權力的機會。一旦軍人們回到了軍營，他們就既放棄了對權力的壟斷，也放棄了競逐權力的機會，但他們仍然保留著經由非民主方式重新獲得權力的能力。因此，從一黨體制轉型到民主體制很可能比從軍事政權轉型到民主國家更爲困難，但是，一旦成功，一黨制國家的民主將有可能更爲持久。[11] 改造一黨體制的困難也許反映在以下的事實當中，即臺灣、墨西哥和蘇聯的政治領袖們雖然主動對其政權推行自由化，但是在邁向全面的民主化方面卻步伐緩慢。

個人獨裁政權的政治領袖比軍事和一黨政權的政治領袖們，更不可能自願放棄他們的權力。這裡所指的個人獨裁，包括轉型到民主體制的那些國家的個人獨裁者們，以及那些並不想無限期地貪戀權位的獨裁者。這常常在基礎薄弱的政治體制和日益複雜的現代經濟體系和社會之間造成緊張關係。[12]

它也偶爾導致以暴力推翻獨裁者，就像在古巴、尼加拉瓜、海地、伊朗所發生的那樣，獨裁者被另一種威權政權所取代。在第三波民主化中，葡萄牙、菲律賓和羅馬尼亞的暴動也推翻了個人獨裁政權。在西班牙，獨裁者死了，其繼任者領導了一場古典式的、由上而下的民主改革。在印度和智利，大權在握的領袖們願意接受選舉的裁決，他們顯然是以爲選民們會支持他們繼續留任，但是這種看法錯了。當選民們沒有同意他們繼續任職時，與馬可仕和諾瑞加不同的是，他們接受了選舉的結果。在蘇丹式政權的案例中，由於政黨的軟弱和其他制度上的脆弱，使得民主轉型變得更加複雜。因此，只有在獨裁者被推翻，或獨裁者錯估其可能在選舉中取勝時，由個人獨裁轉型到民主體制才有可能。

第二節　轉型過程

第三波轉型是複雜的政治過程，涉及到各種競逐權力、擁護或反對民主及其他目標的社會團體。根據他們對民主化的態度，在這一過程中極重要的關係者是執政聯盟中的保守派、自由改革派和民主改革派，以及反對陣營中的民主溫和人士和革命的極端主義者。在非共產黨的威權體制中，政府內部的保守派通常被看作是右翼的、法西斯的和民族主義的。在反對陣營中反對民主化的人士通常是左翼的、革命的和馬列主義派的。在政府和反對派中，民主的支持者通常被認爲是在左翼—右翼的連續統上居於中位的那一部分人。在共產體制下，左與右的界限不那麼分明。保守派通常被認爲是史達林主義者（Stalinist）或布里茲涅夫主義者。在反對派內部，民主的極端反對者不是革命的左翼人士，而是常常被認爲是右翼的民族主義團體。

在執政聯盟陣營的內部有些團體常常會變得贊同民主化，而另一些團體則反對民主化，有些團體支持有限的改革或自由化（見圖3.1）。反對陣營中對民主的態度也常常有分歧。既存獨裁政權的支持者們總是反對民主；既存獨裁政權的反對者們常常也反對民主。不過，他們幾乎毫無例外地援引民主的辭藻，努力用他們自己的政權方式取代既存的威權政權。因此，介入民主化政治中的團體，在目標上既是共通的又是相衝突的。改革派和保守派就自由化和民主化問題發生分歧，但在壓制各個反對派團體的力量方面卻具有共同利益。溫和派和激進派在推翻既存政權及掌權方面有著共同利益，但一旦掌權就會對需要建立何種政權而發生分歧。改革派和溫和派在建立民主體制上具有共同的利益，但是，常常對如何分擔建立民主政治的代價和權力的分配而發生分歧。保守派和激進派在應該由誰來統治的問題上截然對立，但是在打壓居於中心位置的民主團體，以及在社會中實行兩極化的政治方面卻具有共同利益。

特定的個人和團體之態度和目標，在民主化的過程中會不時地發生變化。如果民主化沒有產生他們所恐懼的危害，那些自由改革派，甚至

	對待民主的態度		
	反對	擁護	反對
政府		改革派 民主派　自由派	保守派
反對派	極端急進派	溫和民主派	

圖 3.1　民主化過程中所牽涉的政治團體

保守派也許都會接受民主體制。同樣地，對民主化過程的參與會使得極端反對派團體的成員緩和他們的革命傾向，並接受約束和民主體制所提供的各種機會。

這些團體力量的大小決定著民主化進程的性質，而且常常在民主化的進程中有所改變。如果保守派支配著政府，而極端主義者把持著反對派，民主化就不可能出現。例如，右翼的個人獨裁者在面對由馬列主義分子所支配的反對派時就決定繼續獨掌權力。當然，如果贊成民主的團體在政府和反對派中都處於優勢地位，那麼，民主轉型就比較順當。不過，改革派和溫和派之間在實力上的差異決定著民主化進程發生的方式。例如，一九七六年，西班牙的反對派極力主張徹底的「民主突破」，或阻斷佛朗哥的政治遺產，並建立臨時政府和制憲會議來確立新的憲政秩序。不過，蘇維斯的權力很大，足以抵擋住這種要求，並藉由佛朗哥的憲政機制實現了民主化。[13] 如果民主的團體在反對派中很強大，但在政府中影響不大，民主化就端賴使政府逐漸瓦解，和使反對派掌權的那些偶發事件。如果民主的團體在執政聯盟中處於宰制地位，而在反對派中則不是，那麼，實現民主化的努力就可能會受到叛亂的暴力和保守派團體反撲力量的增強而受到威脅，因爲這種威脅可能會導致軍事政變。

在民主化進程中有三種極重要的互動關係：政府與反對派之間的互動、執政聯盟中改革派和保守派之間的互動，以及反對派陣營中的溫和人士和極端主義者之間的互動。在所有的民主轉型中，這三種主要的互動都扮演著某種角色。不過，這些互動的相對重要性、其衝突性或合作性會隨著轉型過程的全部性質而有所不同。在變革過程中，執政聯盟中改革派和保守派之間的互動最爲重要；如果改革派比保守派強大，如果政府比反對派強大，如果溫和派比極端主義者強大，變革才有可能發生。隨著變革的繼續，反對派中的溫和人士常常會與執政聯盟合作，而反對民主化的保守勢力則會退出這一聯盟。在置換過程中，政府與反對派之間的互動及溫和派與極端主義者之間的互動最爲重要；反對派最後一定會比政府強大，而且溫和派也一定會比極端主義者強大。於是，一些團體相繼脫離執政聯盟，這常常會導致政權的垮臺和民主體制的建立。在移轉過程中，主要的互動是改革派和溫和派之間的互動，兩者可謂勢均力敵，而且每一方都能夠掌握那些位於政府和反對派中間偏向己方的反民主團體。在某些移轉過程中，政府和以前的反對派團體至少同意臨時地分享權力。

第三節　變革

在變革過程中，那些威權政權的掌權者們在結束威權政權，並將之轉變成民主體制的過程中發揮了帶頭作用，而且扮演著決定性的角色。在變革與移轉之間的界限是模糊不清的。而且把有些案例歸入這兩類中的任何一類都有其道理。不過，從總體上看，到八〇年代結束時已經出現的或正在進行的三十五個第三波轉型國家中大約有十六個是由變革過程造成的。這十六個自由化或民主化的國家包括了五個前一黨制國家、三個前個人獨裁政權和八個前軍事政權。變革必須是政府比反對派強大，因此，它發生在地位穩固的軍事政權中，政府能夠對反對派行使有效的終極強制手段，或是威權體制在經濟上極其成功的情況下皆可能出現變革，如西班牙、巴西、臺灣、墨西哥，以及類似的共產主義國家，如匈牙利。如果這些國家的領導人願意的話，他們有能力使他們的國家朝著民主的方向邁進。在每一個案例中，反對派至少在這一進程的最初時刻顯然比政府弱小。正如史傑潘所指出的，在巴西，「當自由化開始時，幾乎沒有重大的政治反對派，也沒有經濟危機，更沒有因爲戰爭失敗而造成高壓組織的崩潰。」[14]在巴西及其他地方，最適合擔任威權政權終結者的人是該政權的領袖們。而且，他們確實這樣做了。

變革的標準模範是西班牙、巴西，以及共黨政權中的匈牙利。但最重要的國家是蘇聯，如果這種變革能夠獲得成功的話。巴西的轉型是「由上而下的解放」，或「由政權發起的自由化」。在西班牙，「變革是與在位的獨裁政權聯手的改革派分子從政權內部發起的政治變遷過程。」[15]不過，這兩個國家在其轉型的持續程度上卻有著重大差異。在西班牙，佛朗哥死後不到三年半，一個致力於民主化的總理就取代了一個致力於自由化的總理，佛朗哥的立法機構投票終結了該政權，公民投票也擁護政治改革，各政黨（包括共產黨）都獲得合法化，一個新的制憲議會選舉出來了，民主的憲法也起草出來了，並且在公民投票中獲得通過，而且最主要的政治勢力在經濟政策上達成了協議，同時在新憲法的架構下舉行國會選舉。據報導，蘇維斯告訴他的內閣，「他的策略是建立在速度基礎之上的。他會在這場遊戲中保持領先地位，辦法是盡快地採納一些具體的措施，使佛朗哥政權的殘餘分子措手不及。」不過，在把改革措施集中在很短的一段時間內實施時，這些改革措施也接連受到了挑戰。因此，也有人認爲，「蘇維斯將改革措施弄得搖擺不定，以避免同時激怒大多數前佛朗哥政權的分子。民主改革的最後措施，激起了軍方和前佛朗哥派強硬分子公開的敵對態度。但是，蘇維斯總統已經獲得了很大的衝勁和支持。」因此，事實上，蘇維斯遵循的是一條高度濃縮的凱末爾改革路線的模式及「費邊〔Fabian〕的戰略，閃電的戰術」。[16]

相較之下，巴西的蓋塞爾總統下定決心，政治變遷必須是「漸進的、緩慢的和有把握的」。這一進程始於一九七二年年底的梅迪奇政府，經過蓋塞爾和費蓋雷多政府，之後直到一九八五年才有一位文人總統上臺，而在一九八八年通過新憲法和在一九八九年以普選的方式選舉總統時達到最高潮。在由政權主導的邁向民主化的運動過程中，還不時地有一些安撫軍方和其他強硬分子的行動來點綴。事實上，蓋賽爾總統和費蓋雷多總統遵循的是進兩步退一步的政策。其結果是一種遲緩的民主化，在這種民主化過程中，政府對進程的控制從未受過嚴重的挑戰。在一九七三年時，巴西仍然是具有壓制性格的軍事獨裁政權；到一九八九年時，它已經是一個全面的民主國家。習慣上，人們通常把在巴西實行民主政治的日子定爲一九八五年一月，那時，由選舉人團挑選了一位文人總統。不過，事實上並沒有如此明顯的分野；巴西民主變革的特徵是人們幾乎不可能準確地說出，巴西是在什麼時刻終止獨裁政權而成爲民主國家。

西班牙和巴西是由上而下變革的榜樣，而且西班牙的情況尤爲拉丁美洲國家和東歐國家相繼實現民主化的典範。例如，在一九八八年到一九八九年間，匈牙利的領導人與西班牙領導人就如何導入民主廣泛地進行磋商，而且在一九八九年四月，西班牙派遣一個代表團到布達佩斯提出建言。六個月之後，有一位評論家指出了這兩個國家在民主轉型方面的相似性：

卡達爾（Kadar）時代的最後幾年裡，的確與當年佛朗哥日漸衰微的獨裁政權之溫和威權主義有一些相似之處。波茨蓋依（Imre Pozsgay）在這一比較中扮演著卡洛斯王子的角色。他是在激烈的變遷過程中可靠的銜接象徵。具有自由主義心態的經濟專家們與舊體制及新的企業家階層攜手合作，為這一轉型提供了技術官僚的菁英，很像是西班牙的新資產階級菁英和天主事工會（Opus Dei）聯手合作一樣。反對黨也扮演著類似的角色。就像西班牙的流亡者直到安全時才露面一樣，他們以同樣的方式公開現身。如同在西班牙一樣，匈牙利的反對派人士在方式上是溫和的，在實質上是激進民主的。他們都在重新導入民主的過程中扮演了關鍵的角色。[17]

第三波變革通常經歷五個階段的發展，其中的四個階段是發生在威權體制之下。

改革派的出現

第一步是在威權體制內出現一群領袖或潛在的領袖，他們相信朝民主化的方向邁進是可取的，而且是必然的。他們為什麼會得出這一結論呢？這些人變成民主改革派的原因隨著國家的不同而差別很大，而且其狀況也不容易了解。不過，這些原因可大致分為五類。第一，改革派常常得出這樣的結論：繼續掌權所付出的代價使他們體認到，有必要及時而又體面地退出權力。這些代價包括使他們的軍隊政治化、在支持他們的執政聯盟中出現分裂，與一些似乎難以解決的問題（通常是經濟問題）糾葛不清，以及日益增強的鎮壓。軍事政權的領袖們對於軍隊的完整性、專業性、凝聚力和指揮結構受到政治干預而產生的腐蝕性影響特別敏感。莫勒斯（Morales Bermudez）將軍在其領導秘魯邁向民主化的過程中指出，「我們都直接或間接地目睹軍隊的變質，而軍隊對我們的祖國利害攸關，而且對其他制度也利害攸關，因此我們不能再繼續聽任。」同樣的情形下，智利空軍總司令馬特海（Fernando Matthei）將軍警告說，「如果不立刻朝著民主化的方向演變，我們將以一種連馬克思主義的滲透都做不到的方式毀滅我們的軍隊。」[18]

第二，在某些國家，改革派願意降低他們所面臨的風險，條件是他們能夠繼續掌權，風險也終將消失於無形。如果反對派的力量似乎日漸壯大，那麼，安排一場民主轉型是降低這種風險的途徑之一。畢竟，寧願冒著丟掉烏紗帽的風險，也不願冒丟掉性命的風險。

第三，在某些國家，包括印度、智利和土耳其，威權領袖們相信他們或他們的盟友不會丟掉官職。在承諾恢復民主制度，並面對日益式微的合法統治權威和支持時，這些統治者將會發現舉行一些選舉來翻新他們的合法統治權威是較爲可行的，如此，他們還可以期待選民會繼續讓他們掌權。這種期待通常是錯誤的（參見第四章第三節）。

第四，改革派們常常相信民主化會爲他們的國家帶來諸多利益：包括增加其國際合法性、減少美國或其他國家對該政權的制裁、打開經濟和軍事援助的大門、獲得「國際貨幣基金」的貸款、應邀至美國華府訪問，以及加入由西方盟國的領袖們主導的國際性集會。

最後，在許多個案中，包括西班牙、巴西、匈牙利和土耳其，以及其他一些軍事政權中，改革派相信民主是一種「正確的」政體，而且他們的國家已經發展到了建立民主政治體制的時候了，因爲其他已開發國家和受尊敬的國家也建立了這種體制。

自由的改革派往往把自由化看作是緩和反對派對其政權威脅的一種方式，而不必將該政權全面地民主化。他們會放鬆鎮壓、恢復某些公民自由、減少新聞檢查、允許對公共問題進行更廣泛的討論、給予公民社團——協會、教會、工會、商業組織——更大的空間來管理他們自己的事務。不過，自由化人士不願意全面地導入參與性的競爭選舉，因爲這種選舉會使得在任的領導者們失去權力。他們想要創立一個比較親切溫和的、更安穩的和踏實的威權體制，而又不必從根本上改變其政權的性質。有些改革派對於該國國內的政治開放能夠做到何種程度，的確缺乏自信。無疑地，他們也不時地感到必須隱藏他們的意圖：即民主化人士總是安撫保守派，給保守派一種印象，即他們僅僅實行自由化而已；自由化人士試圖贏得更多階層的民眾支持，其辦法是製造一種他們正在追求民主化的印象。因此，爭論的焦點是，蓋賽爾、波塔、戈巴契夫和其他人「究竟」想要做到什麼程度。

在威權體制內，自由派和民主派的出現爲政治變遷創造了第一級的力量，不過，它也具有一種第二級的效果。特別是在軍事政權中，它分裂了統治集團，進一步使軍隊政治化，並因此使得更多的軍官相信「軍隊即政府」必須終止，以維持「軍隊即機構建制」。是否應該退出政府的爭論本身已經變成對退出政府主張的一個論點。

權力的獲得

民主改革派不僅存在於威權政權之內，他們還得在該政權中大權在握。怎麼會這樣呢？在三個個案中，那些創造威權體制的領袖們主導了民主轉型過程。在印度和土耳其，威權政權是從定形的民主政治遭到腰斬時開始算起的。印、土二政權很短命，是由於威權領袖所發動的選舉而告終。在這些選舉中，威權領袖們發出了錯誤的期望，以爲他們自己或他們支持的候選人能夠贏得這些選舉。在智利，皮諾契特將軍創造了威權政權，並持續執政十七年，同時也爲民主轉型而制定了一個漫長的計畫，並循序漸進地期望選民們會讓他繼續留任八年，甚至更久，但最後還是不情願地退出了權力，因爲選民不支持他。要不是如此，那些創造威權政權的人或那些長期領導這一政權的人不會主動爲這些威權政權畫上休止符。在所有這些個案中，變革的出現是因爲改革派取代了執政的保守派。

改革派透過三種途徑在威權體制內執掌權力。首先，在西班牙和臺灣，開國的或長期統治的威權領袖（如佛朗哥與蔣介石）與世長辭。他們指定的卡洛斯和蔣經國繼承其衣缽，並且對於出現在其國內之重大的社會和經濟變遷提出了因應之道，開始了民主化的進程。在蘇聯，布里茲涅夫、安德洛波夫（Andropov）和契爾年柯（Chernenko）在三年之內相繼死亡，使得戈巴契夫得以掌權。就某種意義而言，佛朗哥、蔣介石和布里茲涅夫即時死亡；鄧小平卻沒有。

在巴西和墨西哥，威權體制本身就給予其領導階層有定期更換的機會。這使得改革派有可能獲得權力，但不必然要獲得權力。在巴西，正如前面所指出的，軍方有兩個派別存在。一九六九年至一九七二年間，強硬路線派的梅迪奇將軍擔任總統期間，鎮壓達到了頂點。在軍方內部爲了中止梅迪奇的任期而出現的重大紛爭中，溫和路線的索爾邦集團能夠獲得蓋賽爾將軍的總統候選人提名，有一部分是因爲他的兄弟是戰爭部長。由於受他的主要夥伴高貝里將軍的引導，蓋賽爾開始了民主化進程，並採取了決定性的行動，以確保他能夠在一九七八年把總統寶座留給索爾邦集團的另一位成員費蓋雷多將軍。在墨西哥，即將去職的羅培士總統於一九八一年按照慣例，挑選了計畫和預算部長戴拉馬德里（Miguel de la Madrid）作爲其繼任者（戴拉馬德里是經濟和政治上的自由派人士），而且拒絕了比較傳統和保守候選人，選擇了一個年輕而主張改革的技術官僚薩里納斯（Carlos Salinas）來繼續改革開放的進程。

在威權領袖們未死亡，而且沒有被定期更換的地方，民主改革派就必須驅逐統治者，並建立起親民主的領導階層。除巴西之外的軍事政府中，這表示有一個軍方領袖藉著軍事政變以取代另一位軍方領袖：在秘魯，莫勒斯取代了維拉斯科（Velasco）；在厄瓜多，波維達（Poveda）取代了羅德里格斯（Rodríguez Lara）；在瓜地馬拉，梅西亞（Mejia）取代了瑞荷斯（Rios Montt）；在奈及利亞，穆罕默德（Murtala Muhammed）取代了戈溫（Gowon）。[19] 在匈牙利的一黨體制下，改革派動員了他們的力量，在一九八八年五月的一次特別黨代表大會上罷免了長期執政的共黨總書記卡達爾，以葛羅斯（Karoy Grosz）取而代之。不過，葛羅斯只是一位半調子的改革者，因此，一年之後「中央委員會」又用一個由改革派所主導的四人主席團取代了他。一九八九年十月，其中的尼爾斯（Rezso Nyers）成了黨主席。在保加利亞，一九八九年秋天，共產黨內的改革派領袖免除了吉科夫的主要領導職位，他盤踞了這一職位達三十五年之久。表 3.2 概述了與某種自由化或民主化改革有關的領導階

表 3.2 一九七三—一九九〇年間的領導階層變遷與改革

國別	保守派領導人	更替	改革派領導人（一）	更替	改革派領導人（二）	第一次民主選舉
奈及利亞	戈溫	1975 年 7 月政變	穆罕默德	1976 年 2 月死亡	歐巴桑荷	1979 年 8 月
厄瓜多	羅德里格斯	1976 年 1 月政變	波維達	—	—	1979 年 4 月
秘魯	維拉斯科	1975 年 8 月政變	莫勒斯	—	—	1980 年 5 月
巴西	梅迪奇	1974 年 3 月接任	蓋賽爾	1979 年 3 月接任	費蓋雷多	1985 年 1 月
瓜地馬拉	瑞荷斯	1983 年 8 月政變	梅西亞	—	—	1985 年 12 月
西班牙	佛朗哥	1975 年 11 月死亡	卡洛斯	—	卡洛斯	1979 年 3 月
	勃朗科	1973 年 2 月死亡	阿里亞斯	1976 年 7 月被罷黜	蘇維斯	
臺灣	蔣介石	1975 年 4 月死亡	蔣經國	1988 年 1 月死亡	李登輝	
匈牙利	卡達爾	1988 年 5 月被罷黜	葛羅斯	1989 年 5 至 10 月被罷黜	尼爾斯波茲蓋伊	1990 年 3 月
墨西哥	羅培士	1982 年 12 月接任	戴拉馬德里	1988 年 12 月接任	薩里納斯	
南非	福斯特	1978 年 12 月被罷黜	波塔	1989 年 12 月被罷黜	戴克拉克	
蘇聯	契爾年柯	1985 年 3 月死亡	戈巴契夫			
保加利亞	吉科夫	1989 年 11 月被罷黜	姆拉德諾夫	—	—	1990 年 6 月

層之變遷情況。

自由化的失敗

第三波民主化浪潮的一個關鍵問題是，自由改革派的角色和自由化的威權政權之穩定性。那些繼承保守派領袖的自由改革派，通常會變成短期掌權的過渡人物。在臺灣、匈牙利、墨西哥，自由派很快地被更具民主傾向的改革派所取代。巴西的蓋賽爾和高貝里一開始就致力於實質性的民主化，儘管還有一些分析家對此半信半疑。[20] 即使他們只是要使威權體制自由化，而不是取而代之，但是，費蓋雷多總統還是把這一過程變成了民主化的過程，「我必須使這個國家成爲民主國家」，這是他在一九七八年就職之前說的，而且他也確實這樣做。[21]

在西班牙，強硬路線的總理卡萊洛（Luis Carrero Blanco）海軍上將在一九七三年十二月遇刺，佛朗哥指定阿里亞斯繼任。阿里亞斯是一位傳統的自由派改革者。他希望藉著對佛朗哥政權修修補補而能夠苟延殘喘。在一九七四年二月十二日的一次著名演說中，他建議實行開放政策，並主張實行一些溫和的改革措施，包括允許政治結社活動，但是不能成立政黨。他「太保守，而且實際上還是個佛朗哥主義者，因此不可能真正地帶動該政權的民主化。」他的改革計畫爲「一小撮」保守派所破壞，其中包括佛朗哥；同時，這些建議也刺激了反對派所提更進一步開放的要求。結果，阿里亞斯「因主張開放而焦頭爛額，就像卡萊洛因不動如山而名譽掃地一樣。」[22] 一九七五年十一月，佛朗哥死了，卡洛斯繼任爲國家元首。卡洛斯國王致力於把西班牙改造成一個眞正歐洲式的議會民主國家，阿里亞斯卻抗拒這一轉變。結果，一九七六年七月，卡洛斯國王任用蘇維斯取代了阿里亞斯，而蘇維斯即迅速地採取措施，導入民主政治的軌道。

不過，從自由化的威權主義出發的轉型歷程，既可能前進，也可能後退。有限的開放可能會提升人們進一步改變的期望，而這種進一步的改變又可能導致不穩定、動亂，甚至暴力；這些暴力又會激發反民主勢力的反撲或用保守的領袖來取代自由化的領導階層。在希臘，帕帕多普洛斯試圖從保守派轉向自由化的立場；結果換來的是理工學院學生們的示威遊行及其對學生的血腥鎮壓；隨之出現的是另一場反動，於是，自由化的帕帕多普洛斯就被強硬路線的伊奧尼迪斯所取代。在阿根廷，維奧拉（Roberto Viola）將軍取代了強硬路線的維德拉（Jorge Videla）將軍擔任總統，並開始自由化。這在軍隊中產生了一場反動，維奧拉被驅逐，並以加蒂雷將軍這樣的強硬派來取代他。在中國大陸，最高的權力一直掌握在鄧小平手裡。不過，趙紫陽從一九八七年當了共產黨的總書記，並開始開放政治體制。這導致了一九八九年春天學生們在天安門廣場的大規模遊行，這場遊行又反過來挑起強硬路線的反動，演變成對學生運動的鎮壓和罷黜趙紫陽，以李鵬代之。在緬甸，尼溫（Ne Win）將軍統治達二十六年之久，並於一九八八年七月作形式上的退休，隨即由另一位強硬派的塞溫（Sein Lwin）將軍所取代。由於示威和暴力活動的充斥，塞溫將軍在三個星期之內即被迫下臺。塞溫被一位看似溫和的文人貌貌所取代，貌貌建議舉行選舉，並努力與反對派展開談判。然而，抗議活動繼續進行，軍方遂於九月罷黜貌貌，並接管政權，對示威進行血腥的鎮壓，結束了邁向自由化的運動。

自由化人士的困境也反映在南非的波塔和前蘇聯戈巴契夫的經歷之上。這兩位領袖都在他們的社會中引進重大的自由化改革。波塔在一九七八年掌權，當時他提出的口號：「適應或死亡」，他使黑人工會合法化、廢除婚姻法、設立了混合貿易區、承認都市黑人的公民權、允許黑人獲得不動產的自由處分權、大量縮減一些小規模的種族隔離、顯著增加了對黑人教育的投資、廢除了通行證法、規定由選舉產生黑人市鎮的市鎮議會，以及在議會中建立了代表有色人種和亞洲人種的議院（雖然不包括黑人）。戈巴契夫開放了公共討論、大幅減少新聞檢查、大刺刺地向共黨機構的權力提出挑戰，並向由選舉產生的立法機關引進了初步的責任政府。這兩位領導人爲他們的社會制定新的憲法，其中包括許多改革，同時也設立了新而權大勢強的總統職位，然後，這兩個職位都由他們兩人擔任。然而，波塔和戈巴契夫似乎都不想對他們的政治體制實行徹底的改革。他們的改革旨在改善和調節，但也是爲了支持既存的體制，使其更能爲社會所接受。他們就反覆重申這一點。南非的波塔並不想交出白人的權力；戈巴契夫也不想交出共黨的權力。作爲自由派的改革者，他們要的是改變，但更要維持他們所領導的官僚體制，因爲這種體制伴隨了他們的從政生涯，並使他們發揚踔厲。

波塔那種只有自由化而沒有民主化的改革，激發了南非黑人進一步要求全面進入政治體制。一九八四年九月，黑人市鎮爆發了抗議活動，這場抗議導致了暴力、鎮壓和在黑人市鎮部署軍隊。改革的努力也同時告終，改革者波塔被普遍看作是鎮壓者波塔。改革進程在波塔被戴克拉克取代之後，才重新開始，而戴克拉克的深化改革又招致波塔的批評，波塔因而退出國民黨。在一九八九年和一九九〇年間，戈巴契夫的那種只有自由化而沒有民主化的改革在蘇聯似乎也造成了類似的動亂、抗議和暴力。如同在南非一樣，各部落團體相互開戰，並向中央的權威挑戰。戈巴契夫的困境非常明顯。進一步邁向全面的民主化，這不僅意味著結束共產黨在蘇聯的權力，而且更可能終結整個蘇聯。如果牽引一場強硬路線的反動來鎮壓動亂，那就表示戈巴契夫實行經濟改革的努力、他與西方大幅改善的關係，以及他創造性的和人道主義領袖的全球形象也將毀於一旦。沙卡洛夫在一九八九年就把各種選擇直接了當地攤在戈巴契夫面前：「像目前這種不進不退的格局是不可能保持下去的。這個國家和你個人都處於十字路口，以下兩種方案你只能選擇其一：徹底地推動改革的進程，或試圖把行政命令系統原封不動地保留下來。」[23]

自由化不論在何處試行過，都會在某些團體中激發其要求民主化的願望，同時也在另一些團體中激起要求壓制民主化的願望。第三波民主化的經驗告訴我們，自由化的威權主義絕不是一種穩定的平衡；折衷的辦法是行不通。

昔日的合法性：壓制保守派

獲得權力使得改革派能夠開始民主化，但卻不能消除保守派向改革派挑戰的能力。在執政聯盟中的保守分子，如西班牙佛朗哥政權中的「保守分子」、巴西和其他拉丁美洲國家的軍事強人、匈牙利的史達林主義者、中國國民黨中來自中國大陸的守舊派、墨西哥憲政革命黨中的黨棍和官僚機構，以及南非國民黨的極右派（Verkrampte）都不會輕而易舉地讓步。在政府、軍隊和黨的官僚組織中的保守派通常會通力合作來阻止或放慢改革的過程。巴西、厄瓜多、秘魯、瓜地馬拉、奈及利亞和西班牙等非一黨制國家，軍隊中的保守團體會試圖發動軍事政變，並從事其他的努力將改革派逐出權力圈。在南非和匈牙利，非主流的保守派系從執政黨中分離出去，並指責主流派出賣該黨所賴以建立的基本原則。

改革政府企圖藉著削弱、安撫、說服保守派來化解保守派的反對。反擊保守派的抗拒往往迫使權力集中在改革派的行政首腦手中。蓋賽爾聲稱自己是「主張開放的獨裁者」，以迫使巴西的軍方退出政治。[24]卡洛斯國王充分運用他的權力和特權來使西班牙邁向民主，因此，拔擢蘇維斯擔任總理一點兒也不令人意外。正如我們所看到的，波塔和戈巴契夫爲他們自己設立了強有力的新總統職位。薩里納斯在其第一次就任墨西哥總統的數年間，就一直大剌剌地維護他的權威。

改革派領袖的第一要務是肅清政府、軍隊，必要的話也包括黨務官僚機構，再以改革的支持者來取代高級官員中的保守派。這通常要用比較審慎的方式來進行，以免激起強烈的反彈，同時也可以促成保守派陣營的分裂。此外，爲了削弱保守派，改革派的領袖們也會試圖去安撫或說服保守派。在軍事政權中，改革派認爲在經歷了一段必要、短暫而又有限的威權主義時期之後，現在是回到民主主義的時候了，因爲這些民主主義是他們國家政治體制的基礎。在這種意義上，他們的訴求是「回歸合法統治權威」（return to legitimacy）。在非軍事統治的威權體制下，改革者要訴諸「昔日的合法性」（backward legitimacy），並強調與過去的連貫性。[25]例如，在西班牙，君主制被重新建立起來，而且蘇維斯堅持佛朗哥憲法中關於廢除該憲法的規定：沒有一位佛朗哥主義者可以聲稱有程序上的非法行爲。在墨西哥和南非，憲政革命黨和國民黨中的改革派求助於這兩個政黨的傳統。在臺灣，中國國民黨的改革派則以孫中山的三民主義爲訴求。

昔日的合法性有兩個吸引人之處和兩個效果：它使得新秩序合法化，因爲它是舊秩序的產物，它反過來使舊秩序合法，因爲舊秩序創造了新秩序。它在所有人中間形成了共識，但不包括反對派中的極端主義者，因爲這些極端主義者對舊的威權政權或新的民主政權者沒有益處。改革派還求助於保守派，因爲他們若是能比激進的反對派搶先獲得保守派的支持，就可以減少不穩定和暴力。例如，蘇維斯請求西班牙軍隊基於上述理由而支持他，軍隊中的骨幹也接受了民主的轉型，因爲「沒有非法活動，在街頭沒有騷動的現象，沒有崩潰或顚覆的重大威脅。」不可避免的是，正如蓋賽爾所說的，改革者也發現，他們不能「只前進，不後退」，因此，他們偶爾也會對保守派讓步，就像一九七七年巴西的「四月交易」（April package）。【26】

與反對派合作

一旦掌權，民主的改革派通常會很快地開始民主化的進程。這通常需要與反對派領袖、政黨，以及主要的社會團體或機構進行磋商。在某些例子中，會出現比較正式的談判和達成非常明確的協議或條約。在另一些情況下，這些磋商和談判是非正式的。在厄瓜多和奈及利亞，政府任命了一個委員會來爲新體制擬訂計畫和政策。在西班牙、秘魯、奈及利亞，最後在巴西，由選舉產生的議會起草了新憲法。在好幾個例子中，是透過公民投票來批准新憲政體制的。

由於改革派在執政聯盟中疏遠保守派，他們就必須從反對派中尋求支持，以及擴大政治舞臺，並向那些拜開放之賜而在政治上日漸活躍的新興社會團體招手，來強化他們自己。老練的改革派利用來自這些團體日益增加的壓力來要求民主化，以削弱保守派，並利用保守派政變的威脅和分享權力的吸引力來鞏固反對派中的溫和團體。

爲了達到這些目的，政府中的改革派與主要的反對派團體進行談判，並與他們達成公開的或私下的協議。例如在西班牙，共產黨承認自己的勢力太弱，還不足以奉行「激進的革命政策」，而只能遵循「置換性的契約」，儘管這一契約「純粹是心照不宣的」。在一九七七年十月，蘇維斯贏得了共產黨和社會黨對蒙科洛協定的支持，其中包含有相當嚴厲的經濟緊縮措施和一些社會改革的規定。與共產黨的主要領袖卡利略（Santiago Carrillo）之間的祕密談判「利用了西班牙共產黨（Partido Comunista de España, PCE）領導人迫不及待想接近權力中心的熱望，從而獲得了他對經濟緊縮政策的支持。」[27] 在匈牙利，一九八九年秋天，共產黨與代表其他政黨和團體的「反對派圓桌會議」（Opposition Round Table）進行了公開的談判。在巴西，政府與二個反對黨「巴西民主運動陣線」（Movimento Democrático Brasileiro, MDB）和「巴西民主運動黨」（Partido Movimento Democrático Brasileiro, PMDB）——之間達成了非正式的協議。在臺灣，一九八六年，政府與反對派就政治改革的架構達成諒解，然後在一九九〇年七月，爲時一周的會議中雙方一致同意了民主化的全部時間表。

民主反對派的克制力和合作——他們以初級夥伴的身分參與這一過程——對順利圓滿的變革是不

可或缺的。幾乎在所有的國家，主要的反對政黨如：巴西的MDB－PMDB、西班牙的社會黨和共產黨、臺灣的「民主進步黨」、匈牙利的「公民論壇」、秘魯的「美洲人民革命聯盟」（Alianza Popular Revolucionaria Americana, APRA）、智利的「基督教民主黨」（Christian Democrats）都是由溫和派所領導的，而且當不時地面對政府中保守派團體相當大的挑釁時，仍然遵循溫和的政策。

史基莫爾（Skidmore）扼要地說明了巴西所發生的一切，他準確地領會了變革過程的重要關係：

> 結果，自由化成爲政府和反對派之間緊張的、辯證關係的產物。那些贊同開放的軍方人士不得不謹慎行事，以免激怒強硬路線分子。他們向反對派提出的提議是爲了爭取「有責任心的」分子，因此放出風聲表示有溫和派人士即將與政府合作。而在此同時，反對派不斷地向政府施加壓力，以制止其強渡關山，如此一來，提醒軍方謂他們的統治欠缺合法性。同時，反對派中的溫和人士也提醒激進人士，如果他們操之過急，就會被強硬分子玩弄於股掌之上。這種微妙的政治關係運作得很成功，因爲在贊同回歸到一個（幾乎是）開放的政治體制的軍人和文人中間有一種共識。[28]

民主派準則之一：威權體制的改革

西班牙、巴西和其他實行民主變革的國家，爲威權體制之下民主改革派提供的主要啟示概括如下：

(1)緊握你的政治基礎。盡快把民主化的支持者安插於政府、政黨和軍隊的權力樞紐位置上。

(2)維持昔日的合法性，即透過非民主政權既定的程序來進行改革，同時用象徵性的讓步以安撫保守集團，並採取進兩步退一步的方針。

(3)逐步轉移你的擁護者，從而減少你對政府中反對改革的團體之依賴，從而在支持民主的反對派中擴大你的支持力量。

(4)做好準備並且提防保守派採取某種極端的行動來阻止改革（例如，政變企圖），甚至可能去誘使他們這樣做，然後，再對他們加以無情地鎮壓，孤立和抹黑那些極度反對改革的分子。

(5)緊抓並保持在民主化進程中的主動地位。只是要量力而行，千萬不要因爲極端激進反對派成員的要求，而採取民主化措施。

(6)在改革過程中盡可能降低期望值；儘量只說仍在改革進程之中，不要空言一些言過其實的民主理想。

(7)鼓勵形成一個負責任的、溫和的反對黨，這個反對黨將被社會中的重要團體（包括軍方）所接受，而且被認爲不具威脅性的可能的替代政府。

(8)製造一種關於民主化進程中不可避免的意識，於是，民主化進程就可以被廣泛地承認爲一種必要的、自然的發展過程，即使在有些人看來這一過程仍然不足取。

第四節　置換

置換指的是一種完全不同於變革的進程。在這種政權內部的改革派太弱小，或根本不存在。政府中居於主流地位的是保守派，他們堅決反對任何政權上的改變。因此，反對派力量日漸壯大，而政府力量日益衰弱，直到政府崩潰或被推翻，這樣才會實現民主化。以前的反對派掌權之後，衝突常常隨著新政府內部各群體爲了新政權的性質展開鬥爭而進入新的階段。總之，置換包含三個階段：⑴爲推翻政權而鬥爭；⑵政權的垮臺；⑶垮臺後的鬥爭。

多數的第三波民主化必須那些掌權的人進行合作。到一九九〇年爲止，只在六個國家中出現置換現象。置換現象在一黨制的轉型過程中非常少見（十一個國家中只有一個），在軍事政權中也非常少見（在十六個國家中只有兩個），而出自個人獨裁國家的民主轉型則較爲常見（七個國家中有三個）。正如我們所指出的，除少數例外（如甘地夫人、埃夫倫和皮諾契特），那些建立威權政權的領袖們不願意結束這些政權。威權體制內部領導階層的更換，在軍事政權中很可能是透過「第二階段的」政變，或在一黨制國家透過定期的接班，或黨機器採取的行動而實現。不過，個人獨裁者很少自願退休，他們權力的性質是個人的而不是軍隊的或組織的，這使得政權內的反對者難以廢黜他們，而且這樣的反對者也不可能大量存在或是勢力強大。個人獨裁者因此很可能一直握著權柄，直到他們死去，或是直到該政權壽終正寢。這種政權的壽命等於獨裁者的壽命。政治上，而且從字面上講（如佛朗哥和希奧塞古），獨裁者的死亡和政權的死亡是同時發生的。

在置換現象中消失的威權體制，其內部的民主改革派顯然十分脆弱或根本不存在。在阿根廷和希臘，自由化的領導人維奧拉和帕帕多普洛斯被迫退出權力核心，而由軍方的強硬派所取代。在葡萄牙，卡埃塔諾發動自由化的改革，之後，又不得不撤回這些改革。在菲律賓、羅馬尼亞和東德，馬可仕、希奧塞古、何內克周圍幾乎沒有民主人士，甚至連自由派人士也沒有。在所有這六個國家中，保守派壟斷著權力，而且從內部進行改革的可能性幾乎不存在。

一個威權體制能夠生存下去，係因爲政府在政治上比反對派強大。當政府不如反對派強大時，它就會被取代。因此，置換現象需要反對派消耗政府的力量，把權力的天平轉向對反對派有利。當威權政權進行改革時，他們在第三波中總是很受歡迎，並受到廣泛的支持。他們通常有廣大的社會群體聯盟作爲後盾。然而，過了一段時間，就像任何政府一樣，他們的力量也會惡質化。希臘和阿根廷的軍事政權就因爲軍事挫敗而聲名狼籍。葡萄牙和菲律賓政權打不贏反叛亂的戰爭，而且菲律賓當局製造了一位烈士，並在選舉中舞弊。羅馬尼亞當局奉行深惹民怨的政策並使政權孤立於人民；因此使得它難以抵擋席捲整個東歐的反威權主義運動這個愈滾愈大的雪球。東德的情況更是混沌不清。儘管政權在好幾個方面相當成功，但是，一旦與西德比較，就暴露其先天的弱點，隨著匈牙利轉運走廊的開放，即戲劇性地瓦解了該政權的權威。黨的領導階層在一九八九年十二月初被迫辭職，由看守政府接管。不過，該政權的權威卻已煙消雲散，然後，東德成爲一個國家的前提也隨之消失。

政權有時會在眾目睽睽之下失去支持的力量，但是由於威權政權的壓制性格，這種政權的失勢通常是在不知不覺中發生的。威權的領袖們常常不知道他們是多麼不受歡迎。於是，當一些導火性的事件暴露了該政權的弱點時，隱藏的不滿便表現出來。在希臘和阿根廷，這種事件是軍隊吃了敗仗；在葡萄牙和東德，是其最高權力來源——葡萄牙軍隊和東德的蘇聯影響力——公開倒戈相向。土耳其人、英國人和葡萄牙軍方及戈巴契夫的行動，激勵和產生了社會中其他團體對該政權的公開不滿。在所有這些案例中，只有少數勢單力薄的團體聯合地來支持這種政權。許多人對當局十分不滿，但是由於這是一個威權國家，必須有引爆事件才能具體反映這些不滿。

學生是全人類共通的反對派；他們反對存在於其社會的任何一種政權。不過，就他們本身來講，學生們力不足以毀掉政權。由於缺少人口中其他團體的大力支持，學生經常遭到軍隊和警察射殺，在希臘是一九七三年十一月、在緬甸是一九八八年九月、中國大陸則於一九八九年六月。軍方總是政權的最高支持者。如果軍方撤除了他們對政府的支持，如果他們爲反對政府而發動政變，或軍方拒絕用武力來鎮壓那些威脅要推翻該政權的人，則這一政權必將垮臺。介於永恆反對派的學生與必然支持者的軍方之間的是，那些支持或反對該政權的社會團體，這些人的支持或反對視當時的環境而定。在非共產主義的威權國家，諸如菲律賓，這些團體會一個個傾向於對政權表示不滿。繼學生之後表示不滿的通常是知識分子，然後是以前曾經存在的那些政黨的領袖們，其中許多人也許支持，或者默認威權政權的接替者。通常中產階級的態度也會發生變化，他們包括白領工人、專業人士、小型企業人士。在天主教國家，天主教領袖是政權最早的和有效的反對者。如果有工會存在，而且完全不受政府控制，則在某個時刻，工會也會加入反對派。而且最重要的是，大企業集團和資產階級也會變成反對派。在適當的時候，美國或其他外國的支持力量也會愈來愈不滿。到了最後的決定性時刻，軍方決定不支持政府，並積極地與反對派站在一起，以反對政府。

因此，在六個出現置換現象的國家中有五個（阿根廷除外），軍方的不滿是使政權垮臺的最根本的力量。在葡萄牙、菲律賓、羅馬尼亞的個人獨裁政權中，獨裁者為了削弱軍方而實行的政策導致軍方的不滿，這些政策包括削弱軍方的職業制、將軍官團政治化或任令其腐敗叢生，而且建立相互競爭的正規軍輔助隊和安全部隊。反政府運動通常在軍方唾棄政府以前就已星火燎原（葡萄牙是唯一的例外）。如果不滿的情緒還不十分普遍，要不是因為反對派最可能的支持者——中產階級、資產階級和宗教團體——弱小或薄弱，就是因為政府有這些族群的支持，而且通常是由其成功的經濟發展政策所造成的。在緬甸和中國大陸，軍隊殘酷地鎮壓抗議活動，而且這些抗議活動主要是由學生領導的。在那些經濟上高度成長的社會中，反對威權思想的人可以獲得更廣泛的支持。當反對派在菲律賓、東德、羅馬尼亞走上街頭時，軍隊沒有對他們的同胞民眾開槍，因為這些民眾團體具有廣泛的代表性。

民主轉型的一般形象是，壓制性的政府被「人民的力量」所摧垮，憤怒的民眾廣泛動員起來，要求並迫使政權有所改變。幾乎在第三波中的每一次政權變遷中都會出現某種形式的民眾運動。不過，到八〇年代末期已完成民主轉型或正在轉型的國家中，只有六個國家的群眾示威、抗議和罷工扮演著關鍵角色。這些國家包括在菲律賓、東德、羅馬尼亞的置換現象和在南韓、波蘭和捷克的移轉現象。在智利，民眾頻繁的行動試圖改變皮諾契特的變革計畫，但仍未成功。在東德，用赫希曼（Hirschman）的術語說，「出路」和「發言權」這兩個東西都扮演主要角色，而且其抗議行動的首先表現爲許多民眾大規模地離開該國，而且在萊比錫和柏林出現大規模的街頭示威。

在菲律賓、葡萄牙、羅馬尼亞和希臘，當政權瓦解時，勢如土崩。今天，威權政府還可能大權在握，明天它就可能下臺了。在阿根廷和東德，威權政權很快地就失去了合法性，但是他們仍然把持著權力，並試圖就政權更迭的條件進行談判。在阿根廷，軍事政府的繼任者比格農（Reynaldo Bignone）將軍在福克蘭群島戰爭失敗後（即一九八二年七月）立即接管了政權，而且「相當成功地」維持對政權轉型過程的某種控制達六個月之久。不過，到了一九八二年十二月，民眾的反對與日俱增，反對派的組織也日益壯大，這就導致了群眾的抗議活動和一場全國性的大罷工，迫使比格農制定大選的時間表，也使得由各政黨組成的聯合反對派有能力拒絕軍方所提的政權轉渡條件。這個跛腳鴨的軍事政權的行情繼續下跌，直到最後於一九八三年十月被民選的艾方辛政府所取代。一位作者表示，「軍事政府垮了，它無法影響候選人的選擇和選舉本身，它沒有趕走任何人，既不保留各種權力，也不爲自已保留未來否決特權餘地。此外，它無力保證其在與未來憲政政府關係中的自主權，或者無力爲其未來的軍事政策背書，甚至不論哪一位候選人獲勝，它都沒有資格與當政者談如何進行與游擊隊的戰鬥。」[27] 在東德，一九九〇年初也出現了類似的情形，勢單力薄的、惡名昭彰的共產黨政府繼續把持著權力，莫德洛（Hans Modrow）總理也扮演著比格農的角色。

變革過程中對程序連續性和昔日合法性的強調，在置換現象中並不存在。與前任政權有關的法令制度、程序、構想和個人被認爲是靠不住的，而且，重點擺在與過往的種種明快地劃清界線。那些接替威權統治者的人把他們的統治建立在「來日的合法性」基礎之上，即他們在未來可以給社會帶來什麼，和他們沒有包袱或與以前的政權有任何瓜葛。

在變革過程和移轉過程中，威權政權的領袖們通常脫離政治，悄悄地回到軍營或是其私人生活中去，而且會得到一些尊敬和尊嚴。相形之下，那些因政權的置換而失勢的威權領袖們常遭逢悲慘的命運。馬可仕和卡埃塔諾被迫流亡。希奧塞古當場被處決。希臘和阿根廷的軍官們交付審判後鋃鐺入獄。在東德，何內克和其他前領導人也面臨著刑罰，而在波蘭、匈牙利和捷克，卻根本沒有這種情況。格瑞那達和巴拿馬的獨裁者由於外國的干預而被趕下臺，他們也同樣面臨起訴和懲罰。

威權政權的和平崩潰，通常會在民眾中產生陶醉而又短暫的大快人心和揚眉吐氣感，充滿了鮮花和香檳，但是這些在變革現象中是沒有的。威權的和平收場也產生了變革現象中所沒有的潛在的權力眞空。在希臘和菲律賓，這一眞空很快被卡拉曼里斯和艾奎諾夫人獲得政權而塡補，他們都是引導這兩個國家走向民主的受歡迎的政治領袖。在伊朗，權力的眞空是由什葉派伊斯蘭教領袖塡補的，他領導著伊朗走向另外的方向。在阿根廷和東德，比格農和莫德洛政府有氣無力地塡補了威權體制倒臺之後和民主選舉的新政府上臺之前的這一過渡時期。

在威權政府垮臺之前，爲了把該政權拖垮，反對派團體便聯合起來。威權政府一旦垮臺，在他們中間就會出現分裂，而且他們會爲權力的分配和即將建立的新政權的性質而交鋒。民主的命運因此就由主張民主的溫和派人士和反民主的激進派之間各自權力的大小來確定。在阿根廷和希臘，威權政府執政時間不長，政黨很快地再度出現，而且在政治領袖和政治團體之間就盡快重新建立民主制度的必要性達成了高度的共識。在菲律賓，除了「新人民軍」的叛亂外，公然反對民主的人也是微乎其微的。

在尼加拉瓜、伊朗、葡萄牙和羅馬尼亞，獨裁政權的突然垮臺，使得以前的反對派或反對黨陣營之中為了誰應該掌權和應該建立了什麼樣的政權而產生了紛爭。在尼加拉瓜和伊朗，民主的溫和派輸了。在葡萄牙，正如本書開頭所指出的，在一九七四年四月至一九七五年十一月間，革命的形勢已如弦上之箭。由共產黨人和左翼軍官組成的反民主的馬列主義聯盟完全有可能鞏固其權力。結果，經過軍隊中各派系之間的激烈鬥爭和群眾的動員、示威遊行和罷工之後，最後還是由伊恩斯總統所採取的軍事行動將葡萄牙導入了民主的軌道。正如哈維（Robert Harvey）所指出，「好端端的一場政變卻釀成一場革命，而這場革命在其變成無政府狀態以前又被一次反動所阻斷。消除了喧囂嘈雜，民主於焉誕生。」[30]

在葡萄牙，人們面臨的選擇是，在資產階級民主政治，或馬列主義獨裁專政中二擇一。羅馬尼亞在一九九〇年時的選擇還不明朗，但是，民主是不可避免的。由於反對陣營的政黨和團體缺少有效的組織，而且這個國家以前也沒有民主政治的經驗，在推翻希奧塞古的過程中也使用了暴力；又由於有許多人懷著強烈的欲望，要對以前與獨裁政權有關聯的人進行復仇，加上人口中的許多人與獨裁政權有瓜葛，結果，新政府中的許多領導人以前曾是舊政權的一部分，所有這些都明白顯示，羅馬尼亞還沒有民主的徵兆出現。一九八九年底，有些羅馬尼亞人不無感觸地把在這個國家所發生的一切，比作二百年前在法國所發生的一切。他們也許已經注意到，法國大革命是被（拿破崙的）軍事獨裁政權所終結的。

民主派準則之二：威權政權的推翻

置換政權的歷史顯示，這溫和的民主反對派若想推翻威權政府，可以遵循下列一些行動綱領：[31]

(1)把注意力集中在威權政權的非法性或其不可靠的合法性上；這是它最薄弱的一點。就廣受關心的一般問題對該政權進行攻擊，如腐敗和殘暴。如果該政權表現得很成功（特別是在經濟上），則這些攻擊也許沒有什麼效果。一旦其政績衰頹（而且必定會如此），那麼就集中攻擊其非法性，這成為瓦解其權力的最重要手段。

(2)像民主的統治者一樣，威權統治者會不時地疏遠其往昔的支持者。鼓勵這些不滿的社會團體支持民主，以作為現任政權的必要替代者。特別要努力爭取商界領袖、中產階級專業人士、宗教人士和政黨領袖的支持。其中的多數人很可能支持過威權體制的創立，反對派若顯得愈「可敬」，愈「有責任感」，它就愈容易贏得支持者。

(3)培植軍方將領。在上一條分析中，不論威權政權是否垮臺，都取決於這些將領是否支持該政權，是與你們並肩反對該政權，還是袖手旁觀。當危機來臨時，得到軍方的支持，應該是有益的，但是你們實際上所需要的是，軍方不願意保衛該政權。

(4)實行並努力宣揚非暴力（見第四章第四節）。除其他作用之外，這會使你更容易拉攏安全部隊：士兵們不會同情那些向他們投擲汽油手榴彈的人。

(5)掌握每一次機會以表達反對政權的意見，包括參加該政權發動的選舉（見第四章第三節）。

(6)進一步與全球性的新聞媒體、外國人權機構和教會這樣的跨國組織拉上關係。特別是要發動在美國的支持者。美國的國會議員們總是在搜尋道德大纛以獲得自我宣傳的機會，並與美國政府唱反調。向他們渲染你們的理想，並給予他們一些資料供電視報導和製造報紙頭條新聞的談話。

(7)促成反對派之間的團結。努力建立全面的組織網，這有助於促成此類團體之間的合作。正如菲律賓、智利、韓國和南非的例子所顯示的，要做到這一點很困難，而且威權統治者們常常善於製造反對派之間的不和。衡量你們是否成爲你們國家民主領袖的合格標準之一是，你是否有能力克服這些障礙，並確保反對派之間在一定程度上的團結。記住歐蒙德所揭示的眞理：「偉大的領袖都是建立聯盟的高手。」[32]

(8)當威權政府垮臺時，要盡快做好準備，塡補由此而產生的權力眞空。做到這一點的途徑可以是：把一個受歡迎的、有魅力的並有民主傾向的領袖拱上檯面；迅速舉行選舉，給予新政府孚眾望的合法性；藉由獲得跨國勢力（如國際組織、美國、歐洲共同體和天主教會）的支持來樹立國際合法性。有一點應該認知，即你以前的一些盟友可能會想建立一個屬立他們自已的新獨裁政權，你們應悄悄地組成民主的支持者，以反制這一類的企圖。

第五節 移轉

在移轉過程中，民主化是由政府和反對派採取的聯合行動而產生的。在政府內部，保守派和改革派之間的平衡出自於，政府願意就政權的更迭進行磋商——這與上一節所述置換過程中保守派居於宰制地位不同——但是，在移轉過程中，政府中的改革派不願主動地改變政權。它常常被推入、拉入與反對派正式或非正式的磋商中。在反對陣營內部，民主的溫和派強大得足以壓過反民主的激進派，但是他們還沒有強大得足以推翻政府，因此他們都明白談判的優點。

已發生或始於七〇年代到八〇年代的三十五個民主化或自由化的國家中，大約有十一個接近這種移轉模式。其中最典型的是波蘭、捷克、烏拉圭和韓國；玻利維亞、宏都拉斯、薩爾瓦多和尼加拉瓜的政權變遷也牽涉到一些重要的移轉因素。在薩爾瓦多和宏都拉斯，有一部分的談判是與美國政府進行的，美國政府實際上充當了民主溫和派的代理人。一九八九年和一九九〇年，南非開始了移轉的進程，外蒙古和尼泊爾似乎也在朝著這個方向移動。在智利也出現了一些移轉的特徵。雖然皮諾契特政權強大得足以阻擋反對派進行民主化談判的壓力，但卻頑強地支持一九八〇年所擬訂的政權更迭時間表。

在成功的移轉過程中，政府和反對派中的主導團體都承認，他們不能片面地決定其社會未來政治體制的性質。政府和反對派的領袖們，常常在相互試探對方的實力後形成了這些觀點，並進行政治對話。起初，反對派通常相信在不久的將來，他們能夠把政府趕下臺。這種看法有時極不切實際，只要反對派堅持這一信念，就不可能與政府進行認眞的談判。相形之下，政府通常在最初相信它能夠有效地遏制與鎮壓反對派而不會招致無法承擔的代價。當雙方的信念都發生變化時，就會出現移轉現象。反對派了解，他們還沒有強大得足以推翻政府，政府則了解反對派強大到足以大幅增加不談判的代價，因爲加強壓制會導致社會團體與政府更加疏離，並使統治陣營內部的分裂更形惡化，因此也助長了強硬路線者接管政府的可能性，和政府嚴重喪失國際合法性。

移轉過程的辯證法常常會涉及到一連串獨特的步驟。首先，政府致力於一些自由化的措施，並開始喪失權力和權威。其次，反對派利用政府此一日益鬆手和日漸消瘦的機會，擴大其支持力量並加強其活動，因爲他們希望能夠很快擊垮政府。第三，政府做出強烈的反應以遏制與鎮壓反對派對政治權力的動員。第四，政府和反對派領袖意識到，雙方都難以取勝，並開始探討透過談判來實現轉型的可能性。不過，這第四個步驟是不可避免的。可以想像得到，也許在經過領導階層換人之後，政府可能會殘酷地使用軍隊和警察來恢復其權力，至少會暫時恢復其權力。或者是反對派可以繼續發展其實力，而進一步腐蝕政府的權力，並於最後把政府趕下臺。於是，移轉現象就使得政府與反對派雙方實力大致相等，而且使得誰會在雙方的實力試煉中占上風更加不確定。在這些情況下，談判和妥協的風險，似乎小於對抗和災難性結局的風險。

因此，導致移轉的政治過程，其特點常常是罷工、抗議、示威與鎮壓、監禁、警察暴力、長期圍剿和戒嚴法兩方面之間的拉鋸戰。在波蘭、捷克、烏拉圭、韓國和智利，周期性出現的抗議和鎮壓，終於導致政府與反對派之間透過談判達成協議，只有智利是個例外。

例如，在一九八三年秋天的烏拉圭，與日俱增的抗議和示威促使政府與反對派進行談判，終於使得軍方退出了權力圈。一九七八年，玻利維亞在軍方同意選舉的時間表之前發生了「一連串衝突的抗議運動」。[33]在韓國，如同在烏拉圭一樣，軍事政權起先曾用武力鎮壓抗議。不過，在一九八七年春天，示威的規模愈來愈大、基礎愈來愈廣，並把中產階級也扯進來了。政府起初以平常的方式應對，但是很快就改變了態度，同意進行談判，最後接受了反對派的主要要求。在一九八八年的波蘭，罷工也產生類似的效果。正如一位評論家所說明的，「罷工使得圓桌會談不僅有可能，而且有必要，這對雙方都是如此。說來矛盾的是，罷工的強大威力已足以迫使共產黨人坐上談判桌，然而，也軟弱到只容許團結工聯的龍頭們拒絕談判。這就是圓桌會談召開的原因。」[34]

在移轉過程中，在首都的中央廣場，群集的抗議者與層層羅列的警察隊伍對峙，彼此怒目相視，展現了雙方各自的實力和弱點。反對派可以動員大規模的支持；而政府可以遏制並抵擋住反對派的壓力。

八〇年代，南非的政治也順著上述四步驟模式開始演變。在七〇年代晚期，波塔開始自由化改革的進程，喚起黑人的期望，但是當一九八三年的憲法否定了黑人的全國性政治角色時，則使他們受到挫折。這就導致了一九八四年和一九八五年發生在黑人市鎮的暴動，這些暴動燃起了黑人們以爲南非白人政權垮臺就在眼前的希望。政府對黑人和白人的異議分子給予有力而有效的鎮壓，逼得反對派徹底地修改他們的希望。同時，暴動吸引了國際的注意，種族隔離制度和政府的策略都受到譴責，這又使得美國和歐洲國家擴大對南非的經濟制裁。由於「非洲民族議會」激進派進行革命的希望有如日落西山，國民黨政府對其國際合法性和經濟前途的擔憂有增無減。到了七〇年代中期，南非共產黨兼非洲民族議會軍事組織的龍頭老大斯洛沃（Joe Slovo）認爲，ＡＮＣ可推翻政府，並透過持續不懈的游擊戰和革命贏得權力。到了八〇年代末，他仍然堅持使用暴力，但是他也明白，要達成ＡＮＣ的目標，談判是更有希望的途徑。戴克拉克在一九八九年成爲南非總統之後，也強調談判的重要性。他說，羅德西亞的教訓是：「當建設性談判的機會確實存在時，沒有緊握住……由於在他們的現實環境中，他們在進入實質性的談判和對話之前等了太久太久，這才致使這個國家走入歧途。我們不能犯這一錯誤，我們決定不再重蹈覆轍。」[35] 這兩位政治領袖都從他們自己的經驗和他人的經驗中汲取教訓。

比較之下，智利政府願意而且能夠避免談判。一九八三年春天，智利爆發好幾場大罷工，但是，政府鎮壓了一次全國性的總罷工。自一九八三年五月起，反對派在「全國抗議日」舉行每月一次的大規模抗議示威遊行。這些示威遊行通常被警察所驅散，而且每次總有幾個人被打死。經濟問題和反對派的抗議，迫使智利皮諾契特政府主動與反對派進行對話。不過，當時的經濟狀況已開始復甦，中產階級反而擔心法律和秩序的崩潰。一九八四年十月，一場全國性的罷工被撲滅，而且流了不少的血。此後不久，政府恢復實行已在一九七九年取消的軍事管制。至此，反對派推翻政府的努力就失敗了，這迫使它與政府進行實質性的談判。反對派「高估了自己的實力，低估了政府的實力。」[36] 反對派也低估了皮諾契特的剛愎自用和政治手腕，也沒有料想到智利安全部隊會開槍射殺手無寸鐵的平民示威者。

移轉型的民主化過程必須雙方的領袖都願意冒談判的風險。在政府內部通常會就談判而存有的意見分歧。有時候，最高領袖因受到同僚或環境的壓力才不得不與反對派進行談判。例如，米奇尼克（Adam Michnik）認爲，一九八九年的波蘭像匈牙利一樣，走的是一條「西班牙式的民主道路」。他認爲，西班牙和波蘭的轉型基本上都是和平的。在這一層次上，他是正確的。不過更具體而言，西班牙的案例並不適用於波蘭，因爲賈魯塞斯基不是卡洛斯或蘇維斯（而匈牙利的波茨蓋依卻非常像是）。賈魯塞斯基是一個三心二意的民主人士，他因爲其國家和其政權局勢的嚴重惡化而不得不與團結工聯進行談判。[37]在烏拉圭，總統阿瓦雷斯（Gregorio Alvarez）將軍想延長其權力，並拖延民主化，可是軍事執政團的其他成員迫使他繼續進行政權更迭。在智利，皮諾契特將軍也受到軍事執政團其他成員的壓力，特別是空軍司令馬特海要求他更主動地與反對派打交道，但是，皮諾契特成功地阻絕了這一壓力。

在其他國家，最高領導層的變化往往出現於與反對派進行認眞的談判之前。在韓國，全斗煥將軍的政府採取了一條僵硬的保守政策來阻止反對派的要求，並且鎮壓反對派的活動。不過，到了一九八七年，執政黨指定盧泰愚爲接任全斗煥的候選人。盧大張旗鼓地改變了全氏的政策，宣布實行政治開放，並與反對黨領袖進行談判。[38]在捷克，長期執政的共產黨保守派總書記胡薩克（Gustav Husak）於一九八七年十二月由溫和的改革者雅克斯接替。不過，反對派在一九八九年秋天動員起來之後，雅克斯很快就被改革派的烏爾巴內克（Karel Urbanek）所取代。然後，烏爾巴內克和改革派的總理阿達梅奇便與哈維爾（Vaclar Havel）和反對派「公民論壇」的其他領導人，就民主轉型的問題尋求談判解決。在南非，戴克拉克總統超越了其前任所中止的那種由上而下的變革過程，而與黑人反對派領袖進行移轉型的談判。因此，在移轉的情形下，統治階層中常常會就民主化問題出現含混不清、模稜兩可和意見分歧的現象。這些政權未必會粗暴地要繼續把持權力，或是毅然決然地走向民主。

在移轉過程中，不僅政府一方存在著意見分歧和模稜兩可之現象，事實上，與江河日下的威權政府領袖們相比，另一個更可能出現的團體是反對派的領袖們，他們企盼取而代之，本身卻山頭林立，相互掣肘。在置換型民主化過程中，政府壓制反對派，然而反對派在推倒政府這一點上也有著最高的共同利益。正如菲律賓和尼加拉瓜的情況所顯示的，即使在這些情況下，要在反對派領袖和反對黨之中維護團結是極其困難的，而且所取得的團結也是極其脆弱的。在移轉過程中，一旦問題不是推翻政府，而是與政府進行談判，反對派的團結就更難實現。在韓國，即未能實現這種談判，因此，政府的候選人盧泰愚以少數票當選爲總統，而兩位反對派候選人由於相互對立，而分散了反政府的多數票。在烏拉圭，反對派之一的國民黨拒絕了另外兩個政黨與軍方達成的協議，因爲其領袖仍被監禁。在南非，民主改革的一個主要障礙是，由於國會和非國會的反對派團體之間有許多分歧：布爾人和英國人之間，黑人和白人之間，以及在黑人意識形態和部落團體之間也存在這種分裂。在九〇年代之前，南非政府就一直面對著各種複雜萬分的反對團體，而他們本身的歧異和他們與政府之間的歧異一樣大。

在智利，反對陣營也嚴重分裂成許多政黨、派系和聯盟。一九八三年，若干溫和的中間路線反對黨能夠加入「民主聯盟」。在一九八五年八月，一個由十二個政黨組成的更廣泛的團體加入了「國民協議」，要求走向民主。然而，領導階層和行動方針之間的衝突仍繼續出現。一九八六年，智利的反對派動員了大規模的群眾抗議，希望在首都聖地牙哥重演一次剛剛在馬尼拉發生的事件。不過，反對派分裂了，而且其好戰分子嚇壞了保守派。正如一位觀察家當時所描述的：問題是「皮將軍沒有受到溫和的反對派運動的挑戰，因爲該反對派本身沒有一位受尊敬的人物來領導。也就是說，沒有智利的柯拉蓉。」[39]另一方面，波蘭的情況則不同。華勒沙是一位波蘭的柯拉蓉，而且團結工聯在十年來的大多數時間中一直宰制著反對派。在捷克，移轉過程發生得如此之快，以至於反對派政治團體之間的差異來不及顯現出來。

在移轉過程中，民主的溫和派在反對陣營中，必須強大得足以成爲與政府談判的可信賴的夥伴。在反對派中幾乎總有一些團體拒絕與政府談判。他們害怕談判會產生己所不欲的妥協，他們也希望，反對派持續的壓力會導致政府的垮臺或推翻政府。一九八八年至一九八九年間的波蘭，右翼的反對團體極力主張杯葛圓桌會談。在智利，左翼的反對團體實行恐怖攻擊活動，這種恐怖行徑瓦解了溫和的反對派與政府進行談判的努力。同樣地，在韓國，激進派拒絕了政府與主要反對派團體就選舉的問題所達成的協定。在烏拉圭，反對派受到溫和政黨領袖的支配，所以極端主義者成不了氣候。

要進行談判，每一方都必須承認對方有某種的合法性。反對派必須承認，政府在改革中是一個可敬的夥伴，或者公開，或者是非公開地默認其現有的統治權。反過來，政府必須接受反對派團體作爲社會中重大利益的合法代表。如果反對派未曾從事暴力活動的話，政府更容易做到這一點。如果反對派團體，諸如軍事政權統治下的政黨，在政治過程中以前曾經是合法的參與者的話，那麼，進行談判也會更容易些。如果政府只對反對派使用過有限的暴力，而且在政府內部有一些民主的改革人士，而且這些民主派可能與反對派具有共同的目標，那麼，反對派也很容易與政府進行談判。

與前述變革過程和置換過程不同，在移轉過程中，政府的領導人常常就政權更迭的一些基本條件與反對派進行談判，而這些反對派的領袖以前曾經是階下囚：如華勒沙、哈維爾、巴特爾（Jorge Batlle Ibanez）、金大中、金泳生、西蘇魯（Walter Sisulu）、曼德拉等，囚禁他們完全有其道理。在監獄中的反對派領袖不可能與政府作對，不論是採取暴力的形式還是非暴力的形式；相反地，他們與政府一直是共生的關係。他們也體驗過實實在在的政府權力。那些釋放其囚犯的政府領袖們通常對改革感興趣，那些釋放的人常常也十分溫和，而且願意與以前曾把他們逮捕的人進行談判。監禁也提高了這些以前被囚禁者的道德權威。這有助於他們撮合反對派團體，至少可以暫時地做到這一點，並向政府展示他們能夠獲得其追隨者服從他們與政府達成的任何協議。

在巴西轉型過程的某個時刻，據報導，高貝里將軍告訴反對派領袖，「你們把你們的激進分子管好，我們也管好我們的。」[40]管好激進分子常常需要另一方的合作。在移轉談判過程中，每一方都有興趣加強對方的地位，如此就能夠更有效地對付己方的激進分子。例如，一九九〇年六月，曼德拉就戴克拉克總統與白人的強硬派所發生的問題發表評論。他說，ANC呼籲「白人支持戴克拉克。我們也嘗試對戴克拉克提出白人反對派的問題。與有影響力的右翼團體的商談已經開始。」同時，曼德拉談到，他自已曾會見祖魯族首領兼印卡塔自由黨領袖布瑟雷奇（Mengosuthu Buthelezi），而他這種想法以前曾被ANC內部的好戰分子所否決，而且他必須接受這一決定，因爲他是「一位忠誠、守紀律的ANC成員。」[41]戴克拉克顯然有意加強曼德拉的地位，並且幫助他對付好戰的左翼反對派。

在進行政權變遷的談判之前，還常常要就開始談判的條件舉行「先期會談」。在南非，政府方面開出的先決條件是ANC宣布放棄暴力。ANC開出的先決條件是，政府解除對反對派團體的禁令，並釋放政治犯。在某些情況下，先期的談判是關於反對派的哪些人物或團體可以參加談判。

談判有時很漫長，有時很簡短。這些談判常常被一方或另一方所中斷。不過，隨著談判的繼續，每一方向的政治前途都愈來愈與談判的成功密切相關。如果談判失敗，執政聯盟中的保守派和反對陣營中的激進派，就會把談判的失敗當作政治資本，以打垮那些參加談判的領袖。於是就出現了共同的利益，同時也會感到大家的命運休戚相關。曼德拉在一九九〇年八月指出，「在某種程度上」，非洲民族議會和國民黨「現在已變成了一種同盟關係」。國民黨的領袖波塔也同意這種看法，他說，「我們此刻同在一條船上，當我們翻船落水時，不論是左邊的鯊魚，或是右邊的鯊魚都不會把我們分開對待。」[42]因此，隨著談判的繼續，雙方都變得更願意妥協，以求達成協議。

他們所達成的協議，常常會招致政府中或反對派中某些人的攻擊，這些人認爲談判者讓步太多。當然，具體的協議會反映出各個國家所特有的問題。不過，在幾乎所有的談判中，最重要的問題是交換保證。在變革過程中，以前的威權政府官員絕少受到懲罰；在置換過程中，他們總是受到懲罰。在移轉過程中，這常常是一個需要靠談判來加以解決的問題。例如，在烏拉圭和韓國，軍方的領導人要求保證，不針對他們任何侵害人權的行爲進行起訴或懲罰。在其他情況下，談判所達成的保證包括有關分享權力的安排，或是透過選舉變更權力的安排。在波蘭，每一方都得到保證，可以公開地瓜分立法機構中的席位。在捷克，內閣中的職位由兩黨瓜分。在這兩個國家，聯合政府一再向共產黨和反對派保證，他們的利益在轉型期間將獲得尊重。在韓國，執政黨同意就總統職位進行直接的、公開的選舉，其先決條件是，至少應該有兩個主要的反對黨候選人參加競選，這也可能是一項諒解，但是，這也使得執政黨候選人獲勝的可能性大增。

因而，對抗或失敗的風險，常迫使政府和反對派進行穿梭談判：使雙方都不至於滿盤皆輸的保證，則變成了協議的基礎。雙方都有機會分享權力，或是有競逐權力的機會。反對派領袖知道，他們不會被送回監獄；政府領袖也知道他們不會流亡到異國他鄉。互相降低風險，使得改革派和溫和人士相互合作以建立民主體制。

民主派準則之三：就政權變遷進行談判

謹供政府中的民主改革派參考：

(1)遵守變革威權體制的準則（「準則之一」），首先，孤立、削弱你陣營中保守的反對派，並鞏固你在政府和政治機器中的權力。

(2)遵守這些準則，先發制人，並使得反對派和保守派都對你準備做的讓步感到驚訝，但絕不在明顯的反對派壓力下讓步。

(3)從情治機關的高階將領或高級官員中，獲取談判概念的背書。

(4)盡力去提高你的主要談判對手的地位、權威和克制力。

(5)就談判中極關鍵問題，與反對派領袖建立祕密的和可靠的私下協商管道。

(6)如果談判成功，你很可能遭反對。因此你所關心的主要問題應該是，爲反對派及與你的政府有關的一些團體（如軍方）的權利取得保證和防範措施。任何東西都可以拿到談判桌上來談的。

謹供反對派中的民主溫和人士參考：

(1)如果示威活動能夠削弱政府中的保守派，那就隨時準備動員你的支持者進行示威。不過，太多的遊行、抗議可能會加強他們的地位，削弱了你的談判夥伴，也將喚起中產階級對法律和秩序的關切。

(2)要保持穩健；盡可能具有政治家的風範。

(3)如果必要的話，就準備談判，任何問題皆可讓步。但是舉行自由和公平的選舉這個問題絕不讓步。

(4)如你篤定贏得這些選舉，請別採取那些會使你治理國家的局面複雜化的行動。

謹供政府和反對派中的民主人士共同參考：

(1)有利於透過談判進行轉型的政治條件，未必會無限期地延續下去。因此，一旦機會來臨，就要抓住機會，並迅速果斷地解決中心問題。

(2)應該了解，你的政治前途和你的夥伴的政治前途，端賴你們能夠圓滿地就民主轉型的問題達成協議。

(3)排拒來自你們各自一方的領導人和團體的要求：這種要求要不是會耽擱談判的進度，就是會威脅談判夥伴的核心利益。

(4)應該了解，你們達成的協議僅僅是一種選項；激進派和保守派也許會譴責這一協議，但是他們不可能提出一種會博得廣泛支持的替代方案。

(5)如果沒有把握，就妥協吧！

◆註解◆

[1] 參見，例如 G. Bingham Powell, Jr. “*Contemporary Democracies: Participation, Stability, and Violence*”, Cambridge: Harvard University Press, 1982, 第五至九章；Juan J. Linz, “Perils of Presidentialism”, “*Journal of Democracy* 1, Winter 1990”, pp. 51-69.

[2] Robert A. Dahl, “Polyarchy: *Participation and Opposition*”, New Haven: Yale University Press, 1971, pp. 33-40.

[3] 見 Donald L. Horowitz, “Three Dimensions of Ethnic Politics”, “*World Politics* 23, January 1971”, pp. 232-236; Samuel P. Huntington 和 Jorge I. Dominguez, “Political Development”, 載於 “*Handbook of Political Science*, vol. 3”, Fred I. Greenstein 和 Nelson W. Polsby 編, Reading, Mass,: Addison-Wesley, 1975, pp. 74-75.

[4] 或許是由於人性中一些根深柢固的道理，學者們常常有相同的概念，但卻喜歡用不同的詞句來表達這些概念。我對轉型過程的三分法與謝爾和梅因沃林的看法頗為一致，但是我們對這些過程都分別命名。

	杭廷頓		林茲		謝爾／梅因沃林
(1)	變革	=	改革	=	交易（transaction）
(2)	置換	=	決裂	=	倒臺／垮臺（breakdown/ Collapse）
(3)	移轉	=	……	=	解救（extrication）

見林茲 “Crisis, Breakdown and Reequilibration”, 載於 “*The Breakdown of Democratic regimes*”, 林茲和史傑潘編，Baltimore: Johns Hopkins University Press, 1978, p. 35；謝爾和梅因沃林 “Transitions Through Transaction: Democratization in Brazil and Spain”，載於 “*Political Liberalization in Brazil: Dynamics, Dilemmas and Future Prospects*”, 塞爾徹編，Boulder, Colo.: Westview Press, 1986, pp. 177-179。

[5] 見 Martin C. Needler, “The Military Withdrawal from Power in South America”, 載於 “*Armed Forces and Society* 6, Summer 1980”, pp. 621-623.

[6] 關於軍事統治者安排其退出權力的條件的討論，參見 Robert H. Dix, “The Breakdown of Authoritarian Regimes”, 載於 “*Western Political Quarterly* 35, December 1982”, pp. 567-568，有關「出路保障」的部分；見 Myron Weiner,

"Empirical Democratic Theory and the Transition from Authoritarianism to Democracy", 載於 "PS 20, Autumn 1987", pp. 864-865; Enrique A. Baloyra, "Conclusion: Toward a Framework for the Study of Democratic Consolidation", 載於 "*Comparing New Democracies: Transition and Consolidation in Mediterranean Europe and the Southern Cone*", Enrique A. Baloyra 編, Boulder, Colo.: Westview Press, 1987, pp. 299-300; Alfred Stepan, "*Rethinking Military Politics: Brazil and the Southern Cone*", Princeton: Princeton University Press 1988, pp. 64-65; Philip Mauceri, "Nine Cases of Transitions and Consolidations", 載於 "*Democracy in the Americas: Stopping the Pendulum*", Robert A. Pastor 編, New York: Holmes and Meier, 1989, p. 225, p. 229; Luis A. Abugattas, "Populism and After: The Peruvian Experience", 載於 "Authoritarians and Democrats: Regime Transition in Latin America", James M. Malloy 和 Mitchell A. Seligson 編, Pittsburgh: University of Pittsburgh Press, 1987, pp. 137-139; Aldo C. Vacs, "Authoritarian Breakdown and Redemocratization in Argentina", 載於 "Authoritarians and Democrats", Malloy 和 Seligson 編, pp. 30-31; P. Nikiforos Diamandouros, "Transition to, and Consolidation of, Democratic Politics in Greece, 1974-83: A Tentative Assessment", 載於 "*The New Mediterranean Democracies: Regime Transition in Spain, Greece, and Portugal*", Geoffrey Pridham 編, London: Frank Cass 1984, p. 54; Harry J. Psomiades, "Greece: From the Colonel's Rule to Democracy", 載於 "*From Dictatorship to Democracy: Coping with the Legacies of Authoritarianism and Totalitarianism*", John H. Herz 編, Westport, Conn.: Greenwood Press, 1982, pp. 253-254.

[7] Tun-jen Cheng, "Democratizing the Quasi-Leninist Regime in Taiwan", 載於 "*World, Politics* 41, July 1989", p. 496.

[8] "*New York Times*", 一九九〇年三月九日，A1版，A11版，一九九〇年三月十一日，E3版。

[9] Bronislaw Geremek, "Postcommunism and Democracy in Poland", 載於 "*Washington Quarterly* 13, Summer 1990", p. 129.

[10] 《紐約時報》，一九九〇年三月十一日，E3版。

[11] 關於類似的討論，見 I. William Zartman, "Transition to Democracy from Single-Party Regimes: Lessons from North Africa",（提交給美國政治學會年會的論文，Atlanta, Georgia, August, 31-September, 3 1989）, pp. 2-4。

[12] 見 Richard K. Betts 和 Samuel P. Huntington, "Dead Dictators and Rioting Mobs: Does the Demise of Authoritarian Rulers Lead to Political Instability?", 載於 "*International Security* 10, Winter 1985-6", pp. 112-146.

〔13〕見 Raymond Carr, "Introduction: The Spanish Transition to Democracy in Historical Perspective", 載於 "*Spain in the 1980s: The Democratic Transition and a New International Role*", Robert P. Clark 和 Michael H. Haltzel 編, Cambridge: Ballinger, 1987, pp. 3-4.

〔14〕Alfred Stepan, "Introduction", 載於 "*Democratizing Brazil: Problems of Transition and Consolidation*", Stepan 編, New York: Oxford University Press 198, p. ix.

〔15〕同上；Scott Mainwaring, "The Transition to Democracy in Brazil", 載於 "*Journal of Interamerican Studies and World Affairs* 28, Spring 1986", p. 149; Kenneth Medhurst, "Spain's Evolutionary Pathway from Dictatorship to Democracy", 載於 "*New Mediterranean Democracies*", Pridham 編, p. 30.

〔16〕Paul Preston, "*The Triumph of Democracy in Spain*", London: Methuen, 1986, p. 93; Donald Shard 和 Scott Mainwaring, "Transitions Through Transaction: Democratization in Brazil and Spain", 載於 "*Political Liberalization in Brazil: Dyamics, Dilemmas, and Future Prospects*", Wayne A. Selcher 編, Boulder, Colo,: Westview Press, 1986, p. 179; Samuel P. Huntington, "*Political Order in Changing Societies*", New Haven: Yale University Press, 1968, pp. 344-357.

〔17〕Jacques Rupnik, "Hungary's Quiet Revolution", 載於 "New Republic", 一九八九年十一月二十日，p. 20；《紐約時報》，一九八九年四月十六日，E 3 版。

〔18〕引自 Abugattas 在 "*Authoritarians and Democrats*" 中所寫四文章，Malloy 和 Seligson 編, p. 129，以及 Sylvia T. Borzutzky, "The Pinochet Regime: Crisis and Consolidation", 載於《威權者與民主者》，Malloy和 Seligson 編, p. 85.

〔19〕見 Needler, "The Military Withdrawal", pp. 621-623. 有關「第一階段」政變的論述，其觀察結果是「把權力交還文人的軍事政府不同於最初從憲政政府中奪取權力的軍事政府」。

〔20〕Stepan, "*Rethinking Military Politics*", pp. 32-40，與Thomas E. Skidmore, "Brazil's Slow Road to Democratization: 1974-1985", 載於 "*Democratizing Brazil*", Stepan 編, p. 33。這一解釋與我自己對Golbery 的意圖所得到的印象相吻合，這一印象是在一九七四年時我與 Stepan 共同研究巴西的民主化計畫時所形成的。關於相反的論點，見 Silvio R. Duncan Baretta 和 John Markoff, "Brazil's Abertura: A Transition from What to What?", 載於《威權者與

民主者》，Malloy 和 Seligson 編, pp. 45-46.

[21] 引自 Francisco Weffort, “Why Democracy?”, 載於《巴西的民主化》, Stepan 編, p. 332.

[22] Raymond Carr 和 Juan Pablo Fusi Aizpurua, “*Spain: Dictatorship to Democracy*, 2nd ed.”, London: Allen & Unwin, 1981, pp. 198-206.

[23] 引自 David Remnick, “The Struggle for Light”, 載於 “*New York Review of Books*”, 一九九〇年八月十六日, p. 6.

[24] 見 Stepan, “*Rethinking Military Politics*”, pp. 42-43.

[25] Giuseppe Di Palma 在 “Founding Coalitions in Southern Europe: Legitimacy and Hegemony” 一文中強調了昔日合法性的重要性，載於 “*Government and Opposition* 15, Spring 1980”, p. 170。同見 Nancy Bermeo, “Redemocratization and Transition Election: A Comparison of Spain and a Portugal”, 載於 “*Comparative Politics* 19, January 1987”, p. 218.

[26] Stanley G. Payne, “The Role of the Armed Forces in the Spanish Transition”, 載於 “*Spain in the 1980s*”, Clark 和 Haltzel 編, p. 86; Stepan, “*Rethinking Military Politics*”, p. 36.

[27] 這一論點是在一九七八年四月五至九日召開的西班牙共產黨第九屆全國代表大會的中央委員會所提出的，引自 Juan J. Linz, “Some Comparative Thoughts on the Transition to Democracy in Portugal and Spain”, 載於 Jorge Braga de Macedo 和 Simon Serfaty 編的 “*Portugal Since the Revolution: Economic and Political Perspectives*”, Boulder, Colo.: Westview Press, 1981, p. 44; Preston, “*Triumph of Democracy in Spain*”, p. 137.

[28] Skidmore, “Brazil’s Slow Road”, 載於 “*Democratizing Brazil*”, Stepan 編, p. 34.

[29] Virgilio R. Beltran, “Political Transition in Argentina: 1982 to 1985”, 載於 “*Armed Forces and Society* 13, Winter 1987”, p. 217; Scott Mainwaring 和 Eduartdo J. Viola, “Brazil and Argentina in the 1980s”, 載於“*Journal of International Affairs* 38, Winter 1985”, pp. 206-209.

[30] Robert Harvey, “*Portugal: Birth of a Democracy*”, London: Macmillan 1978, p. 2.

[31] 溫納也以比較簡明的方式闡述了他的一些類似建議：「對那些追求民主的人來說，其應吸取的教訓是：動員大規模的、非暴力的、反對政權的活動，尋求中間派的支持，必要的話，甚至可以尋求右翼保守派的支持，遏制左派的力量，並不讓他們操縱民主運動的進程，拉攏軍隊中的派別，爭取西方新聞媒體對他們的運動進

行同情性的報導，要求美國提供支持。」“Empirical Democratic Theory and the Transition from Authorianism to Democracy,”《美國政治學通訊》，“PS, 20, Autumn 1987”, p. 866.

【32】Gabriel A. Almond, “Approaches to Developmental Causation”, 載於 “*Crisis, Choice, and Change: Historical Studies of Political Development*”, Gabriel A. Almond, Scott C. Flanagan 和 Robert J. Mundt 編, Boston: Little, Brown 1973, p. 32.

【33】《華盛頓郵報》，一九八三年十月七日，A３版；Laurence Whitehead, “Bolivia’s Failed Democratization 1977-1980”, 載於 “*Transitions from Authoritarian Rule: Latin America*”, Guillermo O’Donnell, Philippe C. Schmitter 和 Laurence Whitehead 編, Baltimore: Johns Hopkins University Press 1986, p. 59.

【34】“Leoplitax”（係「波蘭地下刊物政治評論員」的筆名），“*Uncaptive minds* 2,” May-June-July 1989, p. 5.

【35】Steven Mufson, “Uncle Joe”, 載於 “New Republic”, 一九八七年九月二十八日，pp. 22-23; “*Washington Post National Weekly Edition*”, 一九九〇年二月十九—二十五日，p. 7.

【36】Edgardo Boeniger, “The Chilean Road to Democracy”, 載於 “*Foreign Affairs* 64, Spring 1986”, p. 821.

【37】Anna Husarska, “A Talk with Adam Michnik”, 載於 “New Leader”, 一九八九年四月三—十四日，p. 10; Marcin Sulkowski, “The Dispute About the General”, 載於 “*Uncaptive Minds* 3,” 一九九〇年三—四月，pp. 7-9.

【38】見 James Cotton, “From Authoritarianism to Democracy in South Korea”, 載於 “*Political Studies* 37”, 一九八九年六月，pp. 252-253.

【39】“*Economist*” 雜誌，一九八六年五月十日，p. 39; Alfred Stepan, “The Last Days of Pinochet?”《紐約圖書評論》, 一九八八年六月二日，p. 34.

【40】引自 Weffort, “Why Democracy?”, 載於 “*Democratizing Brazil*”, Stepan 編, p. 345，以及 Thomas G. Sanders, “Decompression”, 載於 “*Military Government and the Movement Toward Democracy in South America*”, Howard Handelman 和 Thomas G. Sanders 編, Bloomington: Indiana University Press, 1981, p. 157。正如 Weffort 所指出的，這一忠告似乎並沒有搔到巴西的癢處，在開始這一變革過程之前，巴西的軍事政權已經從肉體上消滅了多數的主要激進分子，其助手的忠告在移轉階段中更為重要。

【41】《時代周刊》，一九九〇年六月二十五日，p. 21。

[42] Mandela 的話引自 Pauline H. Baker, "A Turbulent Transition", 載於 "*Journal of Democracy* 1", Fall 1990, p. 17; Botha 的話引自 "*Washington Post National Weekly Edition*", 一九九〇年五月十四—二日，p. 17。

第四章 進行——民主化的特徵

第一節 第三波民主化的共同特徵

走向民主體制的國家有各自不同的方式。不過，若把所有差異擻在一邊，則第三波中的變革、置換和移轉現象倒是有一些重要的共同特徵。到一九九〇年爲止，已經出現或正在進行民主化的二十五個以上的國家中只有兩個，即巴拿馬和格瑞那達，是外國入侵和乘人之危的結果。其他大多數的轉型國家，在她們所欠缺的東西方面都很相似。除了尼加拉瓜這個有爭議的例外，沒有一個威權政權是被長期的游擊隊叛亂或內戰所推翻的。只有在兩個國家，即葡萄牙和羅馬尼亞，發生了可以稱之爲革命性的動亂，但是，葡萄牙革命的暴力成分很少，而羅馬巴亞的革命則是一場受到武裝部隊支持的都市叛亂，而且爲時相當短暫。只有在羅馬尼亞、菲律賓、玻利維亞和尼加拉瓜的正規部隊之間發生了嚴重的戰鬥。除了在菲律賓、羅馬尼亞和東德外，憤怒的群眾並未衝進總統府。

那麼，民主國家是如何產生的呢？民主國家是用民主的方法產生的；捨此別無他途。民主國家是透過談判、妥協和協議而產生的；民主國家是透過示威、競選活動和選舉而產生的，是透過非暴力地解決分歧而產生的。民主國家是由政府和反對派中的政治領袖所締造的，他們都有勇氣向現狀挑戰，並使他們追隨者的眼前利益服膺民主的長遠需要。民主國家是由政府和反對派中的領導人，即那些禁得起反對派激進分子和政府中保守派的暴力挑釁行爲的領導人所創設的。民主國家是由政府和反對派中那些肯承認在政治上沒有一個人可以壟斷眞理或美德的那些具有政治智慧的領袖們所創設的。

妥協、選舉、非暴力是第三波民主化的共同特徵。在不同程度上，這些也是第三波民主化中絕大數變革、置換和移轉的特徵。

第二節　妥協、參與和適度交易

在政治菁英中進行談判和妥協，是民主化過程的精髓。社會中舉足輕重的政治勢力和社會團體領袖們相互進行公開的或私下的討價還價，而且詳細擬定各種（雖不滿意但）可以接受的協定，以朝民主體制邁進。當然，改革派和溫和派之間的談判、妥協和協議是移轉過程的重要因素。在變革過程中，這一進程常常是不公開的，因爲政府中的改革派開放政治進程，而反對派團體修改他們的要求，並採取溫和的策略來加入這一進程。在領導轉型過程改革派人士與反對派中的溫和人士之間，有時也會達成公開的協議，因爲他們願意吸納這些溫和的反對派。在置換和移轉的過程中，親民主的反對派團體在自己陣營內磋商而達成協議。一旦經由置換的方式而掌權，前反對派中的溫和人士通常就會採取中間路線，並對改革派、保守派和激進派做必要的讓步。不論是政府一方，或反對派一方，甚或雙方共同首先發起民主化，這些舉足輕重的人物在某一時刻，會就民主化進程中棘手的問題，和所要創立的新體制達成協議。

就建立民主體制所達成的協議有多種形式。在巴西、秘魯、厄瓜多和玻利維亞的轉型中，其一般特點是，「在反對派和官方的看守聯合政府之間，就威權政府的轉型事宜達成暫時的諒解」。這些諒解通常只是就「一些在轉型過程中的程序上（主要是選舉）的基本規則達成默契」。在其他例子中，政權的更迭，就像哥倫比亞和委內瑞拉於一九五七年與一九五八年間出現的第二波轉型浪潮相類似。在這兩個國家中，相關的各方之間經由談判，達成了公開的協定。[1]在西班牙，卡洛斯國王和蘇維斯總理領導的政府控制了轉型的過程，但是政府和反對派也進行了一場「妥協的政治」，以便在制憲大會中就新民主體制的憲政架構達成協議，以及就一九七七年十月簽訂的所謂蒙科洛協定（Pact of Moncloa）達成共識。在這一協定中所有相關的政黨，包括社會黨和共產黨都同意一項全面的經濟綱領，其中包括限制工資、貨幣貶值、金融政策、增加公共投資、限制社會安全福利、租稅改革、工會活動、管制國營工業和其他事項等等。[2]在波蘭，團結工聯和共產黨於一九八九年三月和四月間磋商簽訂「圓桌會談」協議。在匈牙利，政府和反對派領袖透過談判，於一九八九年夏天簽訂了「三邊」協議。當年秋天，捷克政府和反對派領袖也就民主轉型達成了共識。在烏拉圭，軍方和政黨領導人在一九八四年八月簽訂了「海軍俱樂部協定」（Club Naval Pact）。幾乎在所有的案例中，主要的參與者都是執政黨和反對派的領導人。在許多例子中，他們也會與社會上重要的社會和機關團體勢力的領導人物達成公開的協議或默契，這些領導人除來自軍方之外，也來自商界、工會，特別是來自教會。

不論正式的協定是否透過談判而簽訂，若主要的參與者之中在權力策略上沒什麼重大的差異、如果各方的領導人能夠有效地駕馭其屬下，那麼，達成某種公開的協議或默契，則更爲容易。如果談判是在人數較少的領導人中祕密進行的，也很容易達成協議。在西班牙，正如西班牙人說的，即使在制憲大會中，一些重要的協商仍然是「在幕後」經由談判而敲定的。[3] 在波蘭，圓桌談判是相當公開的。但是，最重要的許多問題卻是在「祕密的、對等的和遠離大眾傳播媒體的」華沙郊外馬格達倫卡（Magdalenka）的一幢別墅裡討論的。「參加祕密會談的人，比參加公開會談的人要少得多。」雙方的主談代表，基斯查克（Czeslaw Kiszczak）將軍和華勒沙，在公開談判的場合只有短暫露面，就「迅速地前往馬格達倫卡，然後在那裡繼續進行私下的會談」。在有關私下會談方面，只「發布一些含糊其辭的和充滿外交辭令的公報，就像是直到最近一直還在交戰的兩國大使之間所發表的公報那樣」。[4] 正是在這種會議上，共產黨和團結工聯才達成了一些基本的協議。

如果談判中所達成的妥協「令各自的屬下無法接受」，那麼，這種妥協常常會爲政治領袖製造一些難題，在西班牙就是如此。蘇維斯強調，西班牙必須突破「少數西班牙人可以把一切強加給大多數人」的那種舊格局，而且應該形成一種有容乃大的共識。不過，正如另一位政府主管所指出的，不同政黨之間所達成的協議，導致「西班牙社會對各政黨的不滿，因爲那時的西班牙各政黨無法充分地發揮代表各方利益的功能。」[5] 一家共產黨的雜誌發表評論指出，共產黨因爲「我們陣營裡裡外外出現的不滿情緒」而深感困擾，因爲「所有的政黨都把矛頭對準同一目標」，而且「西班牙共產黨內也不再有鮮明的共產主義認同。」在一九八〇年的玻利維亞，基層的工會會員「普遍地批評」他們的領袖與軍方和政府領袖就過渡時期選舉所簽訂的協約；一九九〇年的尼加拉瓜也有類似的情況，反桑定派的工會會員因爲總統當選人查莫洛夫人（Violeta Chamorro）同意任命奧蒂嘉（Humberto Ortega）

爲國防軍總司令而感到「被出賣」。[6]在波蘭，團結工聯和共產黨的長期支持者們，因爲這兩個組織的領袖達成妥協而彼此漸行漸遠。共產黨中的保守分子攻擊賈魯塞斯基「向反對派讓出了太多的權力」，攻擊他放棄了「共產主義的基本原則」。另一方面，團結工聯在群眾大會上攻擊華勒沙與政府進行談判，而且，有些激進分子也抨擊華勒沙，痛恨他「努力與共黨當權者達成妥協」。團結工聯的支持者們尤其反對工會領導階層支持賈魯塞斯基擔任波蘭總統。團結工聯的一位首席記者評論說，由於針對組成政府所進行的一九八九年談判，「雙方都害怕他們各自的選民……而且，事件的不可抗力迫使共產黨和反對派進行祕密協商，以躲過民眾。」[7]在匈牙利，共產黨和反對派的圓桌會談於一九八九年九月所達成的協議，其主要內容受到了持不同意見的反對派團體的挑戰，並在兩個月後舉行的一次公民投票中遭到了否決。

威權政權的垮臺總是大快人心；民主政權的創立則常常使人大夢覺醒。那些包容各種妥協才創立這種政權的政治領袖們很少能夠逃脫他們「出賣了」其選民利益的指責。從某種意義上講，這種不滿的程度也算是他們的成就。波蘭學者拉蒙托維奇（Wojtek Lamentowicz）問到，有「兩派人馬被人爲地撮合在一起，而且都是由一群性質相近的政治勢力進行寡頭式統治，他們之間的配合如何能使一個國家實現民主呢？」不過，這種方式也許是最有效的方式。在第三波民主化中，民主國家常常是由那些爲了達成民主政治這一目標，而不惜背棄其屬下利益的領袖們所締造的。[8]

在多數實行民主化的國家，最重要的妥協也許可以被界定爲「民主交易」，即在參與和節制之間形成的交易。在通往民主化的道路上，不論是公開的或祕密的協商過程，參與的範圍都擴大了，更多的政治人物和團體有機會參與角逐權力，並根據公開的協議或默契而贏得權力，在這一協議或默契中，他們答應在策略和政策上持溫和的態度。就此而言，第三波民主化其實重演了歐洲第一波民主化中的經驗，那時，工人階級獲得了選舉權，同時社會黨放棄了他們的暴力革命信條，使其政策變得溫和。在十九世紀末的義大利，基奧里蒂（Giovanni Giolitti）勸說人們採取「以加盟的方式實現非激進化」的政策。二十世紀後期的西班牙、葡萄牙和希臘，中庸之道是「權力的代價」，這些國家的社會黨「贏得了他們的勝利，並憑著非激進化的力量表現了對曾經與之不共戴天的敵人的寬容。」[9]

根據定義，威權政權會嚴格限制政治參與。威權體制中的統治階層常常認爲，某些反對派的領袖和政黨特別令人痛恨。民主化則必須承認這些團體爲政治生活中合法的參與者。數十年來，秘魯和阿根廷的軍事政府一直用武力壓制美洲人民革命聯盟派和裴隆派，以防他們獲得或運用權力。八〇年代，在這些國家的民主化過程中，軍方不僅同意他們的老對手參與政治，而且最後還同意他們獲得權力。在希臘的轉型過程中，卡拉曼里斯在就職後的幾個月內就使希臘的共產黨合法化。由於面臨更困難的局勢和右翼政變的嚴重威脅，蘇維斯也在一九七七年四月將西班牙共產黨合法化；卡洛斯國王在獲得三軍部隊「勉強同意」共產黨的合法化過程中扮演了關鍵角色。在烏拉圭，「海軍俱樂部」協定使左翼的「廣泛陣線」（Broad Front）合法化。在巴西的轉型過程中，加諸一九六四年以前的那些老牌政治領袖的禁令於一九七九年廢除，而且到了一九八五年，立法機構也使得以前曾被宣布爲非法的馬克思主義政黨合法化，並給予文盲投票權。一九八九年，智利選民投票修正了他們的憲法，以使共產黨合法化。[10]一九八七年的土耳其，先是國會，然後是全體選民廢除了軍方頒訂的禁令，這些禁令禁止一百位政治家參與政治。而一九九〇年，南非解除了對非洲民族議會的禁令，被監禁的政治領袖也獲得了自由，流亡人士也獲准回到他們自己的國家。

民主交易的另一面是，那些參加交涉的領袖和團體在策略和政策上的克制力。這常常意味著他們同意放棄暴力或任何主張革命的信念，轉而接受現行的社會、經濟和政治方面的基本制度（如私有財產、市場體制、軍方自主權和天主教會的特權），透過選舉和議會程序來獲得權力和貫徹其政策。[11]在西班牙的轉型過程中，軍隊接受社會黨人和共產黨人爲西班牙政治的參與者，社會黨人則接受了資本主義，共產黨人也放棄了他們的共和主張，並接受了君主制和天主教教會所做的特殊安排。一九七九年，岡薩雷斯（Felipe González）說服他的社會勞工黨的支持者們放棄對馬克思主義的效忠，從而爲三年後選舉的勝利開路。在葡萄牙，蘇亞雷斯也同樣地領導社會黨人進入權力中心。一九八三年，他以包括保守政黨在內的執政聯盟首腦的身分重新掌權之後，承認了「放棄馬克思主義、集體主義以及國家主義傾向的必要性，而其黨內的一個重要的派系特別堅持這些傾向」，蘇亞雷斯還實施了一個非常嚴厲的緊縮政策。在希臘，巴本德里歐（Papandreou）揚棄了那些「更激進和容易引起爭議的立場」，而他在過去一直持這一立場，然而他就職之後的行動也很自我節制。[12]在秘魯的「美洲人民革命聯盟」採取了中間的立場；在阿根廷，裴隆派轉向了右翼；在波蘭，團結工聯先是走中間路線，然後又轉而偏右。在巴西，反對黨巴西民主運動（ＭＤＢ）「配合政府的政治遊戲……而且反對陣營也極其溫和。甚至在贏得選舉之後，ＭＤＢ仍然力勸其比較激進的成員保持理性。」在一九八八年的智利，針對皮諾契特而舉行的公民投票運動中，反對派聯盟也同樣遵循了一條自覺而且明確的溫和路線。[13]

因此，新的參與者和以前左派分子的非激進化，大大地有助於民主的轉型。如果那些在新政權中第一次掌權的人在政治上不是與以前的威權統治者相去甚遠的話，也會有助於民主的轉型。卡拉曼里斯對反共的希臘軍方來說，是一位可以放心的溫和保守派。蘇亞雷斯對激進的葡萄牙軍方中某些分子來說，是令人放心的、溫和的社會黨人。卡洛斯國王和蘇維斯有著公認鮮明而又保守的佛朗哥主義特色。智利的基督教民主黨員艾溫（Aylwin），其保守的程度讓軍方大為滿意。從總體上說，保守派和中間派的領袖率先獲得政權有助於從非共產的威權體制轉型到民主體制。[14] 隨後掌權的社會黨領袖也以同樣的方式，使得實行經濟改革和緊縮政策更爲容易。

政治領袖們在達成妥協方面的意願和能力常常受到其社會中對妥協的一般態度左右。有些文化比另一些文化似乎更有利於妥協，而且在一個社會中賦予妥協的合法性和價值觀，會隨著時間的不同而有所差異。例如，在歷史上，西班牙人、波蘭人和韓國人，顯然更講究原則和榮譽，而不太相信妥協。至少可以假設，到七〇年代和八〇年代爲止，這種強調的悲劇性影響，加上經濟發展，造成了這些國家在民族價值觀上的變化。在這三個國家中，政治領袖們都表示尊重妥協的必要性，好讓國家邁向民主體制。例如據報導，當南韓的執政黨和反對黨就新憲法問題達成協議時，「由兩黨組成的協商委員會在今天做了一些連韓國人也跌破眼鏡的政治鮮事：他們妥協了！」[15] 當這種奇珍異事變成現實時，民主化就會在社會中出現，當這種現實變成尋常之事時，民主制度就站穩腳步了。

從歷史上看，在一些國家中建立民主體制的第一次努力常常是失敗的；第二次努力則經常是成功的。這種形態的一個理由可能是前車之轍後車之鑑，而且，在好幾個案例中看起來好像的確如此。委內瑞拉在第二波民主化中是一個令人注目的例子。在委內瑞拉歷史上，第一次建立民主體制的實質性努力發生在所謂的「三年期」，即一九四五年至一九四八年間。在一九四五年，軍事政變推翻了獨裁者，建立了民主政治，並在以後的三年中一直由改革派的「民主行動黨」居於主導地位。民主行動黨政府一直推行激進的政策，這種政策使得許多團體紛紛避而遠之，而且造成了極端的兩極分化。「三年期的民主，由於在主要的社會和政治團體之中缺少某種信任感和相互擔保而存在重大缺陷……由於多數派地位得到了保障，民主行動黨的領袖們不重視與一些重要的少數派進行妥協的必要性，不管這些少數派在規模上是如何的小。」

於是，第一次的民主政治試煉就在一九四八年的政變中煙消雲散。十年之後，當裴瑞斯（Marcos Pérez Jiménez）將軍的軍事獨裁政權瓦解之後，民主行動黨和其他民主團體的領袖們採取公開行動「來緩和政黨之間的緊張和暴力，強調利益和程序，而且盡可能地從政治舞臺上消除生存與合法性的問題。」在一九五八年成功地推行民主化的領袖們，大部分是那些在一九四五年領導過不成功的民主化的那些人。他們受益於自己的經驗教訓；他們在一九五八年所採取的行動反映了他們「從三年期（一九四五—一九四八年）民主政治的挫折中所吸取的教訓。」[16]

在第三波民主化轉型的過程中，在妥協和穩健的必要性方面，也出現了類似的經驗教訓。例如據報導，在西班牙，卡洛斯國王是一位關心「君主制為何會在一九三一年失敗」的政治領袖。「他要避免重蹈他祖父所犯的這個錯誤。」共產黨的領導人們也相信他們必須避免三〇年代所犯過的錯誤。他們之中的一位表示，「過去的記憶使我們不得不考慮到這些因素，那就是奉行一條穩健的政策……我們不能肆無忌憚地表達我們的意見。因爲這些意見可能會被誤解，或者顯得有極端主義的傾向。」[17]阿根廷於一九八三年出現的和平演變同樣「使人聯想到與一九七一年至一九七三年間阿根廷的演變相比，可能有一個空洞而淺薄的學習過程在作用著，當時，政治舞臺上的許多派系都訴諸暴力。」[18]在秘魯，軍方和美洲人民革命聯盟（APRA）也經歷了類似的學習過程。一九八一年，波蘭的團結工聯曾朝激進的方向推進，威脅要直接推翻馬列主義政權；政府回敬以戒嚴法鎮壓，宣布工會爲非法，並監禁工會領袖。七年之後，雙方都記取了教訓：激進主義導致鎮壓，而壓制也行不通。於是，他們都遵從了穩健和妥協的政策，從而在一九八八年和一九八九年把波蘭導入了民主政治。

後進的民主化人士不僅從前輩們身上獲得了政權變遷的滾雪球般的推動力，他們也從其他人以前的經驗中記取了教訓。拉丁美洲人和東歐人心悅誠服地吸收了沉穩內斂的西班牙模式。在移轉過程中，政府和反對陣營中的主流派，都不得不訴諸妥協和穩健。移轉現象更可能發生在第三波民主化的晚期，而不是早期，這意味著，捲入第三波民主化中的那些社會團體，也許已經從其他人以前的經驗中學到了妥協的可取性。在韓國，反對派從菲律賓和平的人民力量中取得了教訓，政府從馬可仕的結局中學到了妥協的利益。在某種程度上，捷克的移轉過程正如艾希所描述的，

> 是受益的一方，而在捷克所發生的正是長達十年的中歐學習過程的最高點——波蘭是第一個——但是付出了最沉痛的代價。發動學生大罷課？當然，就像在波蘭那樣。非暴力？這是中歐

所有反對黨的第一誡律。傀儡政黨獲得新生？在東德就是如此。召開「圓桌會談」來協商民主轉型？在波蘭和匈牙利就是如此。如此等等。在政治上，捷克具有經濟歷史學家們所稱的「落後的優勢」（advantages of backwardness）。他們可以從其他人的前例及從自己的錯誤中記取教訓。[19]

第三節　選舉結果：預料之外，還是情理之中

選舉是民主體制運作的方式。在第三波民主化中，選舉也是削弱和終結威權政權的一種途徑。選舉既是民主化的目標，也是民主化的工具。民主化是由那些威權統治者推動的，基於某種原因，這些威權統治者冒險舉辦選舉。民主化也是由反對團體所締造的，他們極力促成選舉並參與選舉。第三波的民主化教訓是，選舉不僅是民主政體的新生；而且也是獨裁政權的死亡。

當威權統治者的政績合法性江河日下時，他們就常常承受與日俱增的壓力，並且透過選舉來重新恢復其合法性的動機也越強。倡導選舉的統治者們相信，他們或者能夠讓他們的政權苟延殘喘，或維持其統治甚或其盟友的統治。結果幾乎總是令統治者們悵然不已。除了極少數幾個例外，與威權政權有牽連的政黨和候選人，在由該政權發起的選舉中通常都會失敗，或是表現很差。這些選舉的結果常常使得反對派的領袖和政府的領導階層都感到訝異。在第三波民主化的頭十五年中，這種「跌破眼鏡的選舉」（stunning election）模式極其普遍。幾乎出現在所有三種類型的轉型過程之中，請看下列案

例。

⑴巴西的蓋賽爾將軍同意在一九七四年十一月舉行公平競爭的國會大選，作爲減壓政策的一部分。執政黨「國家革新聯盟」（Aliança Nacional Renovadora, ARENA）原本期望輕易地撂倒反對黨——巴西民主運動（MDB）——取得勝利，一直到十月「還沒有幾個消息靈通的政治觀察家們敢打賭說，執政黨會輸。」不過，選舉結果「每個人都跌破了眼鏡，包括那些最樂觀的MDB策士們。」[20] MDB在國會下議院的選舉中，席位加倍成長，在參議院的席次中幾乎增加三倍，而且對州立法機構的控制，也從一個州增加到六個州。

⑵在一九七七年一月的印度，一直行使緊急狀態權的甘地夫人突然宣布要在三月分舉行國會大選。甘地夫人是印度政壇的風雲人物，但是「人民黨」反對派聯盟贏得了壓倒性的勝利。有史以來，「國大黨」第一次失去了執政黨的地位，只贏得了全部選票的百分之三十四，也是國大黨的得票率第一次低於百分之四十。

⑶在秘魯，一九八〇年五月舉行的過渡時期選舉中，軍事政府支持「美洲人民革命聯盟黨」（APRA），並通過了選舉法，以求提高其代表席次。不過，選舉產生了「意外的結果」。「APRA在選舉中遭到挫敗，只獲得了百分之二十七的選票。」最令軍方痛恨的反對黨「人民行動黨」（Accíon Popular）贏得了「驚人的勝利」，獲得了百分之四十五點五的選票，而且贏得了總統的寶座、下議院中的過半數席次及參議院多數的席次。[21]

⑷一九八〇年十一月，烏拉圭軍事政府爲新憲法草案舉行了一次公民複決，這部新憲法擬賦予

軍方對政府的政策享有制度化的永久否決權。「令軍方驚訝的是」，民眾以百分之五十七對百分之四十三的選票拒絕了這部新憲法。此一結果「使軍方和反對黨同樣感到意外。」[22]兩年之後，軍事政府授權各主要政黨各自選出代表大會的代表。軍方的反對派取得了全面的勝利，而軍方的一位親密盟友——前任總統帕奇哥（Jorge Pacheco Areco）——僅獲得其黨內百分之二十七點八的選票。

(5)在阿根廷，過渡時期的軍事政府在一九八三年十月舉行了全國大選。由艾方領導的激進黨，史無前例地獲得全部選票的百分之五十二，贏得了另一場「意外的」勝利，該黨長期以來就一直批評軍方。另一個主要政黨裴隆派的候選人「獲得軍方各部門公開或私下的支持」，然而僅得到百分之四十的選票。[23]在阿根廷歷史上，裴隆派第一次在自由選舉中失利。

(6)一九八三年十一月，土耳其的軍事政府舉行了一連串的選舉，以還政於民，政府的領導人籌組並公開支持「國民民主黨」，該黨由一位退休的將軍領導。不過，「使土耳其軍事統治者意外的是，不該贏的人贏了。」[24]國民民主黨又舉行了第三回合選舉，結果更糟，只得到百分之二十三的選票，而反對黨「祖國黨」囊括了全部選票的百分之四十五。

(7)一九八五年二月，韓國國民大會改選，新成立的反對黨「新韓國民主黨」的表現「比想像的好」，贏得了立法機構二百七十六席中的一百零二席。[25]在此之前曾進行了一場「由政府嚴格管制的競選活動，因爲反對黨曾指責說，進行公平的投票是不可能的。」

(8)一九八五年，巴基斯坦的軍事統治者吉哈克（Zia-ul-Huq）將軍發起國會選舉，但是禁止政黨提名候選人。而各政黨也抵制這次選舉。儘管如此，「那些在戒嚴政權下盤踞高官職的許多候選人或那些被認爲是吉哈克支持者的候選人都紛紛落馬。」[26]

(9) 一九八八年十月在智利，皮諾契特將軍就他能否繼續統治的問題舉行了投票。在公民投票的前一年，消息靈通的人士認爲，他可能會「贏得壓倒性的勝利」。[27] 由於經濟復甦對其有利，將軍本人也充滿勝利的信心。但是隨著宣傳活動的進展，反對黨發動了輿論反對他。選民們以百分之五十五對百分之四十三的選票拒絕了皮諾契特將軍繼續執政八年的企圖。

(10) 一九八九年三月，蘇聯選民七十年來第一次有機會自由選舉立法機構的代表。結果令人十分出人意表，「那些位居要津的人受到了令人心碎的斥責」，包括列寧格勒（Leningrad）的黨委書記和政治局委員，莫斯科、基輔、利沃夫和明斯克的黨內頭子，幾個地區黨部的領導人，以及至少兩位高層軍區司令和共黨中的其他領導人物都在選舉中受挫。[28]

(11) 在一九八九年六月波蘭的選舉中，團結工聯出乎意料地贏得壓倒性勝利，贏得了參議院一百個席次中的九十九個、眾議院開放競爭的一百六十一個席次中的一百六十席。三十五名高階政府候選人中，有三十三人沒有得到當選所必需的百分之五十選票。選舉結果被形容爲「大爆冷門」，而且據報導，政府和團結工聯的支持者們都懷著「難以置信的」心情接受這一選舉成績，因爲他們對這一結果「毫無準備」。[29]

(12) 在一九九〇年二月的尼加拉瓜，由查莫洛夫人領導的「全國反對派聯盟」（National Opposition Union, NOU）在選舉中獲得壓倒性的勝利，是迄今爲止最令人震驚的。它被形容爲是一次「出人意表的選舉敗北」……和一次「尼加拉瓜民意的絕妙表達」，這一結果「使得許多政治分析家們跌破不少眼鏡」，並且出現「目瞪口呆的桑定派」。[30]儘管有人希望桑定派會從其控制的政府及從其所控制的資源中受益而可能會輕而易舉地在選舉中取勝，查莫洛夫人卻在九個行政區中贏得了八個區的選舉勝利，並以百分之五十五點二對百分之四十點八的選票擊敗了奧蒂嘉（Daniel Ortega）。

⒀一九九〇年五月，緬甸軍方的「國家法律與秩序復原委員會」三十年來第一次舉行了多黨參加的選舉，選舉結果「令人驚愕」、「嘩！意外」。反對黨「全國民主聯盟」贏得了「大爆冷門的壓倒性勝利」，在國民大會四百八十五個競爭席位中贏得了三百九十二席；軍方支持的國家統一黨只贏得十個席次。在競選期間，NLD的領導人及其四百位黨的活躍人士仍然被監禁，而且該黨也受到了種種限制和騷擾。[31]

⒁一九九〇年六月，阿爾及利亞獨立二十八年以來舉行的第一次多黨選舉中，反對黨「伊斯蘭教救國陣線」（Islamic Salvation Front）「獲得了令人意外的成就」，而北非和歐洲的官員們卻對這一成就報以「目瞪口呆的沉默」。[32]伊斯蘭教救國陣線贏得了對三十二個省和八百五十三個市鎮議會的控制。以前一黨獨大的政黨，「國民解放陣線」（National Liberation Front）只贏得十四個省和四百八十七個市鎮議會的控制權。

在所有這些個案中，威權統治者主動舉辦了選舉，但是，他們或者在選舉中失利，或者在選舉中遠不如自己和其他人所預期的那麼好。在威權統治者舉行公平選舉，以及他們或他們的盟友公平地贏得勝利的地方會出現這種例外嗎？一個不太明確的案例是，一九八〇年九月在智利舉行的公民複決。

在這次的公民複決中，有百分之六十八的選民通過了由皮諾契特將軍所草擬的憲法。不過，反對派受到了嚴格的限制，沒有辦理選民登記，也沒有有效的方法來對選舉中的舞弊行爲進行監督。[33] 另外，在一九八七年的韓國，由軍事政府所支持的候選人盧泰愚以百分之三十六的相對優勢，擊敗其他三位候選人而當選爲總統。反對派中的兩位候選人長期以來一直從事反對軍事統治的活動，他倆總共獲得了百分之五十四的選票。如果他們把各自的力量聯合起來，他們就有可能贏得選舉。

爆冷門的選舉模式（stunning election pattern）的更爲重要的例外情況，包括一九九〇年五月、六月和七月分別在羅馬尼亞、保加利亞和外蒙古舉行的選舉。在羅馬尼亞，「國民救國陣線」（National Salvation Front）在希奧塞古垮臺後接管了政府，並在五個月之後，即在一九九〇年五月舉行的大選中取得了相當大的勝利。在保加利亞，統治這個國家達數十年之久的共產黨更名爲「社會黨」，並贏得了對「國民議會」（Grand National Assembly）的控制。在外蒙古，共產黨的總書記和其他高級官員遭到撤換，反對黨也成立了，而且，在競爭性的選舉中，共產黨贏得了國會百分之六十到百分之七十的席次。在這三個案例中，獲勝一方的領導人物都是前共黨政權的官員。

這些明顯偏離爆冷門的選舉模式的情形要如何解釋呢？有三個相關的因素。第一，這些新領袖們與以前的威權統治者劃清界限。顯然，希奧塞古和吉科夫都不能在一九九〇年該國舉行的公平選舉中獲勝。「國民救國陣線」的領袖伊列斯古（Ion Iliescu）一直是希奧塞古政權的一位官員，但是被共產黨的中央委員會除名。保加利亞的姆拉德諾夫及其盟友，親自把吉科夫這位長期的獨裁者逐出權位；他們一直是改革派，傾力驅逐保加利亞變革過程中的保守派。外蒙古領導階層的變動就比較不激烈。

第二，在競選活動和大選中強制和欺詐的手段也許可發揮一些作用。在羅馬尼亞和保加利亞觀察選舉的國際人士被隔離，這樣一來，執政的團體更能用不公平的手法影響選舉；這類的企圖在羅馬尼亞比保加利亞更爲常見。在這兩個國家，外國觀察家們發現一些強制的成分和不公平的做法，但是他們一般的看法是，這些並未決定性地影響到大選的結果。

第三，也是最重要的因素乃社會的性質使然。正如前面所指出的，都市的中產階級團體是第三波國家推動民主化的主要力量。一九八〇年，羅馬尼亞人口中只有百分之十七生活在人口超過五十萬的城市中，比較之下，在匈牙利這一比例爲百分之三十七。保加利亞和羅馬尼亞大致上都是農業社會，經濟發展水準低於第三波民主化中的其他東歐和南歐國家，也低於第三波民主化中的一些東亞和拉丁美洲國家。外蒙古基本上還是一個遊牧社會，其人口的四分之三居住在其唯一的大城市之外，而且公路里程不足一千公里。在這三個國家中，反對黨在城市中都很強大；而取代共產政權的政黨在農村贏得了勝利，這給了足夠的票數讓他們重新掌權。在威權政權舉行的選舉中，會不會產生意外的結果，這一點或許可以作爲判斷該國是否已經達到足以支持民主政權所需的社會經濟發展水準的準繩。

在從威權體制轉型到民主體制的過程中，頻頻出現爆冷門的選舉模式衍生了三個問題。

第一，爲什麼威權統治者或與他們關係密切的團體會在這些選舉中不約而同地落敗？最明顯、合理的答案是，他們輸掉大選的原因，與民主國家執政黨在大選中失敗的道理一樣，那就是，他們掌權的時間太長了。所有的領袖最後都會失去他們當初得到的支持和合法性。民眾們會尋找一個可以替代的人物或政黨。但在最令人意外的大選中，選民們顯然對在任何的威權統治者投下了抗議票。他們可能投票反對現行的威權體制。他們也許會、也許不會投下擁護民主體制的贊成票。不過，他們不可能投票反對執政者而不反對現行體制。在許多工業化民主國家，執政者在七〇年代和八〇年代初期受到的挫敗並沒摧毀民主體制；他們翻新了民主體制。相形之下，威權統治者在選舉中的挫敗通常意味著威權政權被夷為平地。

在爆冷門的大選中，抗議票的特徵也反映在空洞而薄弱的反對黨聯盟上。代表南轅北轍的政治意識形態，並對政權具有不同程度牢騷的個人和團體聯合起來投票反對該政權。反對陣營常常是由許多黨派拼湊成的雜牌聯盟，除了有志一同反對執政者之外，他們極少有共同之處。例如，在尼加拉瓜和智利兩國，反對黨聯盟是由十四個黨派組成的，其觀點從極端左翼到極端右翼都有。在由執政黨贏得選戰的保加利亞，反對黨聯盟包括十六個黨派和運動組織。在許多次選舉中，最大的反對黨是一個剛成立的新政黨，而且，不論其主要的意識形態觀點是什麼，都能夠充當新的和聲譽不錯的工具，可讓選民們一吐對現任政權的怨恨和挫折感。例如，在一九九〇年，阿爾及利亞的多數人不是堅定的伊斯蘭教基本教義派信徒。不過，投票給伊斯蘭教救國陣線卻是表達其反對統治阿爾及利亞達三十年之久的執政黨的最有效方式。此外，還有一種寡婦和女兒情結的現象。性質不同的反對派團體簇擁著已成烈士的國民英雄的女性親屬：如艾奎諾夫人、碧娜芝布托（Benazir Bhutto）、查莫洛夫人、翁山蘇姬。這些領袖以戲劇化的手法展現了善良的義舉，對照現任政權之邪惡，同時給人以一種具有吸引力的象徵和人格，而各種流派的異議團體正是環繞這種人格而團結起來。從全部情況看，民眾很少會錯過對長期執政的威權統治者投下抗議票的機會。

第二，在這種意外落敗的形態中，爲什麼威權統治者會發起他們很可能會失敗的選舉呢？他們似乎受到了種種因素的驅使，其中包括認知到，有必要在國內恢復其日益衰落的合法性、民主準則在全球和本國社會中的優勢和渴望獲得國際尊重和合法性（其象徵是在白宮草坪上受美國總統的正式歡迎）。此外，在多數情況下，舉行選舉的風險似乎小得多。威權政體通常很少預留回饋機制的空間。獨裁者們也往往自然而然地相信他們能夠獲得民眾充分的共鳴，能贏得他們的擁護。當然，威權領袖們也控制著政府、控制任何被允許存在的政治組織和控制充裕的財政資源；因此，可以合理地推定，他們能夠輕易地擊敗那些看上去十分弱小、基礎淺薄、組織鬆散的和四分五裂的反對派。威權統治者自然而然地下了結論：「我怎麼會輸呢？」第三波民主化的浪潮基本上是因著獨裁這種似是而非的信念才推動的。

威權統治者們有信心能夠贏得他們所發起的選舉，這種信心無疑地受到了他們能夠操縱選舉程序的程度所支撐。他們通常使用三種伎倆。某些領導人試圖操控選舉的時機，來影響選舉的結果。朝野雙方通常認爲，選舉提早進行對政府愈有利，因爲政府可以動員組織，並博得民眾的關注，而大選愈晚舉行愈有利於反對派，因爲這給與反對派充分的時間進行組織工作，去尋求民眾的支持、動員其支持者。菲律賓的馬可仕宣布舉行「輕輕鬆鬆的」選舉，希望反對派會陣腳大亂，或是措手不及。在巴西，反對派支持延後舉行原定在一九八〇年五月分舉行的地方自治選舉，因爲他們擔心還未做好準備。[34]在波蘭的「圓桌會談」中，政府主張儘早選舉，而當團結工聯答應這一要求時則被視爲作了一個重大的讓步。在匈牙利，政府想要提前地舉行總統直選，因爲政府認爲其熱門人選（波茨蓋依）有極高的知名度而且很有可能獲勝。反對派擔心這種情況眞會發生，於是，提出了一項建議，主張就該問題舉行公民投票，投票結果是民眾同意由國會選舉第一屆總統。捷克人也同樣擔心，提早舉行選舉可能會讓共黨人士占得便宜；在一九九〇年二月的羅馬尼亞，反對派領袖說，他們想延後原定在五月舉行的大選，因爲他們還沒有足夠的資源、時間爲選舉做準備。

政府和反對派在選舉時機這個問題的立場上，其合理的想法是顯而易見的：反對派希望有更多的時間來爲選舉做好準備，以便取得有利的地位。不過，很少有經驗上證據支持這一邏輯。例如，回顧土耳其的第二波民主化，政府把大選提前到一九四六年七月，以便「在新（反對）黨還未全部動員起來之前將其撂倒」，[35]但是，反對黨在大選中表現得極爲出色。一九八五年二月韓國的大選中，反對黨「新韓國民主黨」在選舉前的數周才成立，卻在選舉中贏得了百分之二十九的選票，在國民大會的一百八十四個開放競選的議席中贏得六十七個。[36]客觀地說，馬可仕輸掉了他的「輕輕鬆鬆的」選舉，團結工聯在提前的大選中也取得了壓倒性的勝利，而這次選舉是他們在很勉強的情況下同意的。上述證據稱不上是結論，但它顯然不支持這樣一個定理，即政府總是因爲宣布提前舉行大選而占盡便宜，反對派則參與這種提早來臨的大選而遭殃。

其次，威權統治者常常在選舉中舞弊，其手段是建立極有利於政府的選舉制度、騷擾或恐嚇反對派，以及在競選活動中動用政府掌握的資源。當然，若是走到了極端，這些做法保證使政府獲勝，但實際上卻把選舉變成了兒戲。不過，上文所列的大多數爆冷門的選舉中，掌權的政團費了很大的心血來使選舉對他們有利，然而未見成功。在一九七四年到一九八四年的十年之間，巴西政府定期地修改其有關選舉、政黨和競選活動的法律，希望制止反對派勢力的穩定成長。這並未成功。當然，這方面的證據仍是殘缺不全的，不過，也確實顯示，除非操縱選舉的手法做絕了，否則，仍不可能保證政府在選舉中獲勝。

如果僅靠操縱選舉時機和程序還不夠，那麼，威權統治者們剩下的其他途徑就是公然舞弊和做票。如果想的話，威權統治可以對選舉結果上下其手。在過去，他們常常能夠悄悄地、以障眼法做票，如此，儘管大家都知道選舉中有做票行爲，但總是查無實據。例如，在一九七八年七月玻利維亞的選舉中，班瑟（Banzer）將軍就進行「大規模的舞弊行爲」，而讓他關愛的候選人派瑞達（Pereda Asbun）將軍正好獲得當選所需的百分之五十選票。[37] 不過，隨著第三波的繼續，民主化變成了全球公認的政治現象，新聞媒體也寄予更多的關注，選舉受到了愈來愈多的國際監督。

到了八〇年代末，外國觀察家們在所有的轉渡選舉中幾乎都會露臉，這已爲人們所熟悉，而且約定俗成。在有些國家，這種觀察團是由聯合國、美洲國家組織或其他政府間的組織所派遣的。在另一些國家，某些民間的組織可提供這類服務。到一九九〇年爲止，「國立民主國際事務研究所」組成跨國的觀察團，已在十三個國家觀察第三波的民主選舉。由美國國會和其他立法機構所派出的代表團也出現在一些國家。美國前總統卡特在好幾個這種代表團中扮演了積極角色，並使這種代表團增色不少。

外國觀察家們使得政府難以（如果可能的話）悄悄地、祕密地僭取選舉的結果。不過，正如在菲律賓和巴拿馬出現的那樣，公然地上下其手會使選舉達不到預期的目的，而這種目的是要提高統治者在國內和國際上的合法性。另一方面，如果政府拒絕允許「公平的」外國觀察者來監督投票，這樣的做法本身即是他們在選舉中舞弊的證據。外國觀察者現象的出現和流行是八〇年代的一項重要發展，而且大大地提高了選舉在民主化過程中的重要性。

那些發動選舉來支撐其江河日下的合法性的威權統治者處於一種無法獲勝的局面。如果進行公平的競爭，他們就會遭到「出乎意料的」挫敗。如果他們不是以極端的方式操縱時機和程序，他們可能落敗。如果他們做票，他們就會失去合法性，而不是得到合法統治權威。日益式微的合法性和反對派的壓力（這是促成他們舉行選舉的原因）也成了他們選舉失利的原因。他們面臨這種無法解決的困境，在一九八八年的大選之前，智利空軍總司令馬特海將軍一針見血地指出：「如果政府候選人贏了，任何人都會說其中必有詐。如果他輸了，每個人都會說，這是一場公平的選舉。所以，能夠證明這是一場絕對公平的選舉對我們比對任何人都更重要。」[38] 一九九〇年，桑定派也對選舉的勝利抱有類似的信心，感到舉行公平的選舉的必要性，並邀請許多外國觀察家，來為選舉的公平性和桑定派的勝利作見證。這兩次選舉的結果都證明了馬特海的論點。威權統治者唯有舉辦一場選舉以結束他們的政權，這才能透過選舉使他們的政權合法化。

第三，政府所舉辦的選舉也給反對派團體出了一道難題。他們是該參加選舉，還是該杯葛呢？威權統治者意外落敗的形態歷歷在目，反對黨有什麼理由不善加利用威權統治者主辦選舉的機會呢？當政權正在進行如火如荼的演變時，這些問題通常不會產生：(1)如果民主改革派掌權，並果斷地朝變革過程邁進；⑵如果軍事政府的領袖們公開聲稱，他們將回到軍營；⑶如果政府和反對黨的領袖們就移轉過程達成協議。在這些情況下，主要的反對派團體沒有理由不參加選舉。

從另一個極端來講，民主反對派若是接受威權政府所任命的職位，就會得不償失，反而賦予這類政府合法性。如果他們接受了這種任命，他們就背離他們的選民，並使自己依附於威權統治者。例如，波蘭的賈魯塞斯基政府和南非的波塔政府，都試圖引誘反對派領袖接受任命性質的協商會議中的職務。從促進民主的觀點來看，波蘭和南非的反對派領袖拒絕參加這種機構的決定是正確的。民主反對派通常也不參加毫無實權，或僅僅是政府工具的立法機構的選舉。例如，一九七三年，帕帕多普洛斯積極允諾進行國會選舉來支撐其搖搖欲墜的政權，但是，希臘各政黨的領袖們拒絕參加。被宣布為非法的中央聯盟黨黨魁馬沃斯（George Mavors）說得很好：所許諾的「選舉只有一個目的：使獨裁政權合法化，並用閹割的國會來遮羞，這種國會沒有討論權，更無權決定國家的任何重大事項。」[39]

在這兩個極端之間，當保守的政權或自由化的政權宣布舉行選舉時，常常就會出現是否抵制的問題，而這種政權是否眞正有誠意實行民主化，情勢還不太明朗。例如，菲律賓的反對派領袖們，曾就是否杯葛馬可仕在一九七八年、一九八四年倡議舉行的國民大會選舉及一九八六年倡議的總統大選進行了激烈的辯論，而且意見紛紜。多數南非黑人政治領袖們也曾力促對一九八三年和一九八八年的都市選舉進行杯葛；亞洲人和其他有色人種的政治領袖們，就是否參加一九八四年和一九八九年的國會選舉，也出現了分裂。四個反對黨中有三個極力主張杯葛一九七四年多明尼加共和國的總統大選，原因是貝拉蓋爾政府似乎沒有誠意交出權力。在美國政府的慫恿之下，反對黨杯葛了一九八四年的尼加拉瓜大選。巴基斯坦政黨領袖們，也曾抵制吉哈克政權在開始自由化之初所舉行的一九八五年國民議會選舉。兩個主要反對黨（阿爾及利亞民主運動黨〔Movement for Democracy in Algeria〕和社會主義武裝陣線〔Socialist Forces Front〕），而不是伊斯蘭教救國陣線，都誓言退出一九九〇年阿爾及利亞的地方和省級選舉。

保守派或自由派政府發起選舉，主要是爲了提高其政權的合法性或延長其個人的執政任期。於是，至少讓某些反對派團體參加這樣的選舉，對政府來說是絕對必要的。例如，馬可仕歡迎艾奎諾參選一九七八年的國會議員選舉，「因爲這會使競選合法化」，儘管當時艾奎諾仍是個死刑犯並且身陷囹圄。因此，政府常常試圖克服各方的杯葛。一九八五年，巴基斯坦的地方議會選舉，「任何反對或杯葛投票的宣傳和煽動行爲，都被宣告爲可以受法律追訴的犯罪行爲」；而「各家報紙在一九八五年二月也接到命令，不得發表任何贊同杯葛競選活動的聲明。」在一九八八年的都市選舉中，南非政府同樣地「取締任何主張抵制選舉的反對派團體，並宣布慫恿個人抵制選舉乃非法行爲。」[40]

抵制運動改變了選舉問題的性質，使之從投誰的票變成了是否投票的問題。這些努力的成效因地而異，取決於反對派團結一致支持抵制選舉的程度、民眾對政府動機的察覺程度和民眾以前的投票經驗。多數的南非黑人以前從未投過票，因此，在合格的黑人選民中，只有百分之二十的人在一九八三年的都市選舉中投了票，一九八八年也只有百分之三十，這種情況毫不令人意外。大約有百分之三十的有色人種選民和百分之二十的印度裔選民參與一九八四年南非的國會大選，而一九八九年的投票率也偏低。多明尼加共和國一九七四年的選舉中，放棄投票的比率也高達百分之七十。

有些杯葛行動的努力卻不太成功。在西班牙，一些主要的反對派敦促西班牙選民抵制一九七六年十二月就政治改革問題而舉行的公民投票，但還是有百分之七十七的選民走進了投票所。不過，這次選舉是由忠於民主改革的政府所發起的。在一九八四年五月菲律賓的國民大會選舉中，儘管左翼反對派團體呼籲選民不要投票，但還是有百分之八十的選民投了票。在一九八五年，巴基斯坦的國民議會大選受到了政黨的杯葛，但還是有許多反對派候選人當選了，因此，這些政黨隨後不得不承認他們在慫恿民眾放棄投票上犯了一個錯誤。大約有百分之四十的合格選民在一九九〇年的阿爾及利亞地方和省級選舉中棄權。[41]

作爲民主反對派的一種策略，抵制選舉的功效和智慧又是什麼呢？一次成功的杯葛未必會結束威權政權，或是拔除政府的權能。但是這會降低其合法統治權威，這也是爲什麼政府會對抵制的努力有如此激烈反應的原因。另一方面，不成功的抵制也是反對派力量勢單力薄的明證。更重要的是，杯葛常常意味著放棄機會，選擇了一個不太有效的出路，而不是發出一個有力的聲音。參與競選活動本身常常就是一種機會，因著政府的種種限制而對政府加以批判，動員和組織反對派的支持者，並訴諸民眾。參加選舉也是政治活動的一種推動力，而且唯有透過政治活動方能改變或打倒威權政權。如果選舉是以最起碼的公平方式進行的，那麼反對派常常會表現得極爲出色，在最佳的情況下，它會贏得「意外的」勝利和推翻政府。即使做不到這一點，巴西、臺灣、墨西哥、菲律賓、巴基斯坦和蘇聯的反對派候選人，在由威權政權舉辦的選舉中，都發動了有效的選戰造勢活動。

即使是溫和反對派在選舉中獲得一些成就，也可以趁機削弱政府的力量。許寰哥（Peping Cojuangco）認爲，菲律賓反對黨應該參加一九七四年國民議會的競選，儘管他們顯然無法贏得多數，因爲「如果你這次獲得三十個（國民議會的議席），人們就相信你能夠做到，而在下一次選舉中，議席將會以三十的倍數成長。」在七〇年代，巴西政府限制反對派的競選活動，並修改選舉規則以阻撓反對派。不過，反對黨（巴西民主運動）盡力而爲地參加了每一次選舉，逐步擴張其在立法機構中的實力，最後控制了各級立法機構，同時運用所取得的地位向政府施壓，迫使其朝民主化的方向前進，因此，MOD逐漸被人們視爲一個負責任的替代政府。[42]同時，反對派的活動也可助政府中的民主改革派一臂之力，以有效對付軍方極端保守派的頑抗。

在南非，主張抵制選舉的人大大地減少了有色人種和印度裔人士參與一九八四年眾議員的選舉，不過，有些當選的人確實利用競選的大好時機來攻擊種族隔離政策。一九八五年的國會會期廢除了禁止種族通婚和性交往的有關法律，並廢除禁止組成多種族政黨的法律。國會也放寬了對黑人在都市地區居住和就業的限制。國會中的有色人種和印度裔議員給了這些改革措施「很大的動力」。有色人種組成的工黨領袖亨德里克斯（Allan Hendrickse）「把有色人種的候選人推薦給印度裔議院，從而迫使波塔先生舉手反對那些禁止組成多種族政黨的法律。工黨也許還協助放寬了『通行證法』，該項法律控制非白人的遷移行動，還鼓勵黑人社群抗拒政府迫使他們離開世居家園的計畫。」[43]接著，亨德里克斯利用他所控制的國會中的有色人種議院，要求波塔總統廢除「群體區域法」來換取亨德里克斯同意修改憲法，如此則可把一九八九年的國會大選延後到一九九二年。波塔拒絕同意這一交易，因此大選依舊在一九八九年舉行。在南非和其他地方，當選的民意代表用各種方法向政府展開遊說，並就有利於民主改革的事項與政府討價還價。

最想抵制選舉的是，那些反對民主體制的激進反對派團體。菲律賓和薩爾瓦多的馬列主義叛亂分子就對選舉嗤之以鼻。反對派團體，如巴勒斯坦解放組織（Palestine Liberation Organization, PLO）和八○年代的非洲民族議會（ANC）也曾拒絕參與選舉，不論這種選舉多麼有限或多麼不公平，像這樣的團體很可能被一些不反對用一個非民主政權來替代另一個非民主政權的領袖們所把持。在一九八四年菲律賓的大選中，共產黨控制的全國民主陣線領導了杯葛運動，反對柯拉蓉和其他參加反馬可仕政權選舉的民主派候選人。他們也在競選期間加緊使用暴力。一位共產黨首領說：「參加這些選舉的反對派不過是機會主義者，真正的反對派是抵制派。」[44]他所言甚是。他所謂「真正的反對派」是既反對馬可仕政權，也反對民主體制。他所謂的政治機會主義者是用選票，而不是用子彈來復興菲律賓的民主政治。

第三波民主化的教訓似乎是顯而易見的：那些想要繼續掌權的威權領袖們不該宣布舉行大選；那些想要民主的反對派團體不該杯葛威權領袖們所號召的選舉。

在民主轉型的過程中，「選舉通常有助於政治溫和路線的形成」。這些選舉給予那些意欲獲取權力的反對黨和那些想要保持權力的執政黨，向中間路線移動的誘因。在一九七五年四月的第一次選舉中，葡萄牙的選民們果斷地拒絕了激進的馬克思主義派，並支持溫和的中性政黨。兩年之後，西班牙選民們在他們的第一次選舉中，也採取了同樣的行動，這次選舉被形容爲「溫和路線的勝利和對改革的強烈欲望。」[45]同樣地，希臘、薩爾瓦多、秘魯、智利及其他地方的選民們只給左翼的革命分子微不足道的支持，當然，尼加拉瓜的選民們把左派勢力趕下臺。除了極少數幾個例外，民眾不斷地拒絕腐朽的威權政權和那些與他們掛鉤的人，也拒絕那些試圖取代這些政權的極端主義者。「不要獨裁者，也不要革命分子」，這是第三波轉渡選舉中選民們的一個座右銘。

選舉是擺脫威權體制的一種途徑。革命是擺脫威權體制的另一種途徑。革命分子通常拒絕選舉。非洲民族議會一位好戰派的首領，在評論南非一九八八年都市選舉時說道，「我們不該讓傀儡組織來提名候選人，我們應該用革命的暴力來阻止黑人與他們合作。」葡萄牙共產黨領導人岡哈爾（Alvaro Cunhal）在一九七六年歸納了上述兩條途徑之間的對比：

> 在葡萄牙革命中，有兩股動力以完全不同的特徵介入。一股是革命的動力，是由物質的力量（不論是民眾的或軍事的力量）介入而產生的，它們直接改變了形勢，征服並運用了自由，擊敗並推翻了法西斯主義者，頂住了反革命的企圖，並帶來了深刻的社會和經濟變革，試圖建立一個爲革命服務的國家，以及設立一些包括軍事組織在內的權力機構，這些機構將保證民主的步驟，並與革命性的變革相呼應。
>
> 另一方面是選舉過程，即透過對權力機構的普選來進行選擇，這往往使任何社會變革服從於先前的憲法上的合法性，而不承認軍隊對政治生態的干預，以及在革命性過程中，群眾之創造性的或主導性的介入。[46]

在第三波中，「選舉的動力」使得許多國家擺脫了威權體制，而走向民主體制；「革命的動力」使得國家由一種威權體制走向另一種威權體制。

第四節　低度的暴力

重大的政治變遷總會牽扯到暴力。第三波民主化也不例外。在一九七四年至一九九〇年間，幾乎每一次民主運動都伴隨一些暴力，然而，總體的暴力層級並不很高。由於多數第三波民主化是透過妥協和選舉來進行的，所以，第三波民主化運動與其他政權轉型來說，顯得比較和平。

政治暴力指的是人們爲了影響政府的結構或行爲，而對他人或財產所做的損傷。一個不盡完美，但廣泛用來測量政治暴力的標準是死亡人數，即因爲政治原因而在特定時期內或與某個特定事件有關的死亡人數。即使要十分粗略地估計出第三波中的政治死亡人數仍然極其困難。概念上來講，作爲民主化之一部分的暴力應該與可能發生在民主化期間的暴力，諸如政府對一些特定異議分子的例行謀殺有所區別（這是許多威權政權的一個固有特徵），同時也應該與種族衝突區分開來，因爲種族衝突是自由化或民主化的一個產物。

在少數國家中，民主化的努力總伴隨著重大的暴力。最大規模的暴力發生在政府與反對派游擊隊運動長期持續進行武力衝突的地方。在瓜地馬拉、薩爾瓦多、菲律賓和秘魯，馬列主義者從事反對威權政府的叛亂戰爭；這些政府被由民主選舉產生的政府所取代；不過，叛亂活動仍繼續不斷。至少在瓜地馬拉和薩爾瓦多，由於反威權政府的叛亂活動所造成的政治死亡人數相當可觀。據估計，瓜地馬拉從一九七八年到一九八五年選出塞拉柔（Vinicio Cerezo）擔任總統期間，被殺害的人數大約在四萬人到十萬人之間。在薩爾瓦多，從一九七八年的改革政變到一九八四年杜瓦爾就任總統這期間，因爲政治原因而被殺害的人數，據估計在三萬人到四萬五千人之間。這些死難者是由維護威權政府的安全部隊，在鎮壓反叛運動中粗暴地濫施暴力所造成的，而這些反叛運動則企圖推翻該威權政府，並代之以馬列主義政權。這些殺戮不是政府或反對派進行民主化努力所造成的，而是由兩個非民主集團之間的戰爭所造成的。在尼加拉瓜，據估計，大約有二萬三千人在一九八一年到一九九〇年的內戰中喪生。反桑定政權的右派「反抗軍」獲得勝利是否會在尼加拉瓜產生一個民主政府，仍在未定之天。不過，「反抗軍」的叛亂卻是使得桑定政權主動進行選舉的許多因素之一。在民主政權執政之後，「反抗軍」結束了他們的叛亂，並解散部隊，這一點與瓜地馬拉和薩爾瓦多的馬列主義叛亂分子不同。因此，尼加拉瓜內戰中的傷亡人數，不同於薩爾瓦多、瓜地馬拉、菲律賓和秘魯的傷亡人數，而可以被看成是民主化代價的一部分。

在第三波民主化中，尼加拉瓜爲民主化奮鬥而遭殺害的人數最多。在一九七四年到一九九〇年間，南非名列第二。在南非，有五百七十五人在一九七六年的索威托（Soweto）大屠殺中喪生；一九七七年一九八四年間，大約有二百〇七人被政府軍、非洲民族議會和其他團體所殺害；據估計，一九八四年到一九八八年的黑人城鎮暴動當中，大約有三千五百人被殺害；一九八五年到一九九〇年間各黑人派系之間的戰鬥中，大約有三千五百人到五千人遇害。一九七六年到一九九〇年之間，累計約有九千五百至一萬名南非人死於政治暴力之中。

一些個別的偶發事件或行動在某些國家也造成很多人死亡。美國入侵格瑞那達導致一百二十人至一百五十人被殺，入侵巴拿馬導致約五百五十人，甚至可能多達八百人被殺。韓國軍隊在一九八〇年五月的光州事件中至少殺了二百人，也可能達一千人。大約有一千甚至多達三千名緬甸人在一九八〇年八月和九月的民主運動期間，因為軍隊的鎮壓而喪生。一九八九年六月，中共的鎮壓行動當中，大約有四百人到一千人在北京被殺害。一九八九年十二月，至少有七百四十六人在布加勒斯特（Bucharest）的政治暴力中喪生，還有好幾百人在提米索拉（Timisoara）和其他地方遇害。在一九七九年與一九八〇年玻利維亞的軍事政變中，大約有二百多人被殺。[47]

不過，在大多數第三波民主化國家中，全部的暴力層級是相當低的，在南歐的第一批民主轉型國家中尤其如此。例如，開第三波之先河的葡萄牙政變中，只有五人喪生，十五人受傷。在次年的政治暴力中，也只有十多個人死亡。一九七五年夏天，葡萄牙北部的農民反共暴亂中，還有幾個人遭到殺害。一九七五年三月十一日，流產的右翼政變中有一名士兵喪生，一九七五年十一月二十五日的政變和反政變過程中至少死了三個人。[48]不過，在葡萄牙持續約一年半的革命性動亂中，全部的政治死亡人數大致不超過一百人。西班牙的轉型也絕少有暴力發生，據報導，一九七五年到一九七八年的四年間，只有二百零五人因為政治原因而喪生：其中有十三人被極端的右翼團體所殺害，二十三人被馬列團體所殺害，六十二人被警察和民兵所殺害，一百零七人被巴斯克祖國自由組織（ＥＴＡ）的左翼分離主義分子所殺害。【49】除在工藝技術學校事件中軍隊殺害了三十四人外，希臘的民主轉型基本上沒有出現暴力。

在南美洲，軍事政權的轉型過程，除了智利是一個部分例外，基本上是和平的。在波蘭、東德、匈牙利及捷克的政權變遷期間，基本上沒有流血。正如艾希所描述的：這些轉型的「值得注意之處在於，它們幾乎完全沒有出現暴力……沒有巴士底獄（Bastilles）被攻占，沒有架起斷頭臺，街燈柱也只是作爲街頭照明之用。」【50】在臺灣，民主化的轉型過程中，最富有戲劇性的事件是所謂的「高雄事件」，在這個事件中沒有人被殺，但有一百八十三名無武裝的警察受傷。在菲律賓這個通常被認爲具有暴力傾向文化的國家，馬可仕政權和馬克思主義叛亂分子雙方都殺害人民，但是人數有限，而且，主要的反對派團體完全沒有使用暴力。在韓國，經過光州事件之後，暴力受到了壓抑，只出現過極少幾起政治死亡事件。在印度和土耳其經歷短暫的威權統治而恢復民主體制的過程中，暴力程度也很低，就像奈及利亞的民主轉型一樣。

第三波民主化仍有暴力，但是整體而言暴力十分有限。一九七四年到一九九〇年間，在三十幾個民主化國家中（尼加拉瓜除外），全部的政治死亡人數大約在二萬人左右，而且，主要集中在南非和亞洲大陸。通常，對那些被殺的人來說，這當然是悲劇。然而，與那些在無數起族群衝突、內戰或國際戰爭中被殺的成千上萬人相比，依政治變遷所獲得的正面成果而論，在第三波民主化中以人的生命爲代價的付出可說是相當低的。民主化說明了，全世界的政治死亡人數在一九七四年到一九九〇年間所占的比例微乎其微。從里斯本的「康乃馨革命」（Revolution of the Carnations）到布拉格的「天鵝絨革命」（Velvet Revolution），第三波民主化基本上是和平的一波。

有什麼因素可以解釋這些政權變遷過程中呈現的低度暴力呢？

第一，某些國家在民主化開始之前，或在民主化過程的初期，曾經歷過重大的公民暴力，這種經驗促使政府和反對派雙方都公開揚棄暴力。西班牙和希臘在第二次世界大戰之前、之後都曾經蒙受血腥、分裂的內戰。巴西、烏拉圭和阿根廷的軍事政府都曾在六〇年代、七〇年代向恐怖組織發動殘酷的「齷齪的戰爭」（dirty war）。這些戰爭的效果之一就是，大大地減低，甚至剷除了馬里蓋拉式的激進的極端主義反對派，而後者完全訴諸暴力。[51] 第二個效果，是在社會各個方面產生了一種「絕不重演」的反動。例如一九八二年十二月，阿根廷的民主轉型之所以功敗垂成，乃因爲一場核准的抗議活動中有些遊行者猛衝警察設置在總統府前面的拒馬；警察以催淚瓦斯來對付，有一人遭政府安全人員擊斃。比格農總統和反對黨領袖們迅速地採取行動，制止進一步的暴力，教會也宣布這一天爲「全國和解日」。在此之後，阿根廷的轉型「與許多其他國家相比就顯得相當平和。」[52] 有點類似的是，韓國在一九八四年和一九八六年至一九八七年的抗議活動中，警察小心翼翼地避免使用火器，避免重演光州屠殺事件。在臺灣，反對派和政府雙方的行動都因「高雄事件」記憶猶新而深受影響。例如，一九八六年十二月，臺灣反對派的主要領袖們譴責某些群眾在機場用石塊攻擊警車，並宣布「安全第一、自由第二」，同時取消了二十場集會遊行的計畫。一九八九年十月在東德的萊比錫，共產黨當局和反對派領袖們都認爲必須避免「另一個北京」。[53]

其次，從某些標準而言，不同的暴力層級與不同的轉型過程有關。一九七四年到一九九〇年間的民主轉型中，約有一半是屬於變革模式，即政府中的民主改革派強大得足以發起，並在相當程度上能控制政權變革的過程。如此一來，政府就沒有必要訴諸暴力，而反對派也幾乎沒有機會使用暴力。一個最顯著的例外就是智利。在智利，政府固守其僵硬的政權變革時間表，反對派則發動大規模的示威，試圖加速改革，並迫使政府進行談判。在移轉模式的民主改革過程中，政府中占上風的民主改革派和反對陣營中占上風的溫和民主派，都有將暴力減至最低程度的共同利益存在，當他們就轉型條件辛苦地達成協議時，在置換模式的轉型中，暴力的紀錄則因國家而異，而且有兩個小國因兩次軍事干預而造成嚴重的流血事件。不過，一旦變革模式風行草偃，第三波的暴力層級就會被減小到最低限度。移轉模式在一定程度上也有助於減少暴力。

第三，保守派政府下令使用暴力來鎮壓反對派的意願也有很大的差異程度，而且安全部隊願意執行這種命令的差異程度也很大。在中國大陸、緬甸、南非、智利，鐵石心腸的領袖們使用暴力，而警察和軍隊殘忍地使用暴力來鎮壓和平的及不太和平的反對派示威。不過，在另一些事件中，政府的領袖們沒有斷然地採取行動，而且似乎不願意對他們自己的公民使用暴力。像是伊朗的國王，還有菲律賓的馬可仕在一九八六年二月的選舉之後，當反對派的抗議風起雲湧時，向軍隊發布命令時只會反反覆覆地耍嘴皮。多年來，波蘭、東德和捷克的共產黨政府對於使用暴力來鎮壓反對派，一向毫不吝惜，但是在一九八八年和一九八九年政權轉型的緊要關頭，他們卻沒有這樣做。一九八九年十月九日的萊比錫，當時的局勢一觸即發：大規模的抗議示威計畫已完成，「鎮暴警察、國家安全部隊和準軍事工廠的『戰鬥隊』整裝待發地想用棍棒來清除東德的天安門廣場，而根據後來報導，當時的局勢簡直就是一座熾熱的火藥庫。」[54]不過，用武力對付七萬名示威者的命令始終沒有發出。這顯然是當地的黨政領導人採取行動的結果，東德共產黨中央領導人克倫茲（Egon Krenz）雖然也支持地方的決定，但來得太遲。正如艾希所指出的，整體而言，東歐除羅馬尼亞外，完全出乎意料地沒有出現「重大的反革命暴力」。[55]不論是菲律賓還是東歐，在民主化過程中的危機時刻，政府領導人不願使用武力的背後主要原因可能是與之有密切關係的超級大國表示反對使用暴力。相形之下，具有約束力量的超級大國對中共、緬甸、羅馬尼亞和南非卻完全不能發揮影響力，對智利的影響力也很薄弱。

當政府確實授權使用暴力而且貫徹執行時，這就是不折不扣的暴力。王者最後的手段不是槍桿子，而是那些代表政權使用槍桿子的人的意願。這種意願差異很大。軍隊通常並不喜歡將武器瞄準平民百姓，這些平民百姓反而是他們有責任要加以保護的。警察和國內的安全部隊，通常比正規軍隊更願意使用暴力來平息騷亂和抗議。因此，威權統治者常常建立特種安全部隊，如羅馬尼亞的保安軍（Securitate）、巴拿馬的「尊嚴大軍」（Dignity Battalions），以及許多國家內政部的部隊，這些完全是招募、訓練用來支撐政權的。

若士兵和警察能夠認同他們奉命射殺的民眾，他們就不大可能服從使用暴力的命令。因此，威權政府常設法在政權的暴力使用者和暴力鎮壓對象之間維持著社會的、種族的或民族上的差異。南非政府刻意地指派黑人警察，到那些遠離他們本部族的地區去執行任務。蘇聯政府試圖在其本國的民族問題上採行類似的政策。中共則動用從遙遠省分調來的農民軍隊，鎮壓天安門廣場上的學生。一個社會的同質性程度愈大，該政權就愈難以使用暴力來鎮壓反對派。這個原則也大概說明了爲什麼美國軍隊在入侵格瑞那達、巴拿馬時造成比較高的傷亡人數。

同理，一場大規模的遊行，牽扯面愈廣愈能代表大多數民眾的想法，軍隊和警察就愈不願意對他們使用暴力。一九八四年九月，馬尼拉的警察用「槍、棍棒和催淚瓦斯」來驅散一場三千人的反政府示威，群眾主要由學生和左翼人士組成，有三十四人受傷住院（其中十二人遭到散彈所傷）。[56]到了十月，警察並未干預一場三萬人的示威，這次示威是由商業團體和辛海梅樞機主教所召集的。一九八六年二月，在克雷姆基地外的對峙中，菲律賓的軍隊顯然不願意朝人數龐大的宗教工作者、專業人士和家庭主婦們開火。同樣地，韓國的安全部隊寧可對激進的學生示威者使用武力，而不願對中產階級的文職工作人員、技術人員和商人使用武力。捷克的國防部長向「公民論壇」的領袖們保證，捷克軍隊不會向捷克國民開槍。在羅馬尼亞，軍隊拒絕向提米索拉的示威者開火；而且軍隊後來還把槍口轉向政府，並在鎮壓保安軍的行動中扮演了重要角色，而保安軍則一直效忠希奧塞古，即使在中國大陸，某些軍隊顯然不願向平民開火，而他們的軍官在事後受到了調查，並且交付軍法審判。[57]

因此，對反對派使用武力，只有符合兩個條件才可能更有效：⑴社會在社會或族群的構成上是異質型的；⑵社會、經濟發展程度相對較低。有些社會中，經濟發展造成了龐大的中產階級，他們對民主化十分同情，在這樣的社會中，威權政府就更不願意下令使用武力來鎮壓異議分子，而且這種政權的安全部隊也更不可能執行諸如此類的命令。

第四，反對派團體在他們慣於、容忍或拒絕使用暴力的問題上也各自不同。這個問題與是否應該杯葛政府舉辦的選舉辯論中所出現的一些問題十分相似，但更具批判性，而且更扣人心弦。在許多情況下，該政權的警察和安全部隊監禁了成百上千的人士，刑求他們，或者謀殺他們。正規部隊的活動通常還要輔以半官方的、準軍事的「暗殺小隊」活動。在這種情勢下，反對派就會有強烈的慾望，要炸毀政府的設施、向政府的車輛丟擲燃燒彈、對士兵和警察開槍，綁架並處決一些惡名昭彰的酷吏來推展反對運動。那麼，民主反對派向使用暴力的威權政府施加的暴力手段，應該到達何種程度？反對派團體的答案也各不相同，有的主張非暴力抗爭，有的主張偶爾使用暴力，有的則誓言必須永遠使用暴力。這些答案與這些團體對民主的全面效忠程度極爲相關。溫和的民主派拒絕使用暴力；而激進的團體則擁護暴力。

在大多數第三波民主化國家中，反對陣營中的主流透過非暴力手段來追求民主。正如我們所看到的，天主教會是在許多國家中推動民主化的一股重要力量，教宗、當地的主教和許多教士也大力倡導非暴力。[58]都市的中產階級、商人、專業人士、文職人員等等階層的人士常常在民主的反對派中居於多數，通常也拒絕使用暴力，並努力把暴力減少到最低限度。政黨領袖們在他們應該擅長使用的技巧方面——談判、妥協、選舉——以及在避免恐怖主義或叛亂的手段方面利害攸關，而其他人可能以恐怖主義和叛亂行徑見長。因此，具有溫和反對運動的社會背景，就決定了他們不僅支持民主，而且他們也支持實現民主政治的非暴力手段。

反對派篤信非暴力的程度因各國而異。艾奎諾在他起草的一份預定在馬尼拉機場發表的演說中指出：「在一場革命中不可能有眞正的勝利者，只有犧牲者。我們沒有必要爲了建設一個世界而毀掉一個世界。」[59]在他被謀殺後的幾年裡，艾奎諾夫人堅定地信守非暴力的承諾，這種信念的最高潮便是商人、學生、修女發動大規模的示威來展示人民的力量，並在一九八六年二月推翻了馬可仕政權。在東歐，團結工聯從一開始就反對革命的手段，而支持非暴力。正如一位團結工聯領袖在該組織仍是地下組織期間所形容的：儘管當時使用暴力的誘惑極其強烈，團結工聯「仍然反對任何暴力行徑、街頭抗爭、暗殺集團、恐怖行動或武裝組織：我們不爲暴力行徑承擔任何責任。」華勒沙說：「我們了解許許多多的革命，有些是偉大的革命和偉大的人民。他們在接管政權之後，反而製造了比他們所摧毀的政權更糟糕的體制。」米奇尼克也發出了類似的警告：那些突擊巴士底獄而起事的人，到頭來還是建立了他們自己的巴士底獄。[60] 團結工聯爲非暴力的反對運動樹立了一個典範，這一典範導致了東德和捷克的和平演變。

在南非，非洲民族議會（ANC）信守非暴力政策幾乎達半世紀之久，直到一九六〇年發生的沙佩維爾（Sharpeville）大屠殺，從此之後，ANC改變了政策，主張使用暴力，並建立了自己的軍事組織——民族之矛（Umkhonto we Sizwe）。其他的黑人組織領袖，諸如屠圖（Desmond Tutu）大主教、祖魯族首領布瑟雷奇（也是印卡塔自由黨黨魁）繼續堅持非暴力。布瑟雷奇警告說：「流血的革命可以與恐怖的壓迫格鬥，但不會自動地帶來重大的進步。」[61] 在韓國也一樣，主要反對派拒絕使用暴力，儘管他們的遊行在八〇年代中期常常出現由激進學生所加演的暴力場面。

當然，在許多國家，有些反對派信誓旦旦地採行暴力方式與非民主的政權周旋到底。其中包括薩爾瓦多、菲律賓、秘魯、瓜地馬拉的馬列主義和毛主義反對派，他們與威權政府作戰，也與承繼威權政府的民主政府爲敵。在智利，共產黨和結盟的左翼革命組織不斷地從事暴力活動，反對皮諾契特政權。從一九六〇年到一九九〇年，ANC也對南非政府施加暴力。

反對派團體對三種目標使用暴力：⑴政府官員（包括政治領袖、警官和士兵）和設施（包括警察局、輸電鐵塔、車站碼頭、通訊設施）；⑵「同路人」（collaborator），即那些表面上支持反對派，或屬於支持反對派的社會團體或激進團體，但被指控充當告密者、特務或在非民主政權中擔任官員；⑶隨意看上的民間建築物，包括商店、購物中心和戲院，攻擊這些目標常常是爲了展示反對派的實力，進而突顯政府沒有能力給予安全保障。反對派內部經常就攻擊不同類型目標的優劣點，尤其是殃及平民的漫無目標的恐怖攻擊手段之道德及效力，進行持續的爭論。此外，奉行暴力的各反對派團體，還常常就都市或農村游擊戰的優劣及重大攻擊或群眾起義的可行性、時機進行辯論。

在七〇年代和八〇年代，非洲民族議會的領袖們經常一再重申，以暴力作爲他們與種族隔離政策搏鬥的一個重要手段。正如ANC領袖姆貝奇（Thabo Mbeki）於一九八七年所說的，「暴力是實現變革的一個重要因素。」[62]最初ANC專門攻擊政府設施：如警察局、輸電塔、發電廠及其他設施。據報導，在一九七六年十月到一九八四年十二月間，ANC對這些目標發動了二百六十二次武裝攻擊。始於一九八四年九月暨隨後的三年中，黑人城鎮持續騷亂，而且據報導，攻擊的次數增加了四倍，與政府合作的黑人也日益成爲攻擊的對象。一九八四年，在警察向沙佩維爾的示威者開槍之後，暴民殺害了六位黑人市議員，包括沙佩維爾的副市長。在隨後若干年中，黑人殺害了數以百計其他被懷疑爲同路人的黑人同胞。一九八四年九月後的九個月間，黑人激進分子攻擊了一百二十名黑人市議員，殺死了五人，並縱火燒燬七十五戶住宅。據報導，在一九八五年七月，三十八個市議會中，只有二個還能運作。最後，在一九八五年底及一九八六年，第三種類型的攻擊也有了顯著的增加。單是一九八六年上半年，針對「軟性的」平民目標的攻擊顯然多於前三年的總和。ANC領袖們發表的聲明顯示，在他們之間就如何明智的發動炸彈攻擊事件而發生了嚴重的分歧。[63]

在智利，激進的反對派把攻擊的重點，集中在政府設施和官員身上。例如據報導，一九八四年的前三個月，在鐵路、公共設施和電臺，總共發生了八十起炸彈爆炸事件，該國的中部地區因而三度實施燈火管制。一九八四年十月二十九日當天，有五個城市總共發生十二起炸彈攻擊事件，炸毀政府官署、銀行和電話交換中心。整體而言，一九八四年間，智利約發生了四百起恐怖分子攻擊行動，一九八五年到一九八六年的十二個月當中，約發生了一千起恐怖活動。[64] 智利反對派的暴力活動在一九八六年九月達到最高潮，因羅德里格斯愛國陣線（Manuel Rodriguez Patriotic Front, MRPF）企圖暗殺皮諾契特，在這次刺殺行動中，皮將軍僅以身免，而他有五位保鏢遭殺害。

幾乎在所有的國家，反對派的一個重要策略是，發動反政府的群眾集會、遊行和示威。這種示威動員並集結了不滿，使得反對派能夠檢驗其所獲支持的程度和其組織的效力，並造成國際性的知名度，也造成政府內部爲了如何適當地因應而發生分裂，如果政府以暴制暴，就會造成更多的犧牲，而且怨恨也會愈結愈深。反對派的群眾遊行通常因以下四種情形出現：

(1)在某些情況下，反對派團體每隔一段時間發動示威。例如，一九八三年至一九八四年的智利，反對派每個月舉行一次抗議示威，在這種示威中，警察和示威者雙方都有顯著的暴力行爲。在一九八九年的萊比錫，每逢星期一晚上便舉行反政府的和平示威。

(2)反對派常常在一些重大事件的周年紀念日發動示威遊行，這些事件如南非的沙佩維爾和索威托大屠殺、韓國的光州大屠殺、智利的反阿葉德（Salvador Allende）政變，以及艾奎諾在菲律賓遭到謀殺。

(3)示威的發動常常是造勢活動的一部分，以誘使或迫使政府默認反對派的要求。例如，巴西和韓國的民眾曾發動一連串的大規模示威來支持反對派所訴求的總統直接民選。

(4)最後，反對派團體發動示威以回敬政府的暴行，諸如殺害和平的示威者或政治犯或警察的其他罪大惡極的野蠻行爲。在某些情況下，如在南非，一樁暴行常常會導致一場示威，而且常常是以爲暴行受害者舉行葬禮的形式出現，這種示威會挑起新的殘暴行爲。又使得新的葬禮示威愈辦愈多。這種連鎖事件使得南非政府於一九八五年八月禁止葬禮遊行。

不論是由什麼原因引起的，大規模的群眾示威總是暴力的溫床。即使是示威的主要發起人持溫和理性的態度，並信守非暴力主張，但是不可避免地，有些參加示威的人易於感染暴力氣氛。激進分子利用示威活動作爲掩護和保護性的支持，而向警察和政府的車輛投擲石塊或汽油彈，而且，有暴力傾向的團體常常會從遊行隊伍中脫離，並對政府的目標發動攻擊。另一方面，即使是一場和平的示威，可能，而且常常給了警察很好的藉口以採取暴力手段。總之，群眾的抗議有時(1)不慎而釀成暴力；(2)給予激進分子施展暴力的機會；(3)給予政府中的保守派使用暴力的機會；(4)給予保守派特務攻擊警察的機會，好讓政府有理由向反對派施加大規模的暴力。

使用暴力是反對陣營之激進派與溫和反對派之間的主要爭論焦點。主張暴力的人比起那些擁護非暴力手段的人通常較年輕，而且很可能是學生。他們通常批評非暴力的擁護者爲「機會主義者」，或是政權之事實上的同路人。例如在韓國，以金大中、金泳三和其他主要反對派領袖爲一方，與另一方的激進青年學生及其盟友之間就存在著重大的隔閡，這些年輕的學生充斥於抗議的隊伍，並利用這些機會攻擊警察。學生示威者時常譴責溫和的反對派領導人，其激烈程度不亞於他們對政府領導人的譴責。根據金大中的看法，這些譴責令溫和的領袖們「感到震驚」。[65]學生們使這些領袖十分爲難，他們既想與學生們所採用的手段撇清關係，但同時卻又要動員他們來參加大規模的和平示威，藉著這種示威，他們希望能夠把政權推倒。當政府同意在一九八七年舉行普遍的自由選舉時，學生們仍然很不滿意，避而遠之，而且揚言繼續採取抗議和暴力的方式來促進社會主義式的改革，以及終止美國在韓國的影響力。

在智利，最大反對派的政治領袖同樣努力與共產黨、羅德里格斯愛國陣線，以及其他反政府的暴力團體保持距離。在菲律賓，艾奎諾派既拒絕採行暴力手段，也拒絕與那些使用暴力的人合作。相形之下，在南非主張採行非暴力手段的反對派團體和領袖，諸如屠圖和其他宗教的領袖、布瑟雷奇，以及自由派聯盟——聯合民主陣線別無選擇，只好與非洲民族議會合作。

不可避免的是，反對派的激進分子和憤怒的民眾常常禁不起訴諸暴力的誘惑，而且主流派領導人常常難以約束他們。米奇尼克和屠圖都有被他們國家的非民主政權監禁的共同經驗。他們也有冒著生命的危險去阻止憤怒的反對派暴民對政府情治人員動私刑的經驗。

因此，在第三波民主化中，降低暴力層級的因素不一而足。大體而言，這些因素也有助於民主化的成功。暴力的外來干預在第二波民主化中的若干案例，以及在第三波民主化中的格瑞達和巴拿馬，建立了民主體制。社會內部群體所使用的暴力並不能產生類似的結果。威權政府的領袖們可以成功地使用暴力來維持其統治；其激進的對手也可能成功地使用暴力來推翻政權。前一種行動使得民主體制難以產生；後一種行動則使得民主體制一出生便遭到扼殺。縱觀歷史，武裝叛亂總是而且從未產生過民主政權。從一八六〇年到一九六〇年的十一個不成功的民主案例當中的九個，在民主化嘗試之前的前二十年，曾經出現過大規模的民間暴力活動。在同一時期，八個成功的民主化案例中有兩個以大規模的民間暴力活動爲先導。[66] 同樣地，在一九七四年與一九九〇年之間，暴力動亂在尼加拉瓜、葉門、衣索匹亞、伊朗、海地、羅馬尼亞和其他地方收拾了威權體制，但是沒有一個國家步入民主政治，其中，羅馬尼亞是一個可能，但具有高度爭議的例外。訴諸暴力的結果增加了政府和反對派陣營中擅長使用暴力的專家們的權力。由穩健理性和妥協所產生的政府可以藉由穩健理性和妥協來治理。由暴力產生的政府也只能藉由暴力來統治。

◆註解◆

[1] Enrique A. Baloyra, “Conclusion: Toward a Framework for the Study of Democratic Consolidation”, 載於 Baloyra 編, “*Comparing New Democracies: Transition and Consolidation in Mediterranean Europe and the Southern Cone*”, Enrique A. Baloyra 編, Boulder, Colo.: Westview Press, 1987, p. 299. 關於委內瑞拉與哥倫比亞的談判情況和所達成的協議，見 Terry Lynn Karl, “Petroleum and Political Pacts: The Transition to Democracy in Venezuela”, 載於 “*Transitions from Authoritarian Rule: Latin America*”, Guillermo O’Donnell, Philippe C. Schmitter 和 Laurence Whitehead 編, Baltimore: Johns Hopkins University Press, 1986, pp. 196-219; Daniel H. Levine, “Venezuela since 1958: The Consolidation of Democratic Politics”, 載於 “*The Breakdown of Democratic Regimes: Latin America*”, Juan J. Linz 和 Alfred Stepan 編, Baltimore: Johns Hopkins University Press 1978, pp. 93-98; Alexander W. Wilde, “Conversations among Gentle men: Oligarchical Democracy in Colombia”, 載於 “*Breakdown of Democratic Regimes*”, Linz, Stepan 編, pp. 58-67; Jonathan Hartlyn, “Colombia: The Politics of Violence and Accommodation”, 載於 “*Democracy in Developing Countries: Latin America*”, Larry Diamond, Juan J. Linz 和 Seymour Martin Lipset 編, Boulder Colo.: Lynne Rienner, 1989, pp. 306-307.

[2] Jose Maravall, “*The Transition to Democracy in Spain*”, London: Croom Helm, 1982, pp. 42-44; Donald Share 和 Scott Mainwaring, “Transitions Through Transaction: Democratization in Brazil and Spain”, 載於 “*Political Liberalization in Brazil: Dynamics, Dilemmas, and Future Prospects*”, Wayne A. Selcher 編, Boulder, Colo.: Westview Press, 1986, pp. 175-179.

[3] Raymond Carr, “Introduction: The Spanish Transition to Democracy in Historical Perspective”, 載於 “*Spain in the* 1980s: *The Democratic Transition and a New International Role*”, Robert P. Clark 和 Michael H. Haltzel 編, Cambridge, Mass.: Ballinger, 1987, pp. 4-5.

[4] Wojtek Lamentowicz, “Dilemmas of the Transition Period”, 載於 “*Uncaptive Minds* 2”, 一九八九年十一—十二月，p. 19.

[5] Carr, “Introduction”, 載於 “*Spain in the* 1980s”, Clark 和 Haltzel 編, pp. 4-5，以及 Richard Gunther,

"Democratization and Party Building: The Role of Party Elites in the Spanish Transition", 載於《八〇年代的西班牙》，Clark 和 Haltzel 編, pp. 54-58.

【6】James Dunkerley 和 Rolando Morales, "The Crisis in Bolivia", 載於 "*New Left Review* no. 155" 一九八六年一—二月，pp. 100-101; "*International Herald Tribune*"，一九九〇年四月二十八—二十九日，p. 3.

【7】"*New York Times*"，一九八九年三月一日，p. 1，一九八九年三月二十四日，A10 版。

【8】Lamentowiz, "*Uncaptive Minds 2*"，一九八九年十一—十二月，p. 19.

【9】Salvador Giner, "Southern European Socialism in Transition", 載於 "*The New Mediterranean Democracies: Regime Transition in Spain, Greece and Portugal*", Geoffrey Pridham 編, London: Frank Cass, 1984, pp. 140, 155.

【10】Kenneth Medhurst, "Spain's Evolutionary Pathway from Dictatorship to Democracy", 載於 "*The New Mediterranean Democracies*", Pridham 編, p. 38; Bolivar Lamounier, "Challenges to Democratic Consolidation in Brazil"，（提交給美國政治學會年會的論文，一九八九年九月一—四日，華盛頓特區），pp. 19-20;《紐約時報》，一九八九年八月一日，A4 版。

【11】對所要求的妥協所作的類似敘述，見 Guiseppe Di Palma, "Government Performance: An Issue and Three Cases in Search of Theory", 載於《地中海地區的新興民主國家》, Pridham 編, pp. 175-177.

【12】Giner, "Southern European Socialism", 載於《地中海地區的新興民主國家》，Pridham 編, p. 149，以及 P. Nikiforos Diamandouros, "Transition to, and Consolidation of, Democratic Politics in Greece, 1974-83: A Tentative Assessment", 載於《地中海地區的新興民主國家》, Pridham 編, p. 64.

【13】Thomas E. Skidmore, "Brazil's Slow Road to Democratization: 1974-1985"，載於 "*Democratizing Brazil: Problems of Transition and Consolidation*", Alfred Stepan 編, New York: Oxford University Press, 1989, pp. 33, 34; "*Economist*"，一九八八年九月十七日，p. 48.

【14】Myron Weiner, "Empirical Democratic Theroy and the Transition from Authoritarianism to Democracy", 載於 "PS 20, Fall 1987", p. 865.

【15】《紐約時報》，一九八七年九月一日，p. 1。

【16】Levine, "Venezuela since 1958", 載於 "*Breakdown of Democratic Regimes: Latin America*", Linz, Stepan 編, pp. 89,

92; Philip Mauceri, "Nine Cases of Transitions and Consolidation", 載於 "*Democracy in the Americas: Stopping the Pendulum*", Robert A. Pastor 編, New York: Holmes Meier, 1989, p. 215.

[17] "All the Spains: A Survey"，《經濟學人》，一九七九年十一月三日，p. 3; Gunther, "Democratization and Party Building", 載於《八〇年代的西班牙》, Clark 和 Haltzel 編, p. 58.

[18] Scott Mainwaring 和 Eduardo J. Viola, "Brazil and Argentina in the 1980s", 載於 "*Journal of International Affairs* 38, Winter 1985", pp. 208, 209.

[19] Timothy Garton Ash, "The Revolution of the Magic Lantern", 載於 "*New York Review of Books*"，一九九〇年一月十八日，p. 51.

[20] Skidmore, "Brazil's Slow Road", 載於《巴西的民主化》, Stepan 編, pp. 9, 10.

[21] Luis A. Abugattas, "Populism and After: The Peruvian Experience", 載於 "*Authoritarians and Democrats: Regime Transition in Latin America*", James M. Malloy 和 Mitchell A. Seligson 編, "Pittsburg: University of Pittsburgh Press, 1987", pp. 137, 38.

[22] Charles Guy Gillespie 和 Luis Eduardo Gonzalez, "Uruguay: The Survival of Old and Autonomous Institutions", 載於 "*Democracy in Developing Countries: Latin America*", Diamond, Linz 和 Lipset 編, pp. 223, 24;《經濟學人》，一九八一年十二月四日，p. 63;《紐約時報》，一九八〇年十二月二日，A3 版，一九八〇年十二月六日，p. 3。

[23] Aldo C. Vacs, "Authoritarian Breakdown and Redemocratization in Argentina", 載於 "*Authoritarians and Democrats*", Malloy 和 Seligson 編, pp. 16；《紐約時報》，一九八三年十一月一日，p. 1，A14 版；"Washington Post"，一九八三年十一月一日，A1 版。

[24] "*Time*"，一九八三年十一月二十一日，p. 43；《華盛頓郵報》，一九八三年十一月五日，A10 版；《紐約時報》，一九八三年十一月六日，p. 6。

[25] 《華盛頓郵報》一九八五年二月十三日，A1 版，A28 版。

[26] Leo E. Rose, "Pakistan: Experiments with Democracy", 載於 "*Democracy in Developing Countries: Asia*", Larry Diamond, Juan J. Linz 和 Seymour Martin Lipset 編, Boulder, Colo.: Lynne Rienner, 1989, pp. 125-126.

[27] Jose Luis Cea, "Chile's Difficult Return to Constitutional Democracy", 載於 "*PS* 20, Summer 1987", p. 669.

[28] 《紐約時報》，一九八九年三月二十八日，p. 1；《經濟學人》，一九八九年四月一日，p. 39。

[29] 《紐約時報》，一九八九年六月六日，A 1 版；《經濟學人》，一九八九年六月十日，p. 43, 44。

[30] 《紐約時報》，一九九〇年二月二十七日，A 12 版、一九九〇年三月一日，A 20 版、一九九〇年三月八日，A 3 版；"Boston Globe"，一九九〇年二月二十七日；Tom Gjalten, "Let's Make a Deal", "*New Republic*", 一九九〇年三月十九日，p. 14；"*Washington Post National Weekly Edition*"，一九九〇年三月五—十一日，p. 7。

[31] 《紐約時報》，一九九〇年五月二十九日，A 9 版；"*Daily Telegraph, London*"，一九九〇年五月二十八日，p. 12; "*Los Angeles Times*"，一九九〇年七月十日，H 2 版。

[32] 《紐約時報》，一九九〇年六月十四日，p. 1、一九九〇年六月十五日，A 9 版；《華盛頓郵報全國周報版》，一九九〇年六月十八—二十四日，p. 18。

[33] 見 Manuel Antonio Garreton, "Political Processes in an Authoritarian Regime: The Dynamics of Institutionalization and Opposition in Chile, 1973-1980", 載於 "*Military Rule in Chile: Dictatorship and Oppositions*", J. Samuel Valenzuela 和 Arturo Valenzuela 編, Baltimore: Johns Hopkins University Press, 1986, pp. 173-174. 在一九七八年一月稍早舉行的一次公民投票使得智利人團結在皮諾契特周圍以對抗衝著該國而來的「國際侵略」行徑。這與在法西斯和共產黨國家的公民投票極其相似，而在這些國家，政府都得到百分之九十以上的贊成票；不過，在這次公民投票中，只有百分之七十五的智利選民支持皮諾契特。

[34] Skidmore，〈巴西的漫長道路〉，載於《巴西的民主化》，Stepan 編，p. 23。

[35] George S. Harris, "*Trukey: Coping with Crisis*", Boulder, Colo.: Westview Press, 1985, p. 59.

[36] Sung-joo Han, "South Korea: Politics in Transition", 載於《開發中國家的民主：亞洲》, Diamond, Linz 和 Lipset 編, pp. 283, 284; Grogory Henderson, "Constitutional Changes from the First to the Sixth Republics: 1948 to 1987", 載於 "*Political Change in South Korea*", Ilpyong J. Kim 和 Young Whan Kihl 編, New York: Korean PWPA, 1988, p. 38.

[37] Laurence Whitehead, "Bolivia's Failed Democratization, 1977-1980"，載於 "*Transitions from Authoritarian Rule: Latin America*", O'Donnell Schmitter 和 Whitehead 編, Baltimore: Johns Hopkins University Press, 1986, pp. 58-60.

【38】引自 Alfred Stepan, "The Last Days of Pinochet?", "*New York Review of Books*"，一九八八年六月二日，p. 33.

【39】引自 Constantine P. Danopoulos, "From Military to Civilian Rule in Contemporary Greece", "*Armed Forces and Society* 10, Winter 1984", pp. 236-237.

【40】Sandra Burton, "*Impossible Dream: The Marcoses, the Aquinos, and the Unfinished Revolution*," New York: Warner Books, 1989, p. 102; Hasan-Askari Rizvi, "The Civilianization of Military Rule in Parkistan", 載於"Asian Survey 26, October 1986", pp. 1076-1077;《經濟學人》，一九八八年十月二十九日，p. 43。

【41】Karl D. Jackson, "The Philippines: The Search for a Suitable Democratic Solution, 1946-1986", 載於《開發中國家的民主：亞洲》，Diamond, Linz 和 Lipset 編，p. 253; Rizvi, "Civilianization of Military Rule", pp. 1076-1077;《經濟學人》，一九九〇年六月十六日，p. 45：《紐約時報》，一九九〇年六月十五日，A 9 版。

【42】引自 Burton，《黃粱夢》，pp. 200-201：《經濟學人》，一九八八年九月十日，pp. 44-47。

【43】《經濟學人》，一九八五年六月二十九日，38 F 版。

【44】Burton，《黃粱夢》，pp. 208-211.

【45】Raymond Carr 和 Juan Pablo Fusi Aizpurua, "*Spain: Dictatorship to Democracy*", London: Allen & Unwin, 1981, p. 227.

【46】Chris Hani，引自《經濟學人》，一九八八年六月十八日，p. 46; Alvaro Cunhal，引自 Kenneth Maxwell, "Regime Overthrow and the Prospects for Democratic Transition in Portugal", 載於 "*Transitions from Authoritarian Rule: Southern Europe*", Guillermo O'Donnell, Philippe C. Schmitter 和 Laurence Whitehead 編, Baltimore: Johns Hopkins University Press, 1986, p. 123.

【47】關於政治死亡的這些數字主要來自新聞報導，而且對之應持幾分保留。另一方面，關於在任何「事件」或「大屠殺」中傷亡數字的初次估計幾乎總是被誇大了，而通常會在稍後遭到糾正。例如，對一九八九年六月北京死亡人數的最初報導是二千七百人，對一九八九年布加勒斯特死亡人數的最初報導是六萬人，這些數字在後續的報導中都逐次降低。《紐約時報》，一九九〇年六月三日，p. 20，《經濟學人》，一九九〇年一月六日，p. 47。另一方面，政府的報導通常又低估了他們的安全部隊所造成的傷亡及其本身的傷亡情況，許多政治死亡事件並沒有在官方的或個別的估計中顯示出來，因為屍體被兇手或朋友私下處置了。關於對南非在一九七七

一一九八四年間政治死亡的複雜的模式分析，見 Hendrik W. van der Merwe, "A Technique for the Analysis of Political Violence", Politikon 16, December 1989, pp. 63-74。「南非種族關係研究所」估計有八五七七人死於一九八四年九月至一九九〇年十月期間的政治暴力之中。見 Wayne Safro, "*Special Report on Violence against Black Town Councillors and Policemen*", Johannesburg: South African Institute of Race Relations, December 1990, p. 1.

[48] 見 Douglas L. Wheeler, "The Military and the Portuguese Dictatorship, 1926-1974: The Honor of the Army", 載於 "*Contemporary Portugal: The Revolution and Its Antecedents*", Lawrence S. Graham 和 Harry M. Makler 編, Austin: University of Texas Press, 1979, p. 215; John L. Hammond, "Electoral Behavior and Political Militancy", 載於《當代葡萄牙》，Graham 和 Makler 編, pp. 269-275; Douglas Porch, "*The Portuguese Armed Forces and the Revolution*", London: Croom Helm, 1977, pp. 165, 228; Thomas C. Bruneau, "Discovering Democracy", "*Wilson Quarterly* 9, New Year's 1985", pp. 70-71.

[49] Rafael Lopez-Pintor, "Los condicionamientos socioeconómicos de la acción Politica en la transición democrática", "*Revista Española de Investigaciones Sociológicas* 15, 1981", p. 21, 引自 Jose Ignacio Wert Ortega, "The Transition from Below: Public Opinion Among the Spanish Pouplation from 1977 to 1979", 載於 "*Spain at the Polls*, 1977, 1979, *and* 1982: *A Study of the National Elections*", Howard R. Penniman 和 Eusebio M. Muja-Leon 編, Durham, N. C.: Duke University Press, American Enterprise Institute, 1985, p. 344.

[50] Timothy Garton Ash, "Eastern Europe: The Year of Truth",《紐約圖書評論》，一九九〇年二月十五日，p. 18。

[51] Francisco Weffort, "Why Democracy?", 載於《巴西的民主化》，Stepan 編, pp. 341-345.

[52] Mainwaring 和 Viola, "Brazil and Argentina", p. 208；《紐約時報》，一九八二年十二月十七日，A6版，一九八二年十二月十八日，p. 3，一九八二年十二月二十日，A2版。

[53] Ramon H. Myers, "Political Theory and Recent Political Developments in the Republic of China", "*Asian Survey* 27, September 1987", p. 1013;《紐約時報》，一九八六年十二月一日，A3版，一九八六年十二月二日，A6版；《華盛頓郵報全國周報版》一九九〇年一月二十二—二十八日，p. 10。

[54] Timothy Garton Ash, "The German Revolution",《紐約圖書評論》，一九八九年十二月二十一日，p. 16。

[55] Ash,《紐約圖書評論》，一九九〇年二月十五日，p. 19。

[56] 《紐約時報》，一九八四年九月二十八日，A 3 版。

[57] 《經濟學人》，一九九〇年二月十七日，p. 35。

[58] 見 J. Bryan Hehir, "Papal Foreign Policy", "*Foreign Policy* 78, Spring 1990", pp. 45-46. 有關若望保祿二世的下述觀點，「暴力是罪惡，暴力是不足取的解決辦法」，因此，沒有所謂「正義革命」的說法，這一觀點在天主教神職人員中並未被普遍接受。

[59] Benigno Aquino，書面談話，一九八三年八月二十一日，馬尼拉機場，《紐約時報》，一九八三年八月二十二日，A 8 版。

[60] Zbigniew Bujak，引自 David S. Mason, "Solidarity as a Social Movement", "*Political Science Quarterly* 104, Spring 1989", p. 53; Lech Walesa，接受 Neal Conan 的訪談，國立公共電臺，一九八五年二月五日；Ash, "Eastern Europe", p. 19.

[61] Mangosuthu G. Buthelezi 首領，"Disinvestment Is Anti-Black", "*Wall Street Journal*"，一九八五年二月二十日，p. 32.

[62] 《紐約時報》，一九八七年一月二十日，p. 3；Jeffrey Herbst, "Prospects for Revolution in South Africa", "*Political Science Quarterly* 103, Winter 1988-89", pp. 681-682.

[63] 《經濟學人》，一九八五年七月二十七日，p. 26；《華盛頓郵報全國周報版》，一九八六年七月二十一日，p. 15。

[64] 《華盛頓郵報》，一九八四年三月二十八日，A 16 版；《紐約時報》，一九八四年十月三十日，A 1 版；《波士頓環球報》，一九八四年十月三十一日，p. 3，一九八四年十一月二十八日，p. 17；Charles Lane, "Marcos, He Ain't ", "*New Republic*", 一九八六年七月七日，p. 21。

[65] 《紐約時報》，一九八六年五月十五日，A 21 版，一九八六年六月十七日，A 2 版，一九八七年三月四日，A 3 版，一九八七年八月四日，A 13 版。

[66] William Flanigan 和 Edwin Fogelman, "Patterns of Democratic Development: An Historical Comparative Analysis", 載於 "*Macro-Quantitative Analysis: Conflict, Development, and Democratization*", John V. Gillespie 和 Betty A. Nesvold 編, Beverly Hills: Sage Publications, 1971, pp. 487-488.

第五章　持久

第一節 鞏固權力及其問題

甲國的民主改革派取得了權力，並開始對該國的政治體制進行改造。乙國的保守獨裁者登上了一架美國空軍的噴射機出走流亡，使得他的人民稱心愉快，前反對陣營中的溫和派民主人士現在面臨著治理國家的挑戰。丙國的政府和反對派中的民主人士也許會犧牲其選民的眼前利益，並就新的民主體制的基本要件達成協議。多年來，這三個國家終於在第一次自由而公平的選舉中產生了一個民選政府。

下一步怎麼辦呢？新的民主體制面臨什麼問題呢？民主政治能持續下去嗎？新體制能鞏固起來，還是崩潰垮臺？[1] 在第一次逆潮和第二次逆潮中，有二十個已經建立起民主政治體制的國家轉向威權體制。從七〇年代到八〇年代，在三十個已轉變爲到民主體制的國家中有幾個可能回復某種形式的威權體制嗎？八〇年代，非洲出現了兩次復辟：一次是在一九八四年的奈及利亞，一次是在一九八九年的蘇丹。這兩次復辟僅僅是特殊的例外，還是新的民主政府即將普遍垮臺的一個前兆呢？

有關未來的推測很少能夠把問題闡釋清楚；關於未來的預測常常令人難以應付。前幾章中，我探討了第三波民主化的內容、原因和方式。在本章，我將沿用這種實證研究的方法繼續分析：(1)新型民主國家在轉型過程中面臨的兩個主要問題；(2)在建立民主政治制度、民主政治文化中所含括的步驟；(3)很可能影響到民主鞏固之或然性的因素。

處在發展、鞏固其新民主政治體制過程中的國家，可能會面臨上述三種類型的問題。轉型問題（transition problems）直接發生於從威權體制轉型到民主體制的政權變遷現象。這些問題包括建立新的憲政和選舉制度的問題、肅清親威權政權的官員，並用親民主的人士來取代，廢除或修改不適合民主政治的法律，廢除或大刀闊斧地改變威權統治機構（諸如祕密警察），而且以前的一黨制國家之政黨與政府在財產、角色功能和人事方面如今更要所有區隔。許多國家在轉型過程中面臨的兩個最關鍵的問題是：⑴如何對待威權時代的官員，他們曾經粗魯地踐踏人權，即「用刑者的難題」（the torturer problem）；⑵如何減少軍人干政和建立專業形態的文武關係，即「執政官的難題」（the praetorian problem）。

第二類問題或許可以稱爲情境問題（contextual problems）。這些問題反映出該社會的性質，它的經濟體系、文化和歷史，而且在某種程度上是這個國家所固有的風土民情，與其政體無關。威權統治者通常解決不了這些問題，而且，民主統治者十之八九也解決不了這些問題。由於這些問題是個別國家所特有的，不是轉型過程中的普遍現象，所以這些問題因國家而異。然而，第三波民主國家中普遍出現一些問題，包括叛亂、族群衝突、地方山頭主義、貧窮、社會經濟不平等、通貨膨脹、外債、低經濟成長率等。評論家們常常強調，這些問題對新興民主國家的鞏固構成威脅。不過，事實上，除低水準的發展外，一個國家情境問題的多寡和嚴重性似乎與鞏固民主體制的成敗不大相關。

隨著新民主國家的地位得到鞏固，而且達到一定程度的穩定性，旋即就會面臨著體制問題（systemic problems），這些問題反映出民主體制的運作。威權政治體制所遭遇的難題，主要來自其特有的性質，諸如：決策權過分集中、反饋機能不足、過分依賴政績合法性等。其他問題則往往是民主體制所特有的，如各種社會力量僵持不下、難以作成決策、煽動性宣傳容易得手，以及既得經濟利益者暗中操縱等。傳統的民主國家已經苦於面對這些問題，新的第三波民主國家勢必也難以免除這些問題。圖 5.1 以圖解的方式呈現了這三類問題出現的時間。

在本章的下面幾節中，我將討論由用刑者和執政官所帶出的問題，然後再探討情境問題在鞏固過程中所扮演的角色。我不想花太多心神去分析民主政治運作中所產生的體制問題。因爲這些問題，在某種意義上而言，是民主政權鞏固之後才有的現象。

第二節　用刑者的難題：法辦與懲治，還是寬恕與遺忘

在其他事項中，新的民主政權必須決定，如何處置威權體制的象徵、信條、組織、法律、文官和領袖。在這些問題背後，常隱含著一些根本性

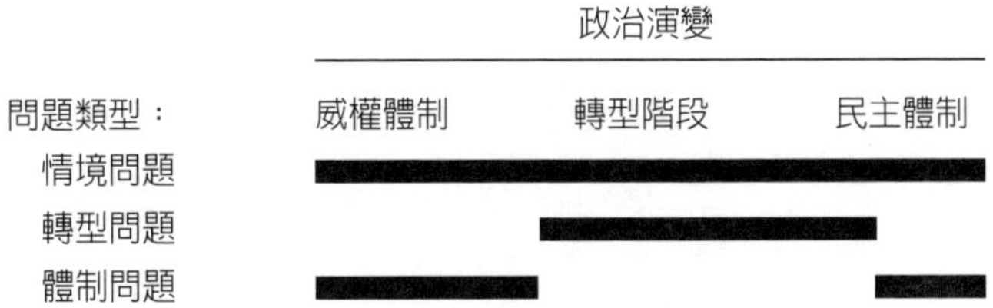

圖 5.1　第三波國家所面臨的問題

的問題，如國家認同和政治合法性。有關前政權的官員所犯下的罪行是一個十分普遍的問題。[2]接替上臺的民主政府常常利用機會去揭發、或追訴前任政府官員的失職、腐敗或欺詐行爲。取代威權政府的民主政府面臨著一個更爲嚴重的、更容易被情緒化的、而且更具政治敏感的問題，即民主政府對於人權慘遭蹂躪的指責，如謀殺、綁架、淩虐、強姦或不加審判的監禁等由前威權政權官員所犯下的罪行，應該如何因應？是法辦與懲治較爲適切，還是寬恕與遺忘較爲妥當？

七〇年代和八〇年代的威權政權要爲這一問題的出現負很大責任。在軍事統治的年代裡，大約有九千名阿根廷人失蹤，大概被安全部隊所謀殺，另外，有許多人遭綁架、刑求。根據一項估計，在烏拉圭的軍事統治時期中，其政治犯的比例居世界各國之冠。大約每五十個烏拉圭人就有一人因爲某種原因而遭到扣押，而且許多人受到刑求。大約有二百人失蹤，或是在拘禁中遇害。在希臘，受到折磨或刑求的人數有數百名之多。在智利，大約有八百名平民在一九七三年的政變期間或稍後被殺，另外有一千二百人在以後的數年中被殺。當一九七九年宣布大赦時，大約釋放了七千名政治犯。希奧塞古政權也蹂躪了數以萬計羅馬尼亞人的基本人權。中美洲左翼和右翼的獨裁政權都同樣以極其殘忍的方式對待他們的人民，特別是少數民族。即使在巴西，一九六六年到一九七五年之間，大約有八十一名平民遇害，大約有四十五人在與都市游擊隊的戰爭中失蹤。[3]針對特定個人的行動也經常附帶地作爲打擊示威者的群眾暴力，諸如在南韓光州和希臘技術學院的屠殺事件。

二十世紀末，威權政府的這些行動和早期的威權政體，並無很大的不同。其行爲之所以在其社會中成爲一個重要問題，主要是因爲七〇年代以來全世界普遍關注人權問題。美國國會的人權立法，和許多人權組織的成立都是這種現象的顯現，如國際特赦組織、自由之家、美洲觀察，以及與CSCE相關的組織。政府間人權組織愈發積極的角色及卡特政府有效地把人權排上世界事務的議程，都是明顯的事例。因此，民主政府一旦掌權，就無可避免地面對前政權所犯下的踐踏人權的行爲，即使在他們的社會中，這種懲辦的努力將是史無前例的，通常也的確如此。

人權的極端重要性反映在所提出之指控當中，這些指控通常是針對前任的威權政府官員。希臘軍事政權的領袖們被控發動政變，並判處叛國罪。不過，幾乎在每一個國家，這些責難與起訴都關係到謀殺、綁架、刑求個人等。在許多國家，威權體制的建立曾經受到民眾廣泛的擁護，因此，要以政治理由起訴那些建立這一體制的人有些說不過去，而且也有困難。全世界對人權的關注不把義憤集中在該政權的非法性上，而是集中在其官員的非法行爲。把威權政體的官員們送交法辦，不是因爲他們扼殺了憲政民主，而是因爲他們殺害了個別的民眾。

在那些發生過嚴重侵犯人權的國家，曾就民主政權應該採取何種行動而發生重大的爭論。有人認爲，這些罪行的始作俑者必須交付法辦，而且要狠狠地修理，因爲：

(1)要眞理和正義就必須這樣做，繼任的政權有道德義務來懲治違反人道的萬惡罪行。

(2)法辦是對受害者及其家屬所應盡的一項道德義務。

(3)民主政治建立在法律基礎之上，其特質之一就是，不論是高級官員、或是軍官、或是警官，都不得超越法律之上。正如一位烏拉圭法官在批評該國民主政府的大赦計畫時說：「民主政治不僅僅是言論自由，也不僅僅是舉行選舉的權利等等，而是法治。沒有法律的平等適用，民主就死亡了。現任政府的舉止就像一位被妻子欺騙了的丈夫，他知道眞相，每個人也都知道眞相，但是他堅持認爲萬事如常，他並且每天祈禱不必被迫去面對眞相，因爲那樣的話，他必須對這件事採取某種措施。」[4]

(4)法辦爲制止未來情治官員侵犯人權的必要措施。

(5)法辦是維持民主體制生命力的必要環節。如果軍方和警察機構以政治影響力，或政變的威脅來阻止法辦，則這個國家的民主政治也就名存實亡，尚待繼續奮鬥以確立民主政治。

(6)法辦維護了民主價值和民主規範的至高無上，並且是促進民眾信賴這些價值和規範的必要步驟。「除非重大罪行受到調查和懲罰，否則，不會助長眞正的信任，也不可能在一個社會中充分地『灌輸』民主的規範；因此，民主政治也不會眞正『鞏固』。」[5]

(7)即使威權政府的多數罪行沒有受到追訴，最低限度必須把這些罪行和那些該負責的人公諸於世，並因此而建立一個全面的和權威的公共檔案。責任心原則是民主政治的核心，責任心要「說明眞相」，並強調「人民不必爲了更大的幸福而犧牲；他們的苦難應該昭告天下，而且造成這些苦難的政府部門及其官員的責任應予釐清。」[6]

反對懲治的人則提出以下的講法：

(1)民主政治必須建立在和諧的基礎之上、建立在社會中主要團體忘掉既往分歧的基礎之上。

(2)民主化的進程包括各社會團體之中達成公開的或私下的諒解，這種諒解是絕不對以往的暴行施加報復。

(3)許多案例中，不論是反對派團體，還是政府軍都曾經嚴重地侵犯人權。對所有人實施大赦，遠比只懲治一方、另一方或雙方都懲治還好，可以爲民主政治奠定更強大的基礎。

(4)威權政府官員的罪行在當時有其正當性，因爲鎮壓恐怖主義、擊敗馬列主義游擊隊有絕對的必要性，而且要恢復社會的法律和秩序，他們的行動在當時受到了民眾的廣泛支持。

(5)社會中的許多人或團體都參與了威權政府所犯下的罪行。哈維爾認爲，「我們所有人都愈來愈習慣於極權體制，把它當作一個永恆不變的事實，這樣就有助於使極權體制永久化。換句話說，儘管程度各有不同，我們大家都要爲極權機器的建立負責任。我們之中沒有一個人只是其受害者；我們大家都應對此負責。」[7]

(6)大赦是把新民主國家建立在牢固基礎之上的一個必要步驟。即使我們有充分的法律或道德理由去懲治那些人，此項理由也會在建立穩定的民主體制這一道德律令面前瓦解。民主的鞏固應該優先於對個人的懲罰。正如烏拉圭總統桑格內蒂所說的：「若是一個國家的人權如今已得到保障，我們是去鞏固這個國家國內的和平，還是去尋求會危害這種和平之既往的正義，究竟哪一樣比較適當？」[8]

總之，上述就是第三波民主化國家中贊成和反對懲治威權罪行的論點。懲治的事實其實很少受到道德或法律方面的因素所影響。懲治的做法幾乎完全出於政治原因，或受到民主化進程之性質的影響，也可能是轉型期和轉型以後的政治權力分配所致。到頭來，第三波民主化國家中的政治運作逐漸瓦解了起訴或懲罰威權罪犯的努力。在少數幾個國家，對個人進行了即決裁判（summary justice）；

絕大多數的國家，並未出現有效的懲治事件。在那些一九九〇年之前已經民主化的國家，只有在希臘，曾經有相當多的威權政府的官員受到實質性的審判和處罰。

鑑於對這一問題曾有過激烈的政治辯論和強烈的情緒因素，那麼，對這一結果應如何加以解釋呢？

首先，在一九九〇年之前實現民主化的國家中，約有一半是由在任的威權政府倡議、引導下而進行變革的。這些領袖通常是民主改革派，在大多數情況下他們取代了以前的保守派領袖，而保守派領袖則顯然不願意因爲他們可能已經犯下的罪行而遭到起訴。改革派需要獲得保守派對民主化進程的默認，並保證他們不會被繼任的民主政府懲罰，這也是建立民主政權的必要條件。此外，改革派能夠取代保守派掌權的這一種威權政體，其侵犯人權的行爲可能比較少，而另一些保守派持續掌權而且頑抗到底的政權，其侵犯人權的行爲則比較多、比較惡劣。因此，實際上每一個開始進行民主變革的威權政府，都頒布大赦法令作爲民主化進程的一部分。這些大赦通常適用於在特定的一段時期內，由政府官員或反對派的成員所犯下的任何罪行。巴西和智利當局在一九七九年就實行了這樣的赦免。瓜地馬拉在一九八六年也實行了赦免。一九八三年，土耳其的將軍們在獲得追訴豁免權的保證後，同意了透過選舉產生民主的政府。

在變革現象的種種案例中，威權政府不僅根據他們自己的利益來立法實行大赦，他們還會使大赦進退兩難。因此，可以得出這樣的結論，繼任的民主政府不是眞正的民主政府，因爲他們無權依法處罰那些在威權政府中犯下罪行的人。例如，瓜地馬拉軍方在一九八六年一月把政府移交給由民主選舉產生的文人總統塞拉柔的前四天，宣布自我赦免。塞拉柔接受此一赦免，進一步擴大了大赦範圍，並且坦然承認，若是他試圖追究軍事政府統治期間發生的無數起侵犯人權事件，以懲治任何瓜地馬拉士兵，他就不再擔任總統。因此，有人認為，塞拉柔政府不是「一個民主的政府，甚至不是一個向著民主體制轉型的政府。」[9]

對智利的後皮諾契特政權可以發出同樣的指責，而且，的確有人發出了這樣的指責。在一九八九年選舉中，支持艾溫競選總統的多黨聯盟通過了一項綱領，催促立法以推翻一九七九年的大赦法，並把一項為期十年的條例擱置一年，因為該項條例限制對謀殺或其他暴力罪行進行追訴。智利的軍方領導人警告，若是試圖一意孤行下去，那後果將很嚴重。在一九八九年十月，當時還擔任總統的皮諾契特將軍宣布：「他們敢動我的部下任何一根寒毛之日，就是國法終結之時。」智利的空軍司令馬特海將軍十年以來一直與皮諾契總統抗爭，並摧促加快民主化的進程。不過，他在一九八九年發出警告，廢除大赦法的努力會威脅到這一進程。三軍部隊「不會接受」任何對他們的起訴：「如果他們試圖要把我們戴上枷鎖，就像在阿根廷那樣，則會產生極其嚴重的後果。」左翼的反對派領袖們繼續堅決主張懲治到底；但溫和的民主派領袖們則強調調查的願望。在上臺的前幾天，艾溫特意向軍方保證：「我心中並沒有想進行審判的念頭，我也無意鼓動審判……（我不打算）為難或是得罪皮諾契特將軍或其他任何人。」[10] 為了落實他的全國和解的基調，艾溫總統在就職後，立即釋放了被皮諾契特政府所監禁的那些沒有暴力行為的政治犯。

民主體制的創立總是必須在政治權勢團體之中，就政府能夠做什麼、不能做什麼的問題達成妥協。在五〇年代晚期，委內瑞拉民主體制的建立，即要求各方提出承諾，尊重教會的特權、尊重私有財產，並進行土地改革。建立在這種妥協基礎之上的政治體制，會因爲這些約束而算不上是民主政權嗎？一種政體會因爲政府缺少權力、或意志來懲治前任威權政府中的罪犯，就算不上民主政體嗎？如果這樣，那麼，經由變革過程所建立的民主體制沒有一個是民主的，因爲顯然沒有任何威權領袖們會讓他們的體制民主化，如果他們期望他們自己或同夥因此遭到起訴並受到懲罰的話。只要政府夠強大，足以完成變革，也必然有實力開出一個實行民主的價碼。如果這些政府實力不夠，那麼，一九九〇年之前的第三波轉型中有一半是不可能發生的。拒絕在這些國家實行大赦也就是把最流行的民主化形式排除在外。

但是，對於那些不知急流勇退，卻因爲衰弱而遭取代的威權政權，情形就完全不同了。通常這樣的政權都沒料想到他們的末日，因此也不試圖制定大赦法來保護他們的成員。最著名的例外是阿根廷，在這個國家，比格農將軍領導了一個爲期六個月的臨時軍事政府，從軍事執政團的垮臺到選出民主的政府爲止。他的政府連續不斷地努力來保護軍方和警察免受懲治，但是，這些努力都失敗了。該政權首先試圖與文人政府領袖進行談判，就不懲治的問題達成一個協議；但是，這一努力受到「普遍的嘲諷」。接著，該政權又透過電視播出了一則報導，強調其與左翼恐怖分子所進行的戰爭，期使其行動合法化；但是，這種做法的結果「適得其反」。然後，他又試圖與裴隆主義運動中保守的工會領導人談判達成一個祕密協定，但是，這一舉動被其他的反對派領導人所揭發，結果不得不半途而廢。[三]最後，在大選之前的數個星期，比格農政府頒布了「國家和平法」（Law of National Pacification）。這項法律保證對軍方或警方官員的任何行動都不得起訴或調查。這些行動包括在反恐怖主義戰爭期間所發生的「一般罪行和相關的軍事罪行」。這項大赦法也適用於少數恐怖分子，大約有十多人，包括一些未曾被捕的和沒有定罪的人，以及一些未流亡的人。這項法令立即遭到了所有反對派政治領袖的譴責。一九八三年十二月，民主政府上臺之後的兩個星期就廢除了大赦法。

自行下野，或被推翻的威權政府中的官員是懲罰的目標。柯爾德（Bernard Coard）和格瑞那達共黨政權的十三名其他領導人，在被美軍解除權力之後，以謀殺罪及其他罪名而遭到長期的監禁。如果諾瑞加不是因爲販毒而被帶往美國起訴，他也會在本國面對種種的控訴。希奧塞古夫婦則受到了相當嚴厲的即決判決。艾奎諾夫人在當選之前，曾威脅要對馬可仕進行起訴，而馬可仕則因爲流亡國外而躲過了這一起訴。何內克和他的同夥們當初因爲年邁加上患病而免受嚴厲的懲罰，但是在一九九〇年底，何內克還是因爲曾經下令射殺試圖越過柏林圍牆逃亡的東德人而遭到告發。

在希臘和阿根廷，人們曾以多方面和認眞的態度起訴並懲治前威權政府的罪犯。表面上這兩個國家的情形極爲類似，兩國的軍事政府顯然都犯有嚴重踐踏人權的罪行。這兩國的政府在境外的軍事衝突中遭到挫敗之後而垮臺。在這兩個國家，繼任的民主政府都完全被一黨所控制，而且其領導人都受到高度的尊崇和歡迎。此外，當這兩國的民主政府由選舉產生之後，輿論一面倒地支持懲辦那些犯下踐踏人權罪行的人。在希臘，正如一位觀察家所形容的，這是「最敏感的和最具有爆炸性的普遍要求。」[12]在阿根廷的情況也是如此。這兩國的新政府都努力制定一個處理踐踏人權問題的綱領，以迎合民眾的普遍要求和道德義務。

這兩國政府也在制定其政策方面面臨相同的問題。他們必須決定某人因爲什麼罪名、以何種方式、何時以及在那一種法庭上受審。當個人獨裁政權在哥倫比亞、委內瑞拉、菲律賓和羅馬尼亞被推翻之後，起訴與懲罰大都僅限於對獨裁者、其家屬及其親密夥伴。軍事政權的更替出現了一個難度很高的挑戰。在阿根廷和希臘，這兩個國家都顯然有必要起訴軍事政府的最高領導人。但是，起訴行動應該進行到軍方和警方中的哪個階級？艾方辛政府試著把可能的罪行劃分成三類來處理這一問題：

(1)那些發布命令蹂躪人權的人；

(2)那些執行命令的人；

(3)那些超出命令所許可的行動範圍而侵犯人權的人。

根據政府的政策，被列入第一類和第三類的軍官和警官，將受到起訴和審判；那些屬於第二類的人只有當他們知道其所接到的命令明顯非法時，才會受到審判。

因此，艾方辛政府和卡拉曼里斯政府所面對的情形十分相似。這兩個政府所獲致的結果則截然不同。到了一九七五年八月，即卡拉曼里斯被選爲總理的九個月之後，軍事政府的十八名高級官員受到了起訴、審判，並被處以叛國罪。緊接著進行的第一次有關刑求的審判中，有三十二名憲兵（包括十四名軍官和十八名士兵）受到起訴，其中十六人被判有罪。另外，在一九七五年進行了另外三起對陸軍、海軍和警察官員的審判，在一九七六年底進行了另兩起審判，以及對必須爲工藝學院屠殺事件負責的軍事政府最高領導人的審判，使得另一些人被判有罪，並送監服刑。總之，全希臘進行了約一百起至四百起有關刑求罪的審判。有相當多的人在這些審判中被判處侵犯人權罪。[13] 到了一九七六年底，即民主政府當權兩年之後，實質上的正義已獲得伸張，起訴和懲罰的問題在希臘政治中暫告一段落。

在阿根廷，人權所受到的侵犯，不論是在比例上，還是在程度上都遠比希臘嚴重得多。由艾方辛所任命的調查委員會下結論指出，安全部隊至少使得八千九百六十人「無緣無故的失蹤」，他們建立了一個由三百四十處祕密拘留所與刑求中心構成的網絡，大約有二百名他們任命的官員被證實直接介入這些行動，而且，還有更多的人也參與鎮壓活動。[14] 在艾方辛政府執政的七年間，如何處理侵犯人權的問題使得全國上下沸沸揚揚，而且不時地震撼了阿根廷的政治，至少引發三次軍事政變的企圖。在這次審判中，總共有十六名官員（包括前軍事執政團的成員）被交付審判，其中十人被判處侵犯人權罪。與希臘相比，阿根廷懲辦罪犯的成果既沒有伸張正義，也未有利於民主政治，反而製造了道德和政治的爛攤子。在一九九〇年，這個問題仍然是阿根廷政治中造成不和的一個重要因素。於是，阿根廷就成了一個充滿心靈創傷的國度，這種創傷是因懲治威權罪犯造成的，而這種記憶又彌補了由威權政權所犯下的驚人罪行所造成的社會和個人的心靈創傷。

對阿根廷和希臘在結局上的差異，如何才能加以解釋呢？片面地看，可歸因於一個事實，即阿根廷存在著嚴重的內部安全威脅，而由於這種威脅，迫使在軍事執政團之前執政的裴隆派政府指揮軍隊去「剷除」恐怖分子，而阿根廷民眾中的大部分人又默默地接受，並在某種程度上贊同軍事政府爲了圓滿達成任務所採用的殘忍手段。在希臘，由於軍方侵害人權的行爲沒有那麼嚴重，其正當理由也就比較站不住腳。此外，希臘的軍事政權是一個由一群上校領導的政權，因此，受到了一些高階將領的反對。因此，希臘軍方中的一些人士就支持政府採取懲治的措施，而阿根廷軍方都一致反對這種舉措（不論他們在其他方面的差異）。此外，這些因素也只單方面地說明了在處理這一問題上的差異，即希臘的成功和阿根廷的失敗。尤其重要的是，兩個政府所運用的政策和策略。

卡拉曼里斯做了兩件事。首先，當民眾的支持達到最高峰時，他趁機採取果斷行動，其政策是「迅速、果斷、誠信、有節制的懲治。」[15] 經由一九七四年選舉而鞏固其執政地位之後，卡拉曼里斯訂定了懲治侵犯人權者的計畫。由於一九七五年二月發生的一宗嚴重的軍事政變企圖，使得支持卡拉曼里斯行動的人激增。他利用人民對這一宗政變企圖的反應作爲資本，迅速地採取行動，透過正常的普通法庭（而不透過軍事法庭）進行了一連串的起訴和審判，結果這一過程在十八個月之內就終審定讞。其次，卡拉曼里斯採取行動安撫軍官團，保證不會在制度上向他們挑戰。他的「軍官團免受批評的政策，以及他對這些人的專業要求和資格的敏感性化解了現役軍官可能的激烈反彈。對軍事執政團主要人物的有限整肅政策，也是在正規法律程序和民眾的激情冷卻之後才進行的，這就減輕了軍官團的許多焦慮。」然後，刑求者的難題在希臘政治中幾乎消失了十四年，只有在一九九〇年十二月曾經短暫復活，當時保守派政府宣布將赦免在監獄服刑中的八名軍事執政團成員之中的七名。但是據報導，由於民眾的強烈抗議，卡拉曼里斯總統拒絕簽署這一法令，之後希臘政府迅速取消了該計畫。[16]

在阿根廷，懲治的各種努力遭到失敗，及其爲阿根廷民主政治所造成的嚴重危機，大部分是由艾方辛政府的政策釀成的。這些政策延誤了對侵犯人權者的審判和懲罰，而且鼓勵軍方來抗拒這一進程。隨著時光的流逝，民眾的憤慨和對懲治的支持也代之以冷漠，於是，軍方就從一九八二年至一九八三年間所受的屈辱中重新恢復了影響力和地位。

艾方辛一上臺就廢止比格農政府的大赦政策，任命一個由小說家薩巴圖（Ernesto Sabato）爲首的文人委員會來調查軍方的罪行，率先對九名高級軍官提起公訴，同時也保證以立法的方式爲懲治整個軍方和警方中的侵犯人權者奠定法律基礎。這些行動在軍方內部激起了恐懼、關切和反對。不過，艾方辛也同時通過立法，規定那些受到侵犯人權罪名控訴的軍官們將只在軍事法庭接受初審。於是，他首先給與軍方一個刺激，接著又提供手段以阻擾起訴行動。

一宗涉及九名陸海軍將領的侵犯人權案在一九八四年初提交到三軍部隊最高會議（Armed Forces Supreme Council）上。八個月之後，即九月，該會議的報告指出，他們發現軍事執政團成員的行動「沒有過失」（nothing objectionable）。然後，這宗案件就轉移到非軍事的聯邦上訴法院，在該處的審判又持續了一年，並在一九八五年十二月宣判，有五人被判有罪，四人無罪開釋。一九八六年間，又有七名高階軍官被起訴，其中五人因侵犯人權罪名成立而入獄。而在此同時，調查仍繼續進行，並且還準備對許多軍官提出起訴。

一九八四年與一九八五年的民意測驗顯示，人們普遍支持懲治，特別是懲治高階軍事指揮官。然而對這一問題的關心程度已開始冷卻。艾方辛上臺之後一年，據報導，「那時許多阿根廷人已經對失蹤者失去興趣。」支持懲治的遊行示威的規模也小多了。一位活躍分子抱怨說，「總是只有我們這幾個人在嚷嚷。」[17]民意瞬息萬變，軍方的抗拒則與日俱增，而一九八六年十二月艾方辛提議一項

「全面停止」（punto final）法案，這項法案禁止對新案件進行起訴。人權團體譴責這一法案，而大多數阿根廷人卻漠不關心，一項對該法案發動二十四小時抗議的行動也胎死腹中。於是，國會通過了這項法案，並趕在截止期限之前，又對約二百名軍官提起公訴，包括許多現役者。軍方明白表示，他們強烈反對審判這些現役者。而在此同時，最主張懲治的團體，如「梅堯廣場的母親」（the Mothers of the Plaza de Mayo）也分裂了，其每星期一次的遊行變得活像「一場上年紀的親戚或老朋友的懇親會。許多人由她們的丈夫、孩子或孫子陪伴著。」[18]

一九八七年四月，一場迫使軍官出庭的造勢活動，導致了所謂的復活節叛亂（Easter Rebellion）。在這場叛亂中，有兩個基地的軍隊發生兵變，並向政府提出幾項要求。艾方辛雖然順利地勸誘叛軍投降，但也勉強同意了他們的主要要求。他開除了陸軍參謀長，同時考慮到人權團體的強烈反對，卻讓「正當服從」（due obedience）法通過，這項法律有效地禁止對所有人的指控，而只控訴少數退休軍官。在一九八八年一月和十二月，又有數起軍事叛亂被敉平，但這給政府欲放棄懲治行動造成愈來愈多的壓力。一九八九年，斐隆派候選人梅南（Carlos Menem）當選總統。那時裴隆主義黨已經與軍方建立起密切的關係，梅南任命一位大赦的支持者擔任國防部長，並任命叛軍的一位親信擔任陸軍參謀長。一九八九年十月，梅南赦免了六十名游擊隊員和所有被指控或可能被指控侵犯人權罪名的軍方和警方官員，但不包括仍在監獄中服刑的五名軍事執政團員。一九九〇年十二月二十九日，梅南又特赦了這五名軍事執政團成員和另一名將軍，這名將軍在一九八八年從美國引渡回來，爲了三十八起謀殺罪名正在等待受審，另外，蒙特尼羅游擊隊的一名首領也獲釋。梅南的行動勾起了極度的悲痛、對抗和憤慨。大約有五萬人到首都布宜諾斯艾利斯抗議。前總統艾方辛說，「這是阿根廷歷史上最悲哀的一天。」[19]

在希臘，民主政府與軍方的對峙，在民主政府選出之後的三個月，由於一樁流產政變而達到了高潮。在阿根廷，這個高潮出現在政府選出之後三個半月的一樁流產政變。在希臘，政變的企圖給懲治的行動師出有名，並且凝聚支持力量。在阿根廷，政變的企圖卻使政府放棄懲治行動。艾方辛未能在一九八四年採取迅速而果斷的行動，當時的民意支持採取這樣的行動，後來卻使得懲治侵犯人權罪行成爲權力關係變遷和民眾態度變化下的犧牲品。正如薩巴圖所說的，結果是「一個偷了錢包的人被送入監獄，而刑求他人的卻逍遙法外。」[20]

和發生變革及置換的國家相比，在移轉模式的轉型過程中，大赦的條件是透過政府與反對派之間公開或私下的談判來達成的。例如，在尼加拉瓜，桑定解放陣線提出了一項大赦計畫，但是爲了滿足民主反對派的不同意見，又進行了修改。在韓國，全斗煥總統全力支持他的同僚盧泰愚競選總統，其前提條件和私下的諒解是，全斗煥和其同夥不會因爲他們在七年的威權統治期間的任何行動而受到懲治。不過，一旦盧泰愚當選，就有人要求全斗煥政府官員必須爲所犯的罪行負責。這些罪行中包括最著名的光州屠殺事件，此外，還有人提出許多指控，這些指控「發生在拘禁期間的刑求、迫害和沒有說明的死亡事件，有許多保存完整的檔案可以證明。」[21]反對派議員要求懲罰全斗煥總統和另外五名屠殺事件的負責人。在一九八八年和一九八九年，這一問題在南韓引起了激烈的辯論。一九八八年十一月，全斗煥提出公開的道歉，並退隱到某個偏僻的佛寺裡養老。而同時，在盧泰愚政府和反對派之間也進行了緊張的談判，談判的焦點是舉行聽證會、懲治的問題和對光州事件受害者可能的賠償。最後，雙方達成了一項「祕密交易」，根據這項交易，全斗煥將在一場由電視轉播的國會聽證會中出席作證。這起吵吵鬧鬧的事件並沒有滿足反對派的要求，卻有助於盧泰愚政府與他的前任政府劃清界線。

在尼加拉瓜和韓國，一旦民選的政府選出之後，在政府和反對派之間就進行了談判。在其他例子中，威權政府與反對派之間在新政府選出之前就達成一項協議。例如，一九八四年夏天，烏拉圭軍方和一些政治領袖在「海軍俱樂部」協商，以安排民主轉型的事宜，爭論主要出現在軍方對於其免遭起訴的保證程度。後來，梅蒂納（Medina）將軍和桑格內蒂總統都說這個問題從未談論過。有些文職人員說，軍方得到保證，政府不再起訴他們，儘管一般平民個人所提出訴訟並未被阻止。還有一些人說，軍方得到的保證是這些行動也將被制止，而反對派勃朗哥黨（Blanco Party）的領袖費雷拉（Wilson Ferreira）後來爲他放棄反對大赦的立場提出辯護，理由是軍方已經在海軍俱樂部的談判中得到了不受起訴的保證（那次審判，他沒有參與，因爲當時他還在監獄中）。[22]

烏拉圭的將領們受到國內和國際兩個方面的巨大壓力（包括來自美國，以及阿根廷和巴西民主化的壓力），要他們結束統治。不過，他們並沒有被趕出權位。他們經由談判找到了下臺階，正如一位烏拉圭的政治專欄作家所說的，「將領們相信他們會高視闊步地離開官職。」[23]當然，當時人們普遍認爲，海軍俱樂部的談判一定就懲治問題達成了某些諒解。鑑於侵犯人權的範圍及其嚴重性，將領們有可能不再貪戀權位，這或是因爲他們得到了保證，或是因爲雙方都認爲進行重大的懲治是不可能的事情。

在民選政府於一九八五年三月就職後的一年半時間裡，烏拉圭民眾告發了三十八件起訴案，指控一百五十名官員犯有謀殺、刑求、綁架、強姦和其他罪行。軍方宣布，他們不會允許軍人出庭應訊。桑格內蒂總統希望避免重大的對抗（因爲這種對抗就意味著其政權的結束），提出了一連串對軍方實行的大赦計畫，這樣做的理由有一部分是因爲他已經赦免了恐怖分子和其他被軍方監禁的政治犯。幾個反對黨在立法機關中封殺了他的法案，同時提交一個片面的赦免對案，這項對案也遭到挫敗。第一次審判定於十二月二十三日開庭，大家料想軍官必會出庭，但在最後一刻，反對派政治領袖改變了立場，立法機關在十二月二十二日連夜開會通過了大赦法案，第一次審判取消，從此也未再進行審判。

然而，烏拉圭的政治鬥爭只是一個開始。當大赦法案尚處於辯論階段時，民意測驗顯示，百分之七十二的民眾支持懲治那些犯有侵犯人權罪行的人。[24]兩個月後，法案通過，反對派政客、人權活動者、受害者及其家屬、牧師、新聞記者、律師及其他人組成了一個聯盟來發動一場造勢活動，要求把大赦法提交公民複決。「公民複決」需要前一次選舉投票選民中的四分之一聯名請願，或在三百餘萬的總人口中獲得五十五萬五千七百零一人簽名，才可以舉行。這些簽名運動左右了烏拉圭政治達兩年之久。政府、選舉法庭、軍方和一些反對派的領袖都全力以赴，用盡各種手段要阻止這些簽名的蒐集和查證。最後於一九八八年十二月，由選舉法庭認定，支持公民複決的有效簽署比所需者超出一百八十七人，隨即國會排定於一九八九年四月十六日舉行公民投票。在經過艱苦的造勢活動之後，包括來自軍方的幾近赤裸裸的恫嚇，謂軍方不會默認大赦法的廢除，烏拉圭民眾以百分之五十三對百分之四十的比例贊成大赦。這一結果解決了問題，但卻未令任何一方滿意。那些反對大赦的人輸了；但是另一方面，正如桑格內蒂總統所說的，「沒有勝利的感覺。」[25]自民主化開始以後已有九個年頭，而自民選的政府就職算起，這也近五個年頭了。

在東歐，除了羅馬尼亞和東德，最初的傾向就是既往不咎（forgive and forget）。懲罰的問題從未在匈牙利眞正出現過；捷克的哈維爾、波蘭的馬佐維基（Mazowiecki）和蘇聯的雅可列夫（Yakolev）都反對進行刑事起訴。不過，在好幾個國家則出現了呼聲，要求對那些必須爲臭名遠播的罪行負責任的人進行調查和起訴。布拉格的前共黨領導人受到了審判，而且因爲對示威者施加暴力而被判有期徒刑四年。波蘭祕密警察中的兩名將軍被逮捕，罪名是在一九八四年「策劃和指揮」謀殺波皮魯斯科神父（Father Jerzy Popieluszko）。保加利亞的吉科夫也被逮捕拘留達六個月，然後在一九九〇年七月被釋放，而對他的控訴還在調查之中。

民主政府在依法處置犯有罪行的威權政府官員方面的紀錄，產生了一些無可爭議的結論。伸張正義是政治權力的一項功能。自動下野的強威權政府的官員，通常沒有受到懲治；自然垮臺的弱威權政府的官員則受到懲罰，如果他們被新的民主政府迅速起訴的話。薩巴圖曾經批評說，「正義以這種方式來伸張。它很慢。通往正義的捷徑僅屬於極權和專制國家。」[26]他錯了。民主的正義不可能是對希奧塞古夫婦所實施的那種即決判決，但也不可能是慢吞吞的正義。能夠使政治實體顯出眞實價值的普遍支持和義憤漸漸消失；與威權政府掛潡的聲名狼籍的社會群體會重新建立他們的合法性和影響力。在新的民主政權下，正義來得很快，否則根本就不來。

隨著威權政權的終結，不僅要求伸張正義，而且也要求查明眞相。在阿根廷，薩巴圖委員會於一九八四年九月發表的報告滿足了此項要求，該委員會是由艾方辛總統在一九八三年十二月所任命的。該委員會從受害者及其家屬、官員和其他人口中聽取多方面的證詞，詳細地查閱官方的檔案、走訪拘留與刑求中心。其四百頁的總結報告後面附有五萬頁的文獻資料。該報告中所揭發的眞相及證據，爲實現該報告題目宗旨的希望提高了不少可能性，其宗旨是「絕不重演」（Nunca Más / Never Again）。在菲律賓，總統艾奎諾夫人任命了一個總統府人權委員會（Presidential Committee on Human Rights），主要是調查警察而不是軍方濫用權力的行徑，因爲軍方畢竟曾幫助她取得權力。委員會的主席上任不久便去世，而且該委員會成立不到一年就解散了，沒有產生重大的影響。在巴西，變革過程和低度的刑事暴力，使得繼任的民主政府不能從事調查，像阿根廷那樣。不過，聖保羅教區的大主教的確發表了一份根據官方紀錄撰寫的報告，該報告與薩巴圖報告十分相似，而且也用了同一個標題：「絕不重演」。在智利，艾溫總統反對懲治，但是決定讓事情眞相大白。政府任命了一個眞相與調解委員會（Commission for Truth and Reconciliation），其任務是充當「國家的道德良心」，並全面地調查、報告軍事統治期間發生的政治殺害和失蹤事件。其前提是那些對這一罪行負有責任的人不會受到起訴，但是受害者及家屬將得到補償。【27】

在烏拉圭，「眞相」和「正義」是否可取，一直是爭論的話題。支持大赦的人也反對對威權時代的罪行進行調查和揭露。既往不咎是絕對必要的。參議員巴特爾認爲，「大赦並不表示罪行沒有發生；而是意謂不念這些罪行。」桑格內蒂說，「總而言之，我們是要向前看？還是要向後看……

如果法國人還仍然在想著聖巴索洛繆之夜（the Night of St. Bartholomew），他們會一直相互屠殺到今日。」[28]在烏拉圭和其他國家的另外一些人則認爲，眞相比正義更重要，他們認爲，揭露所有事實的眞相是不可免的，如此，可以給受害者及其家屬一些慰藉，讓刑求者曝光，使他們感到羞愧，並進而形成一種公共良知和決心，以確保類似的行徑永不再發生。奈爾（Aryeh Neier）簡要地說明了這一情形：「知道是怎麼一回事之後，國家就能夠對一些可怕的罪行如何發生的原因和方式進行坦誠的討論。找出那些該負責任的人，公開他們的所做所爲，就是爲他們留下一個不可抹滅的汙名，這本身也是一種懲罰，而且找出受害者、回顧他們是如何受到刑求和屠殺的，也是承認其價値和尊嚴的一種方式。」[29]

在前共黨國家中，懲治和揭露眞相受到限制的原因是，共黨政權全面滲透社會，而且有太多的人予以接納或與之通力合作，或害怕因爲眞相大白而受到牽連。吉科夫原定到保加利亞國會作證的日期一再拖延，因爲有人害怕被他點名。一些最嚴重的問題是，由祕密警察的大量檔案所造成的。這些檔案應該開放嗎？只供原告查閱嗎？收藏或是銷毀？據報導，東德的檔案中有六百萬人的名字，而且在一九九〇年的繼任政權中，有好幾名議員和部長被發現與祕密警察合作。許多人擔心不加選擇地開放檔案將會傷害新民主國家的公共生活，如果東德全面開放這些檔案也會對西德產生影響。在羅馬尼亞，保安軍的大量檔案一直存放在一個祕密的地方，並由軍隊守衛。一位政府官員指出，如果我們像某些人建議的那樣發表這些檔案，這樣做幾乎比打一場內戰還要糟糕。因爲人們一旦發現他們牽涉在裡面，朋友與朋友之間就會反目成仇。[30]在某些方面，眞相與正義一樣，對民主政治都是威脅。

民主派準則之四：處理威權政權的罪行

(1)如果變革和移轉過程出現，勿試圖以侵犯人權罪名懲治威權政府的官員。這種努力的政治代價將會超過道德上的收獲。

(2)如果置換的情況發生，而且你感覺道德上和政治上都令人滿意，那就迅速地懲治威權政權的領導人（在你掌權之後的一年內），同時明白表示你將不會懲罰中低階層的官員。

(3)想出一種方法來對罪行發生的原因和方式作全面的、超然的公開說明。

(4)在「依法辦理與既往不咎」的問題上認清楚，每一種做法都會產生嚴重的困難，而且也應認清楚，最差強人意的情形也許是：勿法辦、勿懲罰、勿寬宥，而且最重要的是，勿遺忘。

第三節　執政官式的難題：三心兩意而又強大的軍方

處理威權政府官員的犯罪行爲，通常與一個更廣泛、更持久、更嚴重的政治問題折疊在一起，這個問題是許多新民主國家所共同面對的：必須遏制軍方的政治權力，必須使三軍部隊成爲克盡保國衛民職責的專業組織。新民主國家的文武關係問題常常呈現三種形式之中的一種，這要視威權政權的類型、軍方的權力和轉型過程的性質而定。

除了尼加拉瓜這個明顯例外和波蘭這個部分例外，一黨制獨裁國家的軍隊通常都處於黨的嚴密控制之下。軍隊沒有政變的企圖，也不在國家政治中扮演重要角色。在共黨國家，多數軍官屬於執政黨，執政黨黨員和組織充斥各級軍事單位，黨的高層組織具體地決定軍事政策和其他政策。上述情形在中華民國也有，但程度稍緩。在接替這些政權的民主國家中所存在的問題是，把軍隊和政黨分開，並建立軍隊對民主多黨制的服從，以取代軍隊對一黨的服從。在東歐國家，黨和軍隊的分離進行得相當平順。在蘇聯，軍方的「分離化」（departization）曾出現過激烈的爭論，並於一九九〇年立法通過，改變了總政治部的功能，而黨的基層組織和整體結構仍然原封不動，儘管有人認爲：「民主國家的軍隊中，並沒有組織來灌輸某一個政黨的意識形態。」[31]不過，一般而言，接替一黨獨裁政權的民主政權在建立文人控制上所面臨的問題，比軍事政權和個人獨裁政權之後出現的民主國家所面臨的問題少。

在被取代的（即在轉型過程中被推翻的），或是在個人獨裁政權中變得高度政治化的軍方，其出現的問題有所不同，而且更爲嚴重。在這些軍隊中，中低階的軍官通常具有極爲成熟的政治觀點或政治意識形態，他們對於失去權力和地位感到憤恨不平，並從新民主政治中活躍的或居於主導地位的勢力中感受到威脅。因此，他們常常從事各種政治活動，藉以推翻新的民主政權或迫使其領導階層或政策發生變化。當然，最引人注目的政治活動是軍事叛亂或企圖政變。

政變的意圖或認眞策劃的政變出現在至少十個已經民主化的國家，時間是七〇年代中期至八〇年代末期之間。奈及利亞和蘇丹的政變成功了，軍事政權在他們幾年前倒臺的地方又重新建立起來。

不過，有兩種政變應予以區分，一種是發覺民主體制失敗而發動的政變，另一種是針對民主化即將成功而策動的政變。奈及利亞和蘇丹的政變比較像前一種，而不是後一種。奈及利亞的政變發生在一次爭議性大的選舉之後，這場選舉把權力還給了一位公認腐敗而又無能的總統；蘇丹的政變發生在無能的文人政府執政三年之後，在這屆政府期間，經濟和叛亂問題急遽惡化。在瓜地馬拉和厄瓜多，也出現了政變的企圖，在這兩個國家，軍隊曾經自動退出權力圈。這些行動似乎與軍隊內部的鬥爭有關。在瓜地馬拉，由選舉產生的文人政府之所以能掌權，顯然是得到了軍隊的默許，一九八八年五月和一九八九年五月兩次流產政變很快都被政府和軍方領導階層鎮壓下去，而很多人卻懷疑政變策劃者的動機。正如一位著名的瓜地馬拉政治家所評論的，「唯一的解釋是，這是一個十分孤立的團體。軍隊是此一（民主化）過程所賴以憑藉的力量，他們沒有瘋狂——他們仍然被牢牢地控制。」[32]

另一類最常出現政變企圖的國家，則完全不同於瓜地馬拉，此類國家發生政變主要是軍隊打了敗仗而蒙羞，或被個人獨裁者政治化。據報導，在希臘發生了七次政變企圖或陰謀；在菲律賓也出現了七起政變或軍事叛亂的企圖；在阿根廷有五起；在西班牙有三起。不過，在一九七四年到一九九〇年間，除奈及利亞和蘇丹這種含糊不清的案例之外，沒有一個正在民主化的政府被軍事政變所推翻。

既然新民主國家都如此脆弱，爲什麼又不容易被推翻呢？以軍事政變的方式推翻一個政府，通常需要獲得軍方高級指揮官、重要的民間團體、有影響力的外國勢力，或是上述這些力量的某種聯合的支持。反民主化的政變策動者主要是中級軍官。這一級軍官常常接二連三地發動政變：在阿根廷，有黎各中校（Lt. Col. Aldo Rico）和塞納丁中校（Lt. Col. Mohammed Ali Seineldin）；在菲律賓有洪納山上校（Col. Gregorio Honasan）；在西班牙有特赫羅中校（Lt. Col. Antonio Tejero Molina）和米蘭戴波希中將（Lt. Gen. Jaime Milans del Bosch）。在這幾個國家中，最高軍事將領都支持政府，或至少並不支持政變企圖。政變策劃者通常不能夠動員重要的民間團體，或有影響力的外國政府的支持。在這些方面，第三波民主化中過渡時期的政變企圖，顯然不同於第二波逆潮中成功的政變。例如，最嚴重的反民主化政變行動之一發生在一九八九年十二月的菲律賓，並出現了大規模的戰鬥和人員傷亡。有些政治領袖暗中支持政變，但他們又不敢積極地支持；有些主要的民間團體則反對這一政變。國防部長羅慕斯將軍和許多軍事指揮官也是如此。在緊要關頭，美國斷然介入，而且，美軍戰鬥機利用空中攻擊的方式遏制親政變的軍隊前進。

一般而言，民選政府容易被政變推翻的弱點，因該社會的社經發展水準而不同。在農業社會和貧窮的社會，有政變傾向的軍官們常常會在社會菁英中找到積極的支持和合作。隨著土地所有者和主要資源擷取者權力的式微，以及資產階級、中產階級權力的成長，軍事政變的社會基礎也隨之衰弱。在秘魯，維拉斯科軍事政權的土地改革掃除了地主，因此大大地減低了對其後的民主政權的政變威脅。在西班牙，商界領袖和其他社會菁英反對軍事政變，擁護民主體制。艾方辛認爲，政變在阿根廷「幾乎總是具有軍民共謀的特徵」，阻止政變的關鍵在於，打破軍方和民間團體之間的聯繫。[33]不過，眞正的要害是，不斷改變阿根廷社會的民間團體與數量上日漸躍居多數的中產階級之間的平衡關係，這些中產階級不再必須仰賴軍方的保護，來對抗裴隆派工會的組織化權力。因此，當一九八五年五月和一九八七年四月的復活節周危機傳出政變威脅時，艾方辛動員成千上萬的支持者，走上布宜諾斯艾利斯的街頭來爲他進行示威。群眾力量扼阻了軍隊的火力。一九七四年八月，在希臘民主轉型的第一階段，軍方領袖率先違抗卡拉曼里斯的要求，這個要求是某些坦克部隊必須撤離雅典。卡拉曼里斯答覆說「你們把坦克撤出雅典，否則就由人民在憲政廣場上決定這個問題。」[34]最後，坦克撤走了。如果在希臘政治上有主宰力量的民間團體仍然是地主們，或數量上占多數的團體仍然是農民，那麼，結果很可能就不一樣。

各國推翻新民主政府的努力之所以失敗，主要是因爲政變策劃者無法贏得他們己方的中產階級和政治聯盟中其他團體的支持，而正是這種聯盟使得民主化成爲可能。事實上，政變企圖通常是軍隊中少數極端保守分子採取的孤注一擲的拖延戰術（desperate rearguard action）。就像一九四四年十二月的阿登斯攻防戰（Ardennes offensive）一樣，這種拖延戰術不過是在已經輸掉戰爭後想扭轉局勢的努力。反對新民主政權的政變企圖只不過是民主化正在發生作用的一個徵候，政變未遂則正是民主化運作順利的一個徵候。

儘管在一九七四年到一九九〇年間，未曾有政府被轉型政變所推翻，但是政變的企圖和軍方的反叛的確偶爾也會影響到政府的行動。一九八八年五月，瓜地馬拉的政變企圖和一九八七年四月和一九八八年十二月阿根廷的政變企圖，都是想迫使軍方最高領導階層進行人事異動，當然也有其他目的。在後兩個案例中，他們達到了目的。一九八七年四月，阿根廷的復活節叛亂也使得政府制定「正當服從法」（Due Obedience Law），有效地排除了以侵犯人權罪名起訴現役軍官的做法。因此，這種政變企圖是持不同意見的軍官迫使政府撤換其官員或改變其政策的一種方式。政府也通常以寬容的態度來對待政變的策動者。在西班牙，特赫羅和米蘭戴波希被判處三十年監禁，但這是例外。一旦被起訴和定罪，政變行動的領袖們通常只受到相當輕的處罰，而基層的參與者則通常根本不受懲罰。

政變企圖是心懷不滿的軍官們的一種最極端的政治行動方式。有時，這些軍官們也從事比較正常的政治活動方式。例如，在一九八一年二月到一九八二年十月的西班牙政變醞釀期中途，在中低階軍官之中流露出不滿。大約有一百名低階軍官和士官簽署一項公開宣言，抗議軍方壓迫性的做法，並認爲軍隊「爲了圓滿地完成革命，切勿被職業化、民主化或受到整肅。」據報導，後來在高層軍官採取了嚴厲的行動之後，才制止幾百名其他軍官簽署這一宣言。[35]在瓜地馬拉，一九八八年五月政變之前幾個星期，一個匿名的軍事單位發表了一份來自「山地軍官」的公告。

葡萄牙和菲律賓的軍隊也在威權統治期間趨向高度政治化。在這兩個國家，中級軍官結成聯盟來促進改革與民主，例如：葡萄牙的尉官運動（MFA）和菲律賓的武裝部隊改革運動（Reform of the Armed Forces Movement, RAM）。尉官運動是終結卡埃塔諾政權的關鍵團體；武裝部隊改革運動也可能是推翻馬可仕政權的關鍵團體，要不是柯拉蓉搶先在選舉中獲勝的話。一旦這兩個國家出現政權更迭，許多曾站在反對獨裁政權最前線的軍官們，同樣會反對繼任的民主政府。這種軍方反對派的連續性最集中地表現在菲律賓的洪納山上校身上，他是武裝部隊改革運動的重要成員，曾兩度領導反對柯拉蓉政府的政變。在葡萄牙則有薩雷瓦上校（Col. Otelo Saraiva de Carvalho），他是尉官運動的知識領袖，並在一九八〇年後參加四二五人民陣線（April 25 Popular Forces, PF-25），這是一個對葡萄牙民主政權發動恐怖活動的地下團體。一九八三年，其他軍官組成了類似的非暴力組織——四二五協會——好讓尉官運動初期的激進性及革命性的目標生生不息。據報導，這一組織在現役的和退休的軍官中獲得相當的支持。

隨著時移境遷，反對新民主政權的政變企圖便逐漸少了。衡量民主鞏固程度的一個重要標準是，以選舉結果來完成政府的改組，由一黨移交給另一黨。在希臘和西班牙，左派政黨——泛希臘社會運動黨（PASOK）和西班牙勞工社會黨——即將獲得勝利，引發了政變的謠言和陰謀。由於馬克思主義和左翼意識形態在葡萄牙軍中十分盛行，而葡萄牙保守的社會民主黨獲得權力，也助長了類似的政變揣測。不過，到八〇年代中期，這三個國家都越過了轉型期政變如同家常便飯的階段。這並不必然表示，這些國家將永遠不可能再有政變。如果民主體制未產生最起碼的有效能的政府，或是如果重要的社會團體背棄了親民主體制的聯盟，政變仍有可能再度蠢動。不過，這些就不會是轉型期政變了。其目標是民主政治，而不是民主化。

那些在軍事政權自動退出後緊接著上臺的民主政權，通常會面臨一些不同類型的問題。他們不僅會面對離心離德、心懷不滿的反民主化的軍官們可能策動的政變，也會面對著襄助民主化的軍方領袖們的權力餘威和影響力。正如上面所說明的，這樣的軍事領袖事實上已經設定了他們放棄職位的條件。新民主政府的民選領袖所面對的問題是，把軍方的權力、特權削弱與憲政民主體制的運作能夠相容的程度。在經濟、社會發展水準較低的國家，如瓜地馬拉和薩爾瓦多，要做到這一點很困難。在薩爾瓦多，要遏制軍方影響力，大體上要靠美國政府的力量，而不是靠文人總統杜瓦爾特和克里斯蒂亞尼（Alfredo Cristiani）的力量。在其他由軍方發動民主化的國家，新政權要縮減軍方的特權須假以時日，就像在那些軍方成爲民主化受害者的國家那樣，新政府也會慢慢地化解軍方的政變企圖。

在土耳其、巴西、智利、葡萄牙、尼加拉瓜和其他國家，勢力龐大的軍方企圖將權力和特權延續到過渡時期以後，這對憲政民主來說，也許被認爲是「反常的」。首先，他們堅決要求在憲法中作特殊的規定：即提供法律、秩序及國家安全來「維護共和國制度上的秩序」（智利）或「保護革命的政府」（葡萄牙）是軍方的責任。這種條款隱含著某種可能性，即自動自發的軍方領袖可以干預政治或採取行動（包括路人皆知的，取代民選政府），確保這些責任得以滿足。

第二，軍事政權的行動在某些國家是不能改變的。例如在土耳其，軍方頒布法令規定，他們在一九八〇年到一九八三年執政期間所制定的六百三十一項法律不能改變或受到批評。廢止戒嚴法的權力也授予三軍部隊的領導人。在智利，軍事政府立法規定，軍方有權購買或出售裝備及財產，而不必徵得政府的同意。

第三，有時也會設立由軍方把持的新政府機構。例如，葡萄牙憲法規定，成立革命議會（Council of the Revolution），其成員來自三軍部隊，並給予政府建言，以及審查法律是否合乎憲法。在土耳其，曾經是軍事政府權力核心的國家安全會議（National Security Council）也加以改組，現在由退休的軍官組成，變成總統的資政會議。[36]

第四，高層軍官們本身也時常在新的民主政府中擔任重要職務。在實行美國式的總統制國家，軍官們會在文人總統轄下出任內閣官職；在巴西，二十二到二十六個內閣部長中，有六名是軍官。在內閣制或半內閣制的政權中，如葡萄牙的伊恩斯和土耳其的埃夫倫這樣的軍官，他們兩人都主導了民主轉型、擔任總統，同時也與文人總理就各自的職權進行鬥爭。在智利，威權政府時期的總統皮諾契特將軍繼續在民主政府中擔任陸軍總司令。在尼加拉瓜，威權政府時期的國防部長奧蒂嘉繼續擔任民主政府的陸軍部長，如此，桑定派才維持他們在軍官團中的優勢和控制權。

第五，軍方常常企圖保證三軍部隊在未來的自主權，特別是在人事和經費上的獨立，而免受民選的文人政府所控制。在巴西，軍方要確保他們對軍官的晉升擁有全部的控制權。智利軍方也頒布法令，規定軍隊和警察首長在七年以內不得免職，也規定新選出的政府不得減少軍隊的員額，而且軍隊可以編定自己的預算。智利的例子深深打動了尼加拉瓜的軍方。「當討論建立一個在軍隊與新選出的政府之間的選後權力平衡關係所可能遵循的模式時，桑定派的領袖和官員們公開地談論智利，並讓自己扮演智利軍事獨裁者皮諾契特的角色。」不過，桑定派的做法凌駕了皮諾契特，並頒布了一項法律（其公布的日期是在他們交出權力之前，但內容可能是在交出權力之後起草的），這項法律使得桑定派軍隊的權力得以提高，並得到永久保障。這項法律還授予三軍總司令（而不是總統）任命新總司令的權力；總司令也有權任命所有的軍官、採購武器與裝備和其他財產的權力、編組和部署軍隊、獲得和建造軍事設施、經營生意來滿足軍隊的需要，以及編製軍事預算的權力。[37]

像這樣的安排是對民選政府正常權威的重大侵犯。整體而言，這可能使新民主政權更容易對有反抗意識的軍隊加以控制，因爲這類軍隊比持合作態度而強大的軍隊更好駕御。儘管在民主化過程中持合作態度的軍方也許會企圖延續他們的權力，但紀錄顯示，在經濟發展程度屬於中等的國家，軍方的權力會隨著時間而縮小。例如葡萄牙，軍方率先起事推翻了獨裁者，並在此後宰制政府達兩年之久，而且在葡萄牙的民眾之中享有極高的威望。然而，軍方權力的體制形式——革命議會——在一九八二年廢除了，同時還通過「國防法」（Law of National Defense），使得軍方隸屬於對國會負責的內閣，總統的權力受到了抑制。伊恩斯上校最大的對手蘇亞雷斯繼任爲總統。在革命成功的十年之後，葡萄牙的文武關係「接近一種理想的文官控制模式。」[38]

在巴西，軍方雖然放棄了對政府的控制，但是他們的權力和威望絲毫沒有受到損傷。然而，巴西的第一位後軍事統治時代的民選總統柯樂（Fernando Collor），以發表若干政治聲明爲理由，逮捕了一位重要將領，同時，譴責另一位前軍人總統的兄弟，因爲他袒護該將領，並且把內閣中的軍方代表由六名減少爲四名。此外，柯樂還減少了主要情報機構國家情報局（Serviçio Nacional de Informaçẽs, SNI）的編制，該情報局長期由將領擔任局長，現在卻由文人擔任首長。文人也取代軍人擔任總統府的參謀，並且派文職人員負責掌理核能發電和亞馬遜河流事務的重要職務，這兩個問題軍方都很關心。柯樂總統還大幅刪減軍事預算，並拒絕增加軍人的生活費，這在軍中產生了極大的不滿和抗議。心懷不滿的軍官們脅迫政府，不過，不是用政變，而是用訴訟的方法。秘魯的軍方在歷史上也是一股重要的政治勢力；然而，藤森（Alberto Fujimori）總統在一九九〇年七月掌權之後，突然免除了海、空軍的首長。在智利，可怕的皮諾契特將軍在卸下總統職位後不到一年的時間，即遭到其家庭成員指控貪汙。據報導，智利一位卓越的政治家認爲，以陸軍統帥的身分退休，「皮諾契特將軍是一隻貓，而不是一隻老虎。」[39]

在土耳其，軍方一直被認爲是受尊敬的國家機構，並被看成是凱末爾的世俗土耳其共和國價值精神的化身。然而，在一九八七年，即軍方放棄其政治權位四年之後，一次公民複決把政治權利歸還文人的政治領袖，包括兩位以前的總理，而軍方曾禁止他們兩人介入政治。文人政府的幕僚長也在一九八七年七月終止了「戒嚴法」。就在同時，歐薩爾總理開革即將上任的武裝部隊參謀長，並由更受他青睞的另一位將官所取代。一位土耳其的觀察家評論說：「三年前，當文職人員剛剛重新得勢的時候，向軍方發難是無法想像的。現在，人們已表現出更多的勇氣和更多的自信。」一九八九年，土耳其重演了曾經發生在葡萄牙的權力轉移：文人總理歐薩爾取代了埃夫倫將軍擔任共和國的總統。歷史上，土耳其軍方首長和文人領袖之間一直在政策問題上有所衝突，而且總是文人讓步。然而，在一九九〇年一次史無前例的行動中，參謀總長在抗議歐薩爾總統有關波斯灣危機和伊斯蘭教基本教義的政策之後辭職了。在他們交出權力六年之後，「軍人的傳統特權因爲源源不斷的批評和行動而遭到侵蝕。」【40】

在那些軍方實力比較弱小或政治化程度較高的國家，民主政治的運作會隨著時間而減少政變企圖的次數。在那些軍方實力既強大又持合作態度的國家，民主體制的運作會隨著時間而使得軍方從威權時代傳承下來的權力和特權縮水。在這兩種情形下，都會發展出一種「正常的」文武關係，這主要受到新民主政府對軍隊所採取的政策、行動所影響。在好幾個國家，第一屆或第二屆民主政府首先都會主動制定相當詳盡的綱領，建立文人對軍隊的管理，並使軍隊專業化，把他們從維護國內安全的使命，重新調整爲對外保障國家安全的使命，消除冗員和非軍事性的責任，並且保證他們的職業行爲所應得到的地位和尊重。卡拉曼里斯和巴本德里歐、岡薩雷斯和他的國防部長塞拉（Narcis Serra）、艾力辛、賈西亞和艾奎諾夫人都推動了軍隊現代化和專業化的全面綱領。這些綱領通常是軟硬兼施，至少在以下五個方面對軍方產生了影響。[41]

第一，專業精神（Professionalism）。像許多其他建制一樣，軍隊也會形成獨特的價值、信念和態度。在專業化的軍事組織中，這些價值通常接近一種保守的軍事觀點，這種觀點承認軍隊的功能有限，而且與文人管理可以和諧並存。不過，在許多威權體制國家，軍方的觀點常常摻雜很濃的政治色彩。在佛朗哥領導下，西班牙軍方形成了一種強烈的右傾意識形態，完全不同於多數軍隊的那種「常態保守主義」，而是強調父權、強調中央集權主義、強調反自由主義、強調反共產主義，並重視羅馬天主教和傳統的社會價值。西班牙的軍官們絕少支持民主政治：在一九七九年的大選中，有百分之五十以上的軍人把票投給了右翼政黨，而右翼政黨在整個大選中的得票率只有百分之七。而在一九八一年，據估計，有百分之十的西班牙軍官是堅定的民主派。[42]在葡萄牙，軍官團中占優勢的派系信奉左翼的、革命的、馬列主義的意識形態。菲律賓的武裝部隊改革運動的軍官們要求他們的社會、政府和軍隊進行徹底的改革，並且在是否透過民主的手段來完成的問題上抱持含混的態度。在阿根廷和拉丁美洲其他國家，軍隊中瀰漫著強烈的反共情緒，這通常也表示反社會主義和反自由主義。在南非，四十年以來，軍隊一直捍衛著種族隔離政策暨意識形態。土耳其的軍方是土耳其凱末爾主義之世俗的、民族的和國家主義意識形態的最堅定的支持者，而且，尼加拉瓜的軍隊顯然也完全效忠於桑定派的革命教條。東歐國家的軍隊則充斥著那些自稱是堅定共產主義者的軍官。

由非政治的專業倫理來取代這種高度政治化的世界觀，乃是新民主政府的當務之急。要做到這一點需要極大的努力、充足的時間，並承擔一定的風險。新政府試圖經由規勸、灌輸、訓練、改變軍校的課程標準和修改晉升制度，藉以推廣專業價值觀及強調軍方脫離政治的重要性。在希臘，卡拉曼里斯和巴本德里歐皆明白表示了完全專業化的必要性。卡拉曼里斯任內的國防部長亞維羅夫（Evangelos Averoff）曾經評論說：「我用民主體制的優點對他們（指軍隊）進行了多方面的洗腦。我想我對每一個軍官，至少親口說過三遍。」使軍隊非政治化的重要性是巴本德里歐的一個經常性課題。他指出，「政府決定不允許任何在行伍中進行政治活動來破壞軍隊的做法，這是一個全面的警告，沒有任何例外。」智利的艾溫總統在就職後的第一個月，非常直率地告訴皮諾契特將軍，要他「讓軍隊遠離政治。」桑定派和即將執政的「全國反對派聯盟」之間達成了一個協議，這項協議規定，「武裝部隊必須具有專業特質，而且不得屬於任何政黨。」[43] 卡洛斯、艾方辛和艾奎諾夫人都一再強調軍隊完全脫離政治的必要性。

爲了強化這一點，新民主政府的領袖們試圖改變軍事訓練和教育制度。巴本德里歐採取行動修改了軍事院校的課程標準，以著重專業精神和告誡極權主義的危險性。艾方辛推動了阿根廷軍校中教學理論的改革，並在軍事院校裡開設有關民主政治中軍隊的角色這樣的課程，由民間人士來授課。柯拉蓉政府建立了一個新的全國訓練中心來強化菲律賓軍隊的專業精神和戰鬥技能。岡薩雷斯振興了西班牙的軍官教育，努力把他們的專業水準提升到與北約組織（NATO）盟國的水準並駕齊驅。在西班牙、希臘和其他地方，民主領袖們鼓勵年事較高的軍官退休，並加速提拔年輕的、更有專業精神的軍官，同時著重功績，而不是強調年資來作爲晉升的標準。

第二，任務（mission）。要使軍隊非政治化，就必須把他們導入執行純軍事任務的方向上。在許多國家，軍隊有種種雜七雜八的與軍事安全無關的職務。新民主政府幾乎毫無例外地試圖解除軍隊中與軍事無關的職務和國內安全的職務，而把軍隊的注意力轉向抵禦外侮、捍衛國家安全的任務上。在阿根廷，艾方辛總統採取行動把阿根廷兵工廠交給文職人員而不是軍隊來管理，這是一個龐大的軍事與工業集團，也是該國最大的雇主，該集團經營國內航空線，製造許多民生用品和軍事裝備。艾方辛的繼任者梅南一九九〇年訂定了一些計畫，拋售八家公司的軍方股份，其中包括一家鋼鐵廠、一家造船廠和幾家石油化學公司。在希臘，政府採取行動終止了軍隊對電臺和銀行的管制。另一方面，巴西的類似行動在實現民主化之後，卻受到軍方殘餘勢力的阻礙。

如果有外來安全威脅的因素存在，則對軍隊任務進行重新調整比較容易。土耳其軍方在一九六〇年、一九七一年和一九八〇年三次干預之後，讓出權力的速度之快，在某種程度上，顯然是與其長期假想的來自蘇聯的軍事威脅有關。希臘軍方在一九七四年放棄權力之後，仍然不僅專注於履行它在北約組織的責任，而且更重要的是，還得應付來自北約盟國土耳其的威脅。卡拉曼里斯和巴本德里歐兩人都採取了高姿態的民族主義立場，這主要是用以取悅希臘軍方。他們強調希臘在北約組織中的獨立角色，並試圖減輕軍方對美國的認同和依賴。巴本德里十分強調土耳其的威脅，以及希臘軍方因而必須培養其專業技能的迫切性。他的政策立意是「營造一種氣候，迫使軍方專注於充實軍事戰備，面對與東方永久的『敵人』發生戰爭的可能性。」[44]

北約組織對西班牙軍方的效應，如同土耳其對希臘軍方所產生的效應。北約是保衛國家安全任務的根源之一，同時，也是要求西班牙軍隊進行新的活動和激發軍隊士氣和榮譽感的源泉。正如馬德里的一位國防分析家所形容的：北約「被當作是軍隊的工作療法（occupational therapy）。在佛朗哥統治的數十年中，他們一直被周圍的文明國家排斥。現在，他們突然被允許與北約國家的高級軍官們並肩而坐，他們被邀請參加戰爭演習，他們獲得新武器來把玩，而且他們也受到尊敬。」[45]菲律賓、秘魯和薩爾瓦多的軍隊則顯然有重大的國內叛亂事件需要去應付，儘管經驗顯示，戡亂戰爭的挫敗及戡亂戰爭鮮明的政治意義，都會造成軍官團在意識形態上的分歧及扮演政治角色的誘因。

在不斷地把軍隊的活動方向調整到抵禦外來威脅的同時，新民主政府還試圖重新部署軍隊，這樣軍隊就可以好好地保衛國家，而不是推翻政府。艾方辛解散了駐紮在布宜諾斯艾利斯的阿根廷第一軍，並將其所屬單位轉移到該國的其他基地。岡薩雷斯的國防部長塞拉採取行動，把西班牙的軍區由九個減少到六個，並成立若干個機械化旅，而且把軍事單位調離主要城市。軍官團的強烈抗拒迫使這些計畫延期實施。到一九八七年年底，柯拉蓉政府把許多師、旅的總部調離城市，而部署在鄉間，以更有效地對付共黨的叛亂。不過，在葡萄牙革命十年之後，軍隊仍然沒有任何重大的安全防衛任務，而仍然部署在「里斯本和其他大城市附近的基地中。」[46]

我們已經指出，民主政府未必比威權政府更愛好和平。不過，民主國家幾乎從未和其他民主國家作戰，而新的民主政府經常設法努力解決長期的國際爭端。在艾方辛和梅南政府執政期間，阿根廷和英國及智利的關係都有所改善。隨著民主政治在西班牙的降臨，直布羅陀已變成英西關係中一個不太棘手的問題。但若民主政府解決了國際爭端，他們也許就會失去一致對外的使命，而這種使命會降低軍隊干預國內政治的可能性。從文人管理的立場上看，這些國家與傳統的敵人都能和睦相處。

第三，領導階層與組織（leadership and organization）。最初的和繼任的民主政府，通常會撤換軍隊的最高領導階層。這對於那些勢單力薄而又政治化的軍隊最爲重要，因爲新民主政府的領袖必須依靠最高軍事領袖的忠誠，而最高軍方領導階層如果已經自動下野，則撤換軍事領袖就顯得不太必要，因爲在他們之後上臺的民主政權是否能成功，與他們有利害關係。不過，在這兩種情形下，民主領袖通常都會果斷地撤掉現任的軍方領袖，啟用那些忠誠度足夠的人。這種情形發生在希臘、西班牙、葡萄牙、阿根廷、菲律賓、巴基斯坦、土耳其和波蘭。不過，在阿根廷，艾方辛曾經受到軍隊的壓力，包括政變的意圖，他只得任用一些比較爲軍方接受的人，而換掉一些他任命的人。

民主領袖有時也會藉由改變其國防組織的結構來加強控制。在西班牙，第一屆民主政府於一九七七年二月設立了參謀首長聯席會議（joint chiefs of staff）來促成這一目標。爲了進一步實現這一目標，其繼任者設立了國防部長的職位和國防參謀長的職位，以釐清總理「管理、指導和協調」軍隊事務的權力。在秘魯，賈西亞政府設立了國防部長職位，而巴西總統柯樂也承諾要這樣做。在葡萄牙，由軍方擔任成員而違反常規的「革命議會」遭到廢除。在尼加拉瓜，即將下臺的桑定派和即將上臺的查莫洛政府已達成協議，認爲軍隊應該「接受共和國總統的命令，就像憲法和法律中所規定的那樣」，查莫洛總統親自擔任國防部長的職位。[47]在希臘，巴本德里歐也同樣既擔任總理又兼任國防部長。不過，智利的皮諾契特將軍強硬主張身爲三軍統帥，他只向總統呈報而不向文人的國防部長報告。

在建立國防部長職位的過程中，新民主政府設立了一個職位，而這種職位通常更適合任命文官擔任，若是按軍種建部，則這種職位的主官通常由軍官來擔任，至少在拉丁美洲是如此。藉著建立國防參謀長的職位，新政府會設立一個職位，如此他們可以比建立軍種首長職位來得具有更大的彈性，他們可以任命一個支持民主體制的軍官來擔任這一職務。在希臘和西班牙，民主政府任命了海軍上將來擔任這些職務，以鉗制陸軍的優勢影響力。而且海軍這一軍種通常不太具有政變意圖。

第四，編制與裝備（size and equipment）。威權國家的三軍部隊往往是人數多而裝備差。希臘是一個最顯著的例外。新的民主領袖通常會採取行動以縮減軍隊的經費和人力。在西班牙、阿根廷、尼加拉瓜、秘魯、烏拉圭、葡萄牙，軍隊編制員額大幅縮減。在西班牙、阿根廷和希臘，大批高級軍官被迫退休，而且人員浮濫的軍官團也大幅裁員。許多國家的國防預算遭到削減，例如，阿根廷的國防預算，從占國民生產毛額的百分之六下降到只約占國民生產毛額的百分之二。不過，在希臘，前兩屆民主政府都維持了國防預算和人員的水準，原因在於塞浦路斯還存在著持續的對峙。在智利，民主化的條件還不允許對三軍部隊縮編。不過，在尼加拉瓜，查莫洛政府的領袖們，包括由桑定政府留任的國防部長奧蒂嘉將軍，都執意把軍隊的人數從七萬人裁減到三萬五千人至四萬人。

秘魯的賈西亞政府刪除了幾項重大武器採購計畫，包括已訂購的二十六架幻象二〇〇〇型戰鬥機。不過，對許多新民主政府來說，軍隊的現代化是優先政策，而且，他們會付諸實行，甚至擴大採購新裝備。這既可強化軍隊抵禦外侮、保衛國家安全的指導方針，又可增進軍隊對新政權的滿意感和支持程度。例如，西班牙在佛朗哥統治下的軍隊，裝備既落後又陳舊，民主政府則開創一些重大投資和現代化計畫。在希臘，巴本德里歐「設法使軍備來源多元化，並提升軍隊的武器、裝備、組織和通訊系統的品質。」在阿根廷，艾方辛繼續執行由軍事執政團所決定的新裝備的重大採購計畫。[48]

第五，身分地位（Status）。在所有的國家，軍官們都十分關心他們在物質上的待遇——薪餉、配給官舍、醫療保險和其他給付——關心他們在國民眼中的地位和聲望。新民主政府通常對這些關心較爲敏感。不過，在處理物質待遇方面，他們不會順從任何一成不變的政策。賈西亞政府減少了軍官的薪餉，而且軍隊中對低薪餉和其他方面的抱怨，導致了一九八九年初傳出政變的謠言。在阿根廷，軍人的實質薪餉在民主政府執政的前四年中，降低了百分之五十，這不免會增加阿根廷軍官的不滿和政變傾向。西班牙的岡薩雷斯和菲律賓的艾奎諾夫人都調升了軍人的薪餉。卡拉曼里斯和巴本德里歐也增加了希臘軍人的薪餉、住屋、醫療和退休給付。[49]

民主領袖也努力提高軍隊的威望和士氣，並向軍官們保證政府和國家完全了解他們的勞苦功高。在希臘，卡拉曼里斯和他的國防部長頻頻「讚揚軍隊的愛國情操而且忠於合法性及憲政過程，」巴本德里歐不僅任命自己爲國防部長，而且「幾乎每天都親臨三軍部隊的總部，在各總部裡，他都設有辦公室。」他還要求卡拉曼里斯總統「在軍隊事務中扮演更實際的角色。」[50]艾方辛政府的各級主管在他們就職後的第一個月裡，就認爲有必要糾正軍隊中存在的一種看法，即新民主政府和民間社會用輕蔑或敵視的眼光來看待他們。卡洛斯、艾奎諾夫人、艾方辛、柯樂和新民主國家的其他領袖都利用各種機會象徵性地擺姿態和軍隊站在一起，並強調他們職務的軍事面向、訪視軍事設施、參加軍事活動，以卡洛斯國王爲例，他就是穿著軍裝的。在柯樂總統上臺後的前九個月裡，他參加了大約五十次的軍方儀式。[51]

總之，在一九七五年到一九九〇年間，第三波民主化的政府在敉平政變方面都較爲成功，並降低了政變的意圖，漸漸地翦除軍方的政治影響力和確立非軍事的角色，形成軍人的專業精神，並建立了類似西方的工業化民主國家所存在的那種文武關係模式。

民主派準則之五：節制軍方權力，促進軍隊專業化[52]

(1)迅速整肅所有可能不忠誠的軍官，或迫令他們退役，其中包括威權政府和軍方改革派的主要支持者，儘管後一類人幫助過你建立民主政權。軍方改革派較可能失去對民主體制的鑑賞力，而較不會失去干預政治的愛好。

(2)對反抗新政府而進行政變企圖的領導人，毫不留情地懲處，以儆效尤。

(3)釐清並鞏固三軍部隊的指揮系統。消除任何含糊不清或反常的狀況，明確宣示政府的文人首長是三軍的統帥。

(4)大幅縮小軍隊的編制。一支管理政府（干政）的軍隊必定也是一支十分龐大的軍隊，而且在軍官的人數方面極可能很浮濫。

(5)軍官們認爲，他們的薪餉很差、宿舍很破、補給跟不上，他們很可能是對的。用縮小軍隊編制所省下來的錢來調升薪餉、津貼及福利，並改善生活條件。這樣做自然會有成果。

(6)重新調整軍隊的軍事任務。基於名正言順的理由，你希望能夠解決和其他國家的衝突。不過，若是沒有外來威脅，會使你的軍隊毫無正當的軍事使命。而提高他們去思索政治問題的傾向。解除外來威脅的好處，須抵得上國內不穩定的代價。

(7)根據為軍隊所重新規定的軍事目的，大量地減少駐紮在首都及其周圍的軍隊的數量，把他們調到邊區或其他遙遠而人口稀少的地區。

(8)給他們一玩具。供與他們一些新式的、高性能的坦克、飛機、裝甲車、大砲及精密的電子裝備（船艦比較不重要；海軍不會發動政變）。新的裝備令他們感到滿足，並使他們忙於學習操作這些裝備。只要應付得巧妙，並給美國華府留下一個好印象，你就能夠把成本轉嫁給美國的納稅人。然後，你可以得到額外的利益，你不但可以警告軍方，唯有守規矩才能繼續得到這些玩具，因為難纏的美國國會議員不喜歡軍隊干預政治。

(9)由於士兵像所有其他人一樣，也希望愛與被愛，不妨利用每個機會去表示你與軍隊關係融洽。參加軍方的儀式；頒授勳章；頌揚士兵具體表現了國家的最高價值；如果合乎憲法的話，不妨穿著軍裝出現。

(10)培養並維持一種政治組織，當出現軍事政變的企圖時，這種組織能夠動員你的支持者，走上首都的街頭。

如果你遵循這十條規則，你也許不能防止政變意圖，但你有可能會擊敗政變。至少直到一九九〇年底，蘇維斯和岡薩雷斯、卡拉曼里斯和巴本德里歐、賈西亞和藤森、艾方辛和梅南、柯樂、歐薩爾、艾奎諾夫人都大體上遵循了這些規則。在他們的社會中，這可是一個非同小可的成就。

第四節 情境問題、幻滅與威權懷舊

如果新生的民主政權想獲得鞏固，他們就必須以某種方式處理轉型的問題，諸如妥善處置威權體制的遺緒、對軍隊建立有效的控制等。有些更棘手的挑戰來自個別國家所特有的情境問題。在某些國家，這些問題的數量不多，情況也不嚴重；在另一些國家，這些問題數量既多，情況也嚴重。在七〇年代與八〇年代的第三波民主化國家中，以及這些問題最爲嚴重的國家，其所面臨的主要情境問題概括如下：

(1)重大的叛亂：薩爾瓦多、瓜地馬拉、秘魯、菲律賓；

(2)種族與族群衝突（叛亂除外）：印度、奈及利亞、巴基斯坦、羅馬尼亞、蘇丹、土耳其；

(3)極端貧困（即低平均國民生產毛額）：玻利維亞、薩爾瓦多、瓜地馬拉、宏都拉斯、印度、外蒙古、奈及利亞、巴基斯坦、菲律賓、蘇丹；

(4)嚴重的社會經濟不平等：巴西、薩爾瓦多、瓜地馬拉、宏都拉斯、印度、巴基斯坦、秘魯、菲律賓；

(5)長期通貨膨脹：阿根廷、玻利維亞、巴西、尼加拉瓜、秘魯；
(6)巨額外債：阿根廷、巴西、匈牙利、奈及利亞、秘魯、菲律賓、波蘭、烏拉圭；
(7)恐怖主義（不包括叛亂）：西班牙、土耳其；
(8)政府過度干預經濟：阿根廷、巴西、保加利亞、捷克、東德、匈牙利、印度、外蒙古、尼加拉瓜、秘魯、菲律賓、波蘭、羅馬尼亞、西班牙、土耳其。

上述列舉的八個問題合情合理地反映了，第三波新民主國家所面對的主要重大情境問題。判斷這些國家的問題是否嚴重，誠屬非正式的和特別的。不過，如果這些判斷確定的話，那麼第三波民主化中的二十九個國家所面臨的情境問題，其嚴重程度可分成三類：(1)面臨四個或四個以上的重大情境問題：巴西、印度、菲律賓、秘魯；(2)面臨兩個到三個重大情境問題：阿根廷、玻利維亞、薩爾瓦多、瓜地馬拉、宏都拉斯、匈牙利、外蒙古、尼加拉瓜、巴基斯坦、波蘭、羅馬尼亞、西班牙、蘇丹和土耳其；(3)少於二個重大情境問題：保加利亞、智利、捷克、東德、厄瓜多、希臘、格瑞那達、南韓、葡萄牙、烏拉圭。

許多人認爲，面臨嚴重情境問題的新興民主國家，必須妥善地處理這些問題，以便培養出民主政治鞏固所不可或缺的合法性。這種一般性的假設即認爲，若不解決一個國家所面臨的最嚴重問題，如負債、貧困、通貨膨脹或叛亂，就等於意味著該國的民主政治即將告終。如果情況的確如此，那麼，關鍵的問題就變成：面臨嚴重情境問題的第三波民主國家能夠圓滿地解決這些問題嗎？（有趣的是，這些問題也曾大大地困擾過他們前任的威權統治者。）在某些國家，新的民主政權可以說成功地處理了一些個別的問題。然而，在絕大多數國家，第三波民主政權根本無法有效地處理好這些問題，而且十之八九比他們的前任威權統治者更難順利地做到這一點。叛亂、通貨膨脹、貧困、債務、不平等與官僚機構編制過大，都幾乎沒有改善，就像前幾十年的情況那樣。那麼，這是否表示，第三波民主國家的前途都格外黯淡嗎？

對一些國家來說，事實似乎如此。在菲律賓、秘魯和瓜地馬拉這樣的國家，民主體制顯然面臨著極大的壓力。她們的問題不勝枚舉，而且情況嚴重；這些問題並不會自動消失，而且也得不到解決。另一些國家只面臨一些輕微的、較不具挑戰性的情境問題。

沒有解決的、而且看樣子不可能解決的情境問題，助長了新民主國家中因幡然醒悟而失望的趨勢。在多數國家，建立民主體制的奮鬥被看成是道德、危險的而又重要的。威權體制的瓦解則大快人心，令人豪情萬丈。然而，相形之下，民主體制內部的政治鬥爭很快地又被看成是不道德的、家常便飯的、不足取的。民主體制的運作方式及新民主政府無法解決該社會所特有的問題，皆導致了冷漠、挫折和覺醒。

在民主政府掌政之後的不久，對其運作方式的失望曾出現在西班牙、葡萄牙、阿根廷、烏拉圭、巴西、秘魯、土耳其、巴基斯坦、菲律賓和大多數東歐國家。這一現象首先出現在一九七九年和一九八〇年的西班牙，民主政治被貼上了一個覺醒的標籤，這個專門用語迅速地流傳到整個拉丁美洲。在一九八四年，即推翻葡萄牙獨裁政權的十周年，「伴隨著民主轉型時的那種興奮、創造性的熱情」已經消失得無影無蹤，而「當令的政治氣氛」是「漠不關心和如夢初醒」。到了一九八七年，對拉丁美洲的民主化所產生的那種陶醉的氣氛很快地「就被一望無際的挫折感和對當前民主化結果的失望所取代。」在一九八九年，正如報導的那樣，「民眾對巴西政治領導階層的極端失望和社會不滿的爆炸性氣氛已經取代了一九八五年時如日中天的希望，當時千百萬巴西人正在慶祝由軍事統治二十年之後恢復民主體制。」在巴基斯坦，民主轉型後不到一年的時間，「一種急躁、悲哀的感覺就取代了歡迎這個國家回到民主體制的那種陶醉感。」在東歐獨裁政權瓦解後的一年內，觀察家們一直在談論所謂「後極權消沉現象」（post-totalitarian depression），以及橫掃這一地區的「失望與覺醒」（disappointment and disillusion）氣氛。[53]

從政治上看，第一屆民主政府掌權後的數年中，通常有一個共同特徵，即造就民主轉型的民主聯盟會分裂，民主政府的首任領導人會漸漸失去效能，而人們愈發體會到，即將來臨的民主體制本身不能爲這個國家所面臨的重大的經濟、社會問題拿出解決辦法。這些問題的難度、民主進程的侷促感、政治領袖的缺點，都會成爲最合時尙的事。新民主國家的領袖們常常被看成是狂妄、無能、腐敗，甚至是三者兼而有之。

對民主的一個相關的反應是「威權懷舊症」（aouthoritarian nostalgia）。這在那些威權政權極其殘酷、無能或腐敗，以及在那些他們不願意放棄權力的地方並不十分明顯，但是，在那些獨裁政治比較輕微或取得一些經濟成就、以政權領袖幾近自動自發推行民主化改革的國家卻頗爲流行。在這些國家，受迫害的記憶逐漸消失，而且在某種程度上被威權時代秩序、繁榮和經濟成長的印象所取代。例如，在西班牙，從一九七八年到一九八四年間，對佛朗哥政府在一般滿意度、生活水準、法律與秩序及社會平等各方面的評價等級全面上揚：「對佛朗哥的記憶愈充滿樂觀，這個獨裁者就被往後拋得更遠更遠。」這種「威權留念」（adsence-makes-heart-grow-fonder）效應也出現在巴西。據報導在一九八九年，對蓋賽爾將軍的統治進行重新評價的做法進行得「十分積極。以今天的眼光來看，他施政期間的年通貨膨脹不過是控制在百分之百以下，而不是四倍的數字，同時，人們可以平安地行走在里約熱內盧夜晚的大街上。」在一九七八年，當被問及哪個政府或哪個政權把葡萄牙治理得最好時，選擇卡埃塔諾獨裁政權比選擇蘇亞雷斯民主政權的葡萄牙國民多三倍。在一九八七年，即秘魯實行民主政治後的第七年，利馬的居民們認爲一九六八年到一九七五年間統治秘魯的軍事獨裁者維拉斯科是自一九五〇年以來最好的總統。到了一九九〇年，吉哈克將軍和阿育布汗（Ayub Khan）將軍在巴基斯坦的聲望也在上升之中。[54]

這些問題之棘手和對政治的覺醒是新興民主國家的一個普遍特徵。這兩種特徵往往構成新興民主國家生存能力的問題：這些民主國家是得以鞏固，還是趨於崩解呢？民主政治的本質是以定期的、公平的、公開的、競爭性的選舉來選擇統治者。在這種選舉中，大部分的人可以投票。檢驗民主實力的一個標準是，政治菁英和民眾堅信統治者應該按上述方式加以選擇的程度，也就是對這個國家民主政治文化的形成進行態度上的檢驗。第二個標準是，政治菁英和民眾確實做到以選舉方式選擇領導人的程度，這一點係對這個國家民主政治運作制度化進行行爲上的檢驗。

第五節　民主政治文化的培養

民主文化的問題主要集中在，新民主政府的政績、效能及其合法統治權威上，換句話說，即菁英和民眾相信民主體制之價值的程度。按照一種關於此種關係本質上是悲觀的看法，戴蒙德（Diamond）、林茲和李普塞認爲，第三世界國家民主政權和其他政權不夠穩定的一個基本原因是，「合法統治權威卑微及效能低落，這兩者的結合或相互激盪。」先天的合法統治權威即屬低微的政權會發現，她們很難變得有效能，「而缺少效能的政權，特別是在經濟成長方面缺少效能的政權，往往只能持續維持低微的合法統治權威。」[55]事實上，新興民主國家是處於一種無法克服的（catch-22）難局：由於缺少合法統治權威，她們不可能變得有效能；由於缺少效能，她們又不能培養出合法統治權威。

那麼，那種悲觀的假設有多少道理呢？

新興民主政權沒有能力解決長期而嚴重的情境問題，未必表示這些政權會崩潰。威權體制（最後，包括共產政權在內）的合法統治權威幾乎完全植基於政績基礎之上。民主政權的合法性顯然也有一部分建立在政績的基礎之上，不過，它也仰賴過程和程序。特定統治者或政府的合法性也許取決於他們能夠給社會帶來什麼。政權的合法性是由構成政府的選舉方式獲得的。政績的合法性在民主國家中扮演著一個角色，但它絕不如其在威權國家中所扮演的角色那麼重要，而且，相對於程序合法性而言，政績也居於次要地位。那麼，決定新興民主國家能否生存下去的因素，基本上不是她們所面臨問題的嚴重性，或是她們解決這些問題的能力，而是政治領袖對他們沒有能力解決這個國家所面臨的問題的因應之道。

民主政權雖然爲嚴重的情境問題所苦，但總算熬過來了。正如林茲和史傑潘所強調的，關於經濟危機必然會逐漸毀損民主政權根基的論點，已被三〇年代歐洲的經驗證明不成立。在大蕭條期間，除德國和奧地利外，所有民主國家都艱苦熬過來了，包括那些比德、奧兩國遭受更爲嚴重的經濟困境的國家。引用齊默曼（Ekkart Zimmerman）的話說，她們能夠存活是因爲「領導階層能夠和衷共濟，有時在重新肯定舊聯盟（如比利時）的基礎上形成一個新的聯盟，然後決定如何引導經濟的問題。」同樣地，哥倫比亞和委內瑞拉的新民主政權，在六〇年代所面臨的挑戰，與第三波國家後來所面臨的挑戰一樣嚴重。正如迪克斯（Robert Dix）簡要歸納的那樣，這些案例的教訓是「政治工程學（political engineering），取代了第三波國家中更具有決定論色彩的那種民主的經濟、社會條件之不足。」[56]

首先，民主政權的穩定性取決於主要政治菁英的能力，包括政黨領袖、軍方領袖和商界領袖同心協力處理其社會所面臨的問題，以及避免利用這些問題來謀取他們直接的物質利益或政治利益。新民主政權不能，也未曾使國家擺脫長期的恐怖統治和叛亂。關於穩定性的極重要問題是，政治菁英和民眾對這種局勢如何反應。在六〇年代，哥倫比亞和委內瑞拉的菁英們通力合作，努力克服這些難題。類似的發展也出現在第三波民主化的國家中。例如，西班牙遭遇巴斯克極端分子不斷製造反政府暴力行爲的問題。不過，沒有一個全國性的政黨試圖利用這一問題來「使民主政權失去合法性……也沒有一個政黨主張把造成這一問題的責任歸給各屆政府。沒有一個政黨聲稱，這個問題可以在民主政府之外找到更好的解決方式。」秘魯的情況也有些類似，經驗顯示，「一場游擊隊活動能夠結合民主體制幕後的一些主要政治活動者，這是避免內戰的唯一解決方法。」[57]

其次，民主的穩定性取決於民眾如何區分政權、政府或統治者的能力。例如，在一九八三年，當委內瑞拉於第二波民主化運動中產生的民主政權上臺二十五年之後，輿論對委內瑞拉的民選統治者的政績已經感到十分失望，但卻沒有對選舉制度感到失望。一項研究指出，儘管「對政府不滿，但沒有任何跡象顯示對挑選政府的方法不滿。」在一九八三年，委內瑞拉人口中相當比例的人（百分之三十四點二）相信，他們國家的情勢爲政變提供了理由，只有約百分之十五的人支持用民主政府以外的方法來解決。比起一九七三年，更少人認爲，若沒有這些政客，政府會做得更好，而且認爲，這是政客們對國家的問題漠不關心。在一九八三年，「委內瑞拉人仍然相當支持他們政府的施政方式，而且儘管他們對政府一旦掌權之後的所做所爲感到不滿，但是他們還是相信，投票權是改善局面的唯一途徑。」[58]總之，儘管民選的政府在處理國家所面對的問題方面表現得長期無能，但委內瑞拉人在一九八三年時比他們在一九七三年時更強烈篤信民主政治。

在一九八三年以後的六年間，委內瑞拉遭遇日益嚴重的經濟問題，這主要是由於石油價格的下跌。到了一九八九年，經濟危機已經造成了一種局勢，「期望值仍然還是那麼高，而政府滿足他們的能力卻下降了。」然而，這仍然未對民主構成威脅：

高度的挫折並沒有轉化成非法的、暴力的政治活動，反而是轉化成合法的、和平的體系維持機能和程序，我們發現，中下層的委內瑞拉人已經運用四種方式，在心理上克服他們所面對的危機：合法的抗議、適應、聽天由命或移民。[59]

對民主的支持與對經由民主選舉所產生的政府的支持加以區分的分類也出現在西班牙。一九七八年到一七八四年間，「對民主政權的支持與對更有效能的民主政治的滿意度，這兩者已逐漸有所區分。」[60]在佛朗哥政權的最後幾年中，其失業率在歐洲是最低的（年平均百分之三），經濟成長率也是在世界上最高的國家之一（年平均約百分之七）。在七〇年代後期和八〇年代初期，民主政治的萌芽年代裡，失業率上升到百分之二十，經濟成長率滑落到低於百分之二。對民主體制解決這些問題的能力所保持的信心，有很大的差異。在一九七八年，百分之六十八的民眾認爲民主政治是解決該國所面臨的問題的法寶。在一九八〇年和一九八一年，大多數民眾認爲，民主並不能解決該國的問題。不過，在一九八二年底和一九八三年，大多數（百分之五十五和百分之六十）的民眾，再一次對民主在解決西班牙問題的能耐上給予十足的信心。儘管民眾對民主能夠解決問題的信心起伏不定，但是對民主的支持仍然一直很高，甚至有所增加。在一九七八年，百分之七十七的西班牙民眾相信，民主對西班牙來說是最好的政治體制。這一數字在一九八〇年下降到百分之六十九，但是在一九八一年回升到百分之八十一，一九八三年甚至上升到百分之八十五。[61]

那麼，對民主政治體制始終如一的普遍支持，與對民主政府在處理問題上的能力之信心起伏不定，兩者如何才能調和在一起？當然，答案是選舉周期（electoral cycle）。一九七八年，選民們仍然對蘇維斯的新政府抱有信心。到一九八〇年和一九八一年，隨著經濟危機惡化，選民對該政府失去了信心，而一九八二年，他們又使得岡薩雷斯和社會黨大獲全勝而掌權。在這之後，他們對民主體制解決西班牙問題的能耐所保持的信心又大幅上揚。因此，就像委內瑞拉的選民們一樣，西班牙的選民們把他們支持民主政治體制與他們對執政黨政績的評價區分開來。這種差異性對民主政治的運作至關重要。在某些環境下，威權的懷舊可能容易造成民主政權的「慢性死亡」，然後由軍方或其他威權勢力接管政權。[62]不過，懷舊只是一種情懷，而不是一種運動。更通常的是，威權的懷舊情懷只是民眾把統治者、與政權區分開來的另一項證據。西班牙、葡萄牙、巴西和秘魯的國民，不約而同地把佛朗哥、卡埃塔諾、蓋賽爾和維拉斯科認爲是英明的統治者。但是，他們仍然把民主當作較好的政體來加以支持。

對民主統治者的失望與幻滅和對威權統治者的懷舊是民主鞏固過程中所踏出的第一步。這種失望與懷舊也有一種跡象，那就是菁英和民眾已經從短暫而陶醉的民主化「高潮」中失魂落魄，並開始適應汙穢而舉步維艱的民主「低潮」。他們知道，政府可能會失靈，因此，必須以有制度化的方式來更換政府，這是民主政治賴以存在的前提。民主並不表示問題必將獲得解決；但是它卻意味著統治者可以更換；民主行爲的本質便是更換統治者，因爲要做到完全解決問題是不可能的。其所產生的覺醒和降低的期望値，正是民主得以穩定的基礎。當人們了解，民主政治只是解決專制問題的一種辦法，而未必能夠解決所有其他問題，民主國家就會愈加穩固。

第三波民主化的頭十五年裡有一個顯著的特徵，即新興民主國家中沒有眞正的反民主運動。威權的殘餘勢力（不論保守派，還是極端主義者）都存在於許多國家。威權懷舊也出現在幾個國家中。對民主的熱情、對選舉政治的參與和民主領袖的人望都顯著下滑。然而，在第三波的頭十五年中，沒有任何國家發生大規模的群眾性政治運動，對新民主政權的合法性提出挑戰，並形成足以明顯取代民主政權的威權政權。至少在那些於第三波早期中已經民主轉型成功的國家對民主理想的共識，似乎是無法抵禦的。如上所示，西班牙在一九七七年到一九八三年間舉行的五次民意測驗中，絕大多數的民眾認爲，對於像他們這樣的國家而言，民主體制是最好的政體。正如一項研究所得出的結論：「支持民主政權的基礎是相當富於變化的——極爲寬泛和含糊不清——而且與在其之前閉關自守的政權相比更是如此。民主政權不太受限於某些特定的利益；在這一方面，它享有相對的自主權。」對民主的普遍支持並不限於西班牙。例如，秘魯在一九八二年到一九八八年之間所進行的四次民意測驗中，絕大多數的利馬市民擁護民主，比例從百分之六十六到百分之八十八，在一九八八年的一次全國性抽樣調查中有百分之七十五的人認爲，民主是他們國家最令人滿意的體制。[63]還有一些零星的證據顯示，在其他第三波國家中，支持民主的程度也大致相當。

第三波國家在政權更迭之後，立即出現對民主的廣大共識，這與第二次世界大戰之後，德國和日本對民主和與民主相關的價值、態度的支持發展得相當緩慢形成了鮮明的對比。在五〇年代初期，各有超過三分之一的德國人分別指出，他們對新納粹黨奪權的企圖，表示支持或是不以爲意，而對恢復君主制的支持程度則略低於三分之一。當被要求指出德國歷史上哪個時期是最好的時期時，百分之四十五的人選擇一九一四年之前的帝國，百分之四十二的人選擇第三帝國（the Third Reich），百分之七的人選擇威瑪共和時期（the Weimar Republic），而百分之二的人選擇新的聯邦共和國。一九五九年時，對聯邦共和國的支持程度上升到百分之四十二，一九七〇年則上升到百分之八十一。在一九五三年，百分之五十的德國民衆認爲，民主體制是德國最好的政體；到了一九七二年，有百分之九十的人持有這樣的看法。因此，培養對民主的支持，以及與民主相伴隨的信任態度與公民資格，經歷了二十年漫長歲月。[64]在五〇年代與六〇年代期間，日本也以比較緩慢、不太合乎潮流的方式在輿論上出現了類似的轉變，走向更贊成民主的立場。

爲什麼當西班牙、秘魯的統治者下臺之後，幾乎立即出現民主的共識，而德國和日本這樣的威權體制結束之後，要經歷約二十年的時間，才能形成同等的共識呢？在德國和日本，人民多多少少改變了他們的觀點，但是，從更大的角度切入觀察，人民本身出現了變化。年輕人和受過良好教育的人更爲親民主。當德國的民衆逐漸由那些在聯邦共和國受教育、成長的人構成時，德國國內對民主的支持乃趨近全體一致。[65]相形之下，在西班牙和秘魯，民主政權上臺之後不久即對民主廣泛支持，若非表示這種廣泛的支持在威權政權期間就已存在，就是表示在民主轉型之前曾經支持，或至少默認威權體制的人在民主轉型之後很快地改變了他們的看法。然而，這兩種可能對民主來說未必都是一件好事。如果第一種看法成立，那麼即使在民主獲得壓倒性支持的時候，威權政權在那些社會裡仍然能夠存在。如果第二種看法成立，那麼在轉型之後迅速改變看法，而支持民主的人，可以想像得到也會同樣快地朝著反民主的方向改變他們的態度，如果環境許可的話。在德國和日本，對民主的廣泛支持是世代交替的產物，因此，短期內不大可能扭轉。在西班牙和秘魯，對民主廣泛的支持顯然是輿論變遷的結果，因此，在短期內較容易出現逆轉。

第六節　民主政治行爲的制度化

在新民主體制下所形成的覺醒，常以四種行爲方式表現出來。第一，它常常導致忍受順從、冷嘲熱諷和不理會政治。在許多新民主國家，過渡時期的投票率很高，但是在以後的大選中就下降了，有時跌落得非常之快。按照民主理論來看，政治參與的減少也許令人不愉快，但是它本身並不會威脅到新民主國家的穩定性。

其次，覺醒是藉由對現任政府的反彈表現出來。例如在西班牙，選民們推翻了執政黨，並用另一個統治團體來取代。當然，這是人們耳熟能詳的一個民主的反應，而且在新的第三波民主化國家中經常發生。現任的領導人和執政黨，在他們試圖尋求連任時通常不至於被擊敗。在民主體制建立之後的第一次和第二次政權流轉中，獲得執政權的政黨通常會中規中矩地遵從主流意見範圍內的溫和政策。特別是那些認同左派思想的政黨——如葡萄牙和西班牙的社會黨、希臘的泛希臘社會運動黨（PASOK）、阿根廷的裴隆派——通常在執政期間都會採行十分保守的和正統的經濟及金融政策（唯一的例外是秘魯賈西亞的美洲人民革命聯盟（APRA）政府）。

第三，對民主體制的覺醒也經常造成反對現任政府的反應。在這種情況下，選民不僅拒絕支持執政黨；他們也不接受體制內的其他主要政黨和團體，轉而支持政治上的局外人。這種反應尤其常出現在「總統制」國家，在「總統制」之下，最高職位的候選人通常是建立在個人，而不是在政黨的基礎之上；因此這種情況更常出現在拉丁美洲，因爲當地人民的這種反應通常被認爲是民粹主義（populism）。民粹主義人士反體制的反應使得巴西的柯樂和秘魯的藤森這樣的候選人得以當選。在阿根廷，梅南宣布參選總統，也有一些民粹主義的特徵，儘管他原本即被公認是阿國國內基礎最雄厚的政黨候選人。一些成功的民粹主義候選人，靠著他們「局外人」的反體制政治訴求而贏得選舉，同時，他們極少，或根本沒有獲得體制內政黨的支持，而是獲得民眾中廣泛的和多階層的支持。但是，一旦就職，民粹主義的候選人通常並不遵循民粹主義的經濟政策，反而實施嚴厲的緊縮計畫，以撙節政府預算、鼓勵競爭和壓低工資。

反在職者和反體制的反應是因爲對政策的失敗而覺醒的典型的民主反應。透過選舉，一群統治者失去了權位；而另一群統治者上臺執政，如果政府政策沒有改善的話，就會造成變天。當這些體制內的反應逐漸制度化之後，民主方得以鞏固。

衡量這種鞏固程度的一個標準是，二次輪替考驗（two-turnover test）。運用這種考驗，如果在轉型期的初次選舉中掌權的政黨，或團體在此後的選舉中失利，並把權力移交給選戰中的獲勝者，然後，如果這些獲勝者又和平地把權力移交給次一屆選舉中的獲勝者，那麼，這樣的民主政權就可被認爲是已經鞏固。透過選舉選擇統治者是民主政治的精髓，唯有統治者願意尊重選舉的結果而交出權力，民主才是貨眞價實的。第一次選舉的輪替常常具有象徵性的意義。一九八九年，阿根廷的民主轉型，是自一九一六年以來的第一次流轉，在這次流轉中，由選舉產生的某個政黨的總統，把權力移交給也是由選舉產生的另一個黨派的總統。一九八五年和一九九〇年秘魯的大選也清楚地表示，秘魯在二十世紀的第二次和第三次權力轉移，皆是由民選的總統移交給另一位民選的總統。

第二次輪替可以說明兩件事情。第一，一個社會中兩個主要的政治領導階層充分忠於民主，而且願意在選舉失利之後，交出職位和權力。其次，菁英和民眾都在民主的體制內運作；當出了紕漏以後，你可以更換統治者，而不是改變政權。兩次輪替是對民主政治的一個嚴厲的考驗。美國建國初期顯然也沒有達到這一考驗的要求，一直延續到傑克遜的民主黨人在一八四〇年把權力交給共和黨人（Whigs）才有所改善。日本在第二次世界大戰以後被普遍地視爲一個民主國家，但是它並不合乎這一準繩，事實上，從未出現過一次眞正的選舉的輪替。[66]在一九五〇年與一九九〇年間，土耳其有三次軍事干預，而出現過好幾次第一次輪替，但從未出現過第二次輪替。

在一九七四年與一九九〇年間，已經舉行轉型選舉的二十九個國家中有三個（蘇丹、奈及利亞、巴基斯坦），民選的民主政府被軍事政變或宮廷政變（executive coups）所推翻。一九八六年及一九八六年之後，進行過民主選舉的另外十個國家中，到一九九〇年底爲止，無一舉行過全國性選舉。而其餘的那些在轉型選舉之後舉行過一次，或一次以上選舉的十六個國家中，有十五個出現了第一次政權輪替，唯一的例外是土耳其。在轉型選舉之後舉行過兩次或兩次以上的全國性選舉的八個國家中，有六個出現了第二次的政權輪替，例外的是西班牙和宏都拉斯。在十六個國家的全部二十八次選舉中，執政的候選人或政黨被擊敗者即占了二十二次，改由反對派掌權。總之，民主過程運作起來之後，選民們可以定期地撤換現任者，而現任者又總是把官職交付由選民們新選出的人。除三個被政變所推翻的民主政府之外，到一九九〇年爲止，從選舉過程制度化的角度看，民主在第三波國家中仍然枝強葉茂。

第四種不滿，也是最極端的政治表態，通常是一種非針對當權的統治者或是現行體制的反應，卻針對民主體制本身而發。反對民主的有形政治勢力包括，從威權政權中殘存下來的保守團體，以及從反威權的反對陣營中延續下來的極端主義團體。在有些國家中，保守派團體包括軍方的一些分子，但是正如上述，這些常常心懷不滿的中級軍官受到了軍方將領的阻撓，而不能夠從民間團體中動員到舉足輕重的支持。在前共產國家中，黨內和國家行政機構內的一些派系團體，包括祕密警察在內，也常常對民主化負隅頑抗。在尼加拉瓜，由桑定解放組織控制的保守工會公然向民選的民主政府挑戰，威脅要實行「由下而上的統治」。

反對陣營中的極端分子也常常試圖向新的民主政權挑戰。不過，就本質而言，激進的團體會運用暴力，諸如秘魯的「光明之路」游擊隊（Shining Path）、菲律賓的「新人民軍」（NPA）和薩爾瓦多的「法拉邦多馬蒂民族解放陣線」（Farabundo Marti National Liberation Front, FMLN）。但是他們沒有能力從新民主國家的民眾中動員到廣泛的支持力量。使用較爲溫和策略的極端團體也絕少能夠成功。例如，在一九九〇年五月的南韓，激進的學生發動示威和暴動來紀念光州屠殺十周年。有一次示威將近十萬人參加，另外幾次的示威人數在二千到一萬之間。這些是一九八七年以來規模最大的示威，而一九八七年的示威迫使執政黨同意舉行大選。不過，由於一九九〇年的示威是針對民選政府，因此並沒有像一九八七年反威權政權示威那樣得到廣泛的支持。在南韓眾多的學生中只有「一小撮」參加了一九九〇年的示威，而中產階級則敬而遠之，因為他們「對反對黨組成新政府的能力普遍缺乏信心。」據報導，「中產階級寧願在家裡對電視機發牢騷。」【67】一般而言，在七〇年代和八〇年代的新興民主國家中殘存的保守派和極端主義團體勢必被孤立在政治的邊緣。

民主政治準則在第三波民主國家中的普及反映了，威權力量的消亡。軍事執政團、個人獨裁者和馬列主義政黨皆曾不斷付諸嘗試，卻都失敗了，因此，民主成了唯一的另類選擇。當然，關鍵性的問題是，這種局面是否能夠維持下去，以及新的運動是否會助長新形式的威權主義。這種運動能夠具體實現並獲得重大支持的程度，大概取決於民主政治行為（包括由選舉造成的政權流轉）得以制度化的程度。

此外，還有一種可能是，隨著時移境遷，體制內的民主道路使人心消磨殆盡。民眾們究竟還會有多少次願意用一個政黨或聯盟來取代另一個政黨或聯盟，而且希望他們任何一方能解決國家所面臨的問題呢？選民們是否時常願意選舉那些具有個人魅力的、民粹主義的局外者，而相信他們能夠創造出經濟和社會奇蹟呢？在某種意義上，民眾不僅可能會對民主政府的失敗感到失望，而且也對民主程度的失敗感到失望。他們也許會將反現任統治者和反權力機構的反應轉向反體制的反應。如果民主的選擇已經殆盡，野心勃勃的政治領袖就會獲得強烈的誘因，從而造就一個新的威權體制。

第七節　有利於新民主國家鞏固的條件

什麼樣的條件可以促進第三波國家中民主政治制度和民主政治文化的鞏固呢？到一九九〇年，第三波才十五歲而已，收穫的季節還沒有到，因此，不可能有確定的答案。不過，兩組可能的相關證據倒是現成的。首先，第一波和第二波民主國家得以鞏固的經驗已經足以成爲第三波民主化的教訓。其次，正如上文所指出的，促成民主政權誕生的因素，未必有助於民主政權的鞏固。然而，有些因素則能夠兩者得兼。此外，有些事態的發展比另一些事態的發展，更有助於民主的鞏固，這可能是一個合理的結論。若要試圖預測在哪些國家民主得以鞏固，又有哪些國家的民主無法鞏固下來，這樣的預測則是愚蠢的，所以，我不想在此作這種預測。不過，試圖去找出能夠影響到民主鞏固的若干變數，並確認這些變數在個別的第三波國家中存在與否的範圍有多大，即使這種做法帶有些推測的性質，也是有益處的。民主能夠順利地鞏固下來，受到幾個因素的影響。

第一，正如前面所指出的，在二十世紀中，只有極少數的國家在初次嘗試中就能夠建立起穩定的民主體制。可以合理地斷定，過去的民主經驗比毫無這種經驗更有助於第三波民主國家的穩定。若是把此一定理擴充下去就可以合理地假設，具有較長的和較晚近的民主經驗，比起較短的和較早的民主經驗，更有利於民主的鞏固。如表 5.1 中的分類所示，五個國家（烏拉圭、菲律賓、印度、智利和土耳其）在第二次世界大戰之後、第三波民主化之前，已有二十年以上的民主經驗，儘管對土耳其來

表 5.1 第二次世界大戰後第三波國家的民主經驗

在二次世界大戰後到第三波民主化之前實行民主的年數	國別
20 年以上	烏拉圭*、菲律賓、印度、土耳其、智利*
10-19 年	希臘*、厄瓜多、秘魯、玻利維亞、韓國、巴基斯坦、巴西
1-9 年	阿根廷*、宏都拉斯、瓜地馬拉、匈牙利*、捷克*、格瑞那達、奈及利亞
不足 1 年	西班牙*、葡萄牙*、薩爾瓦多、波蘭*、東德、羅馬尼亞、保加利亞、尼加拉瓜、蘇丹、外蒙古

* 在第二次世界大戰前有過一些民主經驗的國家。

說，這種經驗會因為一九六〇年和一九七一年軍方的干預而有短暫的中斷。在另一端，則是十個第二次世界大戰之後沒有民主經驗的國家；還有六個國家——薩爾瓦多、尼加拉瓜、羅馬尼亞、保加利亞、外蒙古和蘇丹——在第三波之前完全沒有民主經驗。

其次，正如在第二章中所強調的，經濟發展水準與民主政權的存在之間有著高度的相關性。一個高度工業化的現代經濟體系和更為複雜的社會，以及其所需要的受過教育的人民，都有助於民主政權的建立。可以合理地假設，這些社會也將比那些非工業化的社會更有利於新民主政權的鞏固。如果每人 GNP 以一九八七年為準，以之作為一個社會經濟發展的初步指標，則第三波國家可以分成相當清楚的幾種類型（見表 5.2）。西班牙（每人 GNP 為六千零一十美元）、東德，也可能包括匈牙利、捷克和保加利亞，這幾個國家在最高一組，其次是希臘（每人 GNP 為四千零二十美元）。其他幾個國家也在二千美元的分

表 5.2　第三波國家的經濟發展水準

1987 年的每人 GNP（按美元計）	國別
5,000 以上	西班牙、東德、捷克、匈牙利、保加利亞
2,000-4,999	希臘、葡萄牙、阿根廷、烏拉圭、巴西、波蘭、羅馬尼亞、南韓
1,000-1,999	秘魯、厄瓜多、土耳其、格瑞那達、智利
500-999	瓜地馬拉、薩爾瓦多、宏都拉斯、尼加拉瓜、玻利維亞、菲律賓
不足 500	印度、巴基斯坦、奈及利亞、蘇丹

資料來源：非東歐國家：世界銀行，《1989 年世界發展報告》（*World Development Report* 1989），（New York: Oxford University Prees, 1989）第 164-165 頁。東歐國家：據中央情報局（CIA）的估計，〈東歐：邁向經濟富裕還有漫長的道路〉（Eastern Europe: Long Road Ahead to Economic Well-Being）（提交給科技與國家安全小組委員會及經濟委員會聯席會議的論文，美國國會，1990 年 5 月 16 日），第 1-6 頁。

注：外蒙古因缺少數據從略。

界線之上，包括葡萄牙、烏拉圭、南韓、巴西和其他三個東歐國家。在最底端的是每人 GNP 低於五百美元的四個第三波國家。到一九〇〇年底，其中的兩個（奈及利亞和蘇丹）已經恢復軍事統治，而巴基斯坦，由民主方式選出的統治者已經被國家元首當場革職了，據報導，這是因軍方的緊急要求。此後，在一九九〇年，印度是唯一能夠保存民主完好無損卻極端貧困的第三波國家。

第三，國際環境和外國勢力在第三波民主國家的肇建中扮演著重要的角色。支持民主的外在環境，大概也應該有利於民主的鞏固（見表 5.3）。此處所謂「外在環境」，指的是本身即是民主的外國政府或其他行動者贊同在

表 5.3　第三波國家的外在環境與民主鞏固

鞏固的外在環境	國別
極有利	東德、西班牙、葡萄牙、希臘
相當有利	捷克、匈牙利、波蘭、土耳其、菲律賓、瓜地馬拉、薩爾瓦多、宏都拉斯、尼加拉瓜、格瑞那達、保加利亞
有利	秘魯、厄瓜多、南韓、烏拉圭、智利
無關緊要或不利	阿根廷、巴西、印度、奈及利亞、蘇丹、羅馬尼亞、保加利亞、外蒙古

注：對外在環境的分類，係依據作者的印象的判斷。這些判斷建立在一種假定之上，即歐洲共同體和美國將繼續致力於促進民主。

其他國家實行民主，因此，與新民主國家保持密切的關係，能夠對該國施加影響力。德國的統一使得東德的民主前途與西德的民主環境息息相關。歐洲共同體的會員資格因爲經濟原因而變得極爲搶手，民主的統治方式又是獲得會員資格的條件；因此，第三波時代的歐體會員國（西班牙、葡萄牙和希臘）都有著強烈的誘因來維持她們的民主制度。其他國家，諸如土耳其、匈牙利、捷克和波蘭，也希望獲得會員資格，而這種可能性也爲他們維持民主體制提供了一種誘因。有些國家與美國保持著密切的關係，因此，受美國的影響也很大。這些國家包括中美洲國家、格瑞那達、玻利維亞和菲律賓。在有美國影響力存在，但比較不顯著的地方，包括秘魯、厄瓜多、烏拉圭、南韓、土耳其、波蘭和智利。一些主要民主國家的影響力在阿根廷、巴西、印度、奈及利亞、蘇丹、羅馬尼亞、保加利亞和外蒙古則比較弱小。[68]

第四，在第三波國家中，民主轉型的時機也可表示出對一個國家中鞏固民主有影響的因素（見表 5.4）。

表 5.4　第三波國家民主的創始

首次選舉的時間	國別
在 1980 年以前	西班牙、葡萄牙、希臘、厄瓜多、印度、奈及利亞
1980-1983 年	秘魯、阿根廷、玻利維亞、宏都拉斯、土耳其
1984-1987 年	烏拉圭、巴西、菲律賓、薩爾瓦多、瓜地馬拉、南韓、格瑞那達、蘇丹
1988-1990 年	巴基斯坦、波蘭、匈牙利、東德、捷克、羅馬尼亞、保加利亞、尼加拉瓜、智利、外蒙古
可能在 1990 年之後	墨西哥、蘇聯、南非、臺灣、尼泊爾、巴拿馬

在第三波初期開始走向民主的國家中，建立民主的努力主要是出自於本土原因。外來的影響力和滾雪球的效應作爲民主化的起因，對那些在第三波後期才走向民主的國家尤其重要。我們似乎可以提出一個合理的假設，即本土性起因占優勢的民主轉型，主要出現在第三波的早期，這可能更有利於民主的鞏固。而外來的影響力，主要出現在第三波晚期的民主轉型之中。作爲一個因素而言，它有利於南歐國家、印度、厄瓜多和秘魯等國的民主鞏固。它也應該有利於奈及利亞的民主鞏固，但是顯然未能阻止其提早回復到威權體制。造成後期民主轉型的力量，應該比東歐國家、南韓、巴基斯坦和尼加拉瓜，以及那些在一九九〇年仍處於自由化進程之中的國家（如臺灣、南非、蘇聯和墨西哥）的民主鞏固更爲困難。

第五，一個極其重要的問題顯然影響到，轉型過程與鞏固之間的關係。對一個國家來說，是否經由變革、置換、移轉或干預而完成民主轉型，其對民主的鞏固有什麼差別嗎？對於其中的每一個過程是否有助於民主的鞏固，都可以提出立論和反論。一個相關的問題是關於暴力在轉型過程中的角色，以及由此呈現的類似問題。一方面可以斷言：和平的、兩願的轉型有利於民主的鞏固。另一方面，也可以認爲，暴力的轉型有可能使得大多數人口對血腥暴力深惡痛絕，因而更加堅定地忠於民主體制和價値觀。總之，似乎可以更合理地假設，一種兩願的、較少暴力的轉型，比諸衝突和暴力更能爲鞏固民主體制提供一個更好的基礎。如果這種說法成立的話，透過談判的移轉過程也許最有利於民主的鞏固；其次才是變革；置換和干預對民主的鞏固助益最少（見第三章表3.1）。或許也可以假定，不論這種過程的本質如何，暴力的成分愈少，其對鞏固民主的條件愈有利。若這個假設成立，它就可以爲薩爾瓦多、瓜地馬拉、尼加拉瓜、格瑞那達、巴拿馬、羅馬尼亞和南非的民主鞏固問題造成一些難題。

第六，正如前面所論證的，新民主國家所面對的情境問題數量和嚴重性不僅僅決定民主之鞏固與否，問題的核心反而是，政治菁英和民眾如何應付這些問題，和對新民主政府無力解決這些問題如何反應。然而，這並不是說，新民主國家所面臨的諸多問題，完全與民主的鞏固無關。嚴重的情境問題的數量、性質可能只是一個變數，而和其他變數共同影響到民主的鞏固（見上文，即本章第四節的開頭部分）。

除這六項因素之外，還有一些其他因素當然也影響到民主鞏固的成敗。不過，這些影響的程度、方向，並不太容易估算出來。例如，人們可以假定，威權政體的性質、成就，也許影響到其後民主政權鞏固的前途。威權政權是否爲軍事政權，是否爲一黨政權，是否爲個人獨裁政權，或是否爲種族性的寡頭政體，這都會影響到民主鞏固的前途嗎？就此可以提出一些相互衝突的假設和論點，包括前任威權政權的性質對後來民主政權的鞏固沒有任何重要瓜葛的論點。同樣地，民主的鞏固是更可能仿效那些被認爲是比較成功的威權政權（如西班牙、巴西、臺灣、南韓和智利），還是比較不成功的威權政權（如阿根廷、菲律賓、葡萄牙、玻利維亞和羅馬尼亞）。這一區分顯然與轉型過程中的差異有關，但是，其本身也可以算作一個自變項。但是其方向如何呢？可以這麼認爲：菁英和民眾對不成功的威權政權顯現失敗所作的反應，對民主的鞏固應該是一種積極的力量。不過，也可以說，各國在政治能力上各有差異，而且成功地造就威權體制的人民（如西班牙人），同樣可以成功地造就民主體制，而無法創造出成功的威權體制的人民，同樣不可能更成功地鞏固一個民主政權（如阿根廷）。

民主的鞏固也受到所建立的民主制度的性質的影響。例如，有人提出了一個似乎很合理的論點，認爲「內閣制」比「總統制」更有助於新民主國家的成功，因爲它減少了政治的「孤注一擲」（all or nothing）的一面，通常需要由各政黨組成聯合政府，並給予一個機會，好讓國家元首和政府首腦之間取得平衡。[69]這種論點頗有參考價值，而且有些拉丁美洲人士一直在倡議朝內閣制方向改革的理想性，包括艾方辛在內。不過，內閣制度有助於民主鞏固的證據仍然不夠充分。一個類似的問題與新民主國家政黨體制的性質有關。分別代表某特定的經濟、社會、區域、社團或意識形態利益的許多政黨能夠更有利於民主政治嗎？或者在兩黨制下，兩個代表性廣泛的政黨相互之間提供一種可行的、負責任的替代政府，而其領導階層在應付嚴重的經濟危機、販毒的黑手黨和具有威脅性的叛亂組織方面能夠更容易合作，這種兩黨制更有利於民主嗎？同樣，對這一判斷仍然缺少足夠的證據。

如果上面所討論的因素與新民主國家的鞏固有關，而且，如果有人含糊地臆測他們都同等相關，那麼，有關最有利和最不利於民主鞏固條件上就會出現粗枝大葉的判斷。這種結論並不令人意外。從總體上看，鞏固的條件在南歐國家、東德、烏拉圭和土耳其最爲有利。對大多數的國家來說，鞏固的條件則不那麼有利，但仍然具有一些支撐作用；這些國家包括捷克、智利、厄瓜多、玻利維亞、秘魯、宏都拉斯、阿根廷、巴西、菲律賓、印度、波蘭和匈牙利。不利於民主鞏固的條件，出現在瓜地馬拉、格瑞那達、奈及利亞、薩爾瓦多、巴基斯坦、尼加拉瓜、保加利亞、外蒙古。另外，蘇丹和羅馬尼亞在支持維護民主的條件方面似乎顯得相當不夠。

許多因素將影響到第三波國家中的民主鞏固，而它們的相對重要性並不十分明朗。不過，最有可能的是，不論民主是搖擺不定，還是要加以維持，主要都取決於，政治領袖希望維持民主的程度以及願意爲這一努力所付出的代價，而不是優先考慮其他目標。

◆ 註解 ◆

[1] 關於民主鞏固的問題的其他論述，見 Juan Linz & Alfred Stepan, "Political Crafting of Democratic Consolidation or Destruction: European and South America Comparisons", 載於 "*Democracy in the Americas: Stopping the Pendulum*", Robert A. Pastor 編, New York: Holmes Meier, 1989, pp. 41-61; Laurence Whitehead, "The Consolidation of Fragile Democracies: A Discussion with Illustrations", 載於《美洲的民主》，Pastor 編, pp. 79-95; 及Charles Guy Gillespie, "Democratic Consolidation in the Southern Cone and Brazil: Beyond Political Disarticulation", 載於 "*Third World Quarterly* 11, April 1989", pp. 92-113.

[2] 關於這些問題之深思熟慮的論述，及關於第一波和第三波早期的一些案例，見 John H. Herz, "On Reestablishing Democracy after the Downfall of Authoritarian or Dictatorial Regimes", 載於 "*Comparative Politics* 10, July 1987", pp. 559-562，在該文中，Herz 把問題界定為「寬恕還是遺忘，是起訴還是整肅？」（Forgive and forget, or prosecute and purge?），與Herz, "Conclusion", 載於 "*From Dictatorship to Democracy: Doping with The Legacies of Authoritarianism and Totalitarianism*", John H. Herz 編, Westport, Conn.: Greenwood Press, 1982, pp. 277-281。對阿根廷，巴西，烏拉圭第三波經驗的比較，見 Alfred Stepan, "*Rethinking Military Politics: Brazil and the Southern Cone*", Princeton: Princeton University Press, 1988, pp. 69-72, pp. 107-108, pp. 115-116，關於對政治與道德問題之傑出的探討，見亞斯平研究所，司法與社會研究部（Aspen Institute, Justice and Society Program），"State Crimes: Punishment or Pardon", Queenstown, Md.; 提交給亞斯平研究所，會議論文與報導，November 4-6 1988, 1989.

[3] 這些難免只是個大概的數字，主要來自於各種來源，包括一些摘自第四章中對民主化過程中被殺的人的估計數字。關於智利的數字也見 "*New York Times*"，一九八九年八月一日，A 4 版，一九九〇年三月十三日，A 3 版，關於巴西的數字，見《紐約時報》，一九八五年十二月十五日，p. 15。

[4] 引自 Lawrence Weschler, "The Great Exception: I--Liberty", "*New Yorker*" 雜誌，一九八九年四月三日，p. 84。

[5] Whitehead, "Consolidation of Fragile Democracies" 編，《美洲的民主》，Pastor 編，p. 84.

[6] Aryeh Neier, "What Should Be Done About the Guilty?", "*New York Review of-Books*"，一九九〇年二月一日，p. 35.

[7] Vaclav Havel，新年演說，"*Uncaptive Minds* 3"，一九九〇年一—二月，p. 2.

[8] 引自 Weschler，《紐約客》，一九八九年四月三日，p. 84.

[9] Neier，《紐約圖書評論》，一九九〇年二月一日，p. 35.

[10] 《紐約時報》，一九八九年八月一日，A 4 版，一九九〇年三月十日，p. 4；"Boston Globe"，一九八九年十二月十日，p. 17。

[11] 《紐約時報》，一九八三年五月二十九日，E 3 版。

[12] P. Nikiforos Diamandouros, "Transition to, and Consolidation of, Democratic Politics in Greece, 1974-83: A Tentative Assessment", 載於 "*The New Mediterranean Democracies: Regime Transitions in Spain, Greece, and Portugal*", Geoffrey Pridham 編, London: Frank Cass, 1984, p. 57.

[13] Harry Psomiades, "Greece: From the Colonels' Rule to Democracy"，載於 "*From Dictatorship to Democracy*", Herz 編, pp. 262-265。刑求案件審判的精確數字不可靠，因為這些案件是在若干個司法機關中審理的，而且包含各種所謂的罪行（包括毆打與濫用權力），這些都很難與正常的刑事案件區分開來。

[14] 見 "*Munca Mcs: The Report of the Argentina National Commission on the Disappeared*", New York: Farrar Strauss Giroux, 1986, p. 10, p. 51，以及隨處可見。

[15] Diamandouros, "Democratic Politics in Greece", 載於 "*New Mediterranean Democracies*", Pridham 編, p. 58.

[16] Psomiades, "Greece"，載於《獨裁到民主》, Herz 編, pp. 263-264；《紐約時報》，一九九〇年十二月三十一日，p. 3。

[17] Peter Ranis, "The Dilemmas of Democratization in Argentina", "*Current History*, 85, 1986. 1", p. 30; Elizabeth Fox, "Argentina: A Prosecution in Trouble", "*Atlantic Monthly*, 25, March 1985", p. 42.

[18] 《紐約時報》，一九八六年十二月二十八日，E 3 版，一九八七年二月二十一日，p. 4; "*Economist*"，一九八六年十二月十三日，p. 42。

[19] 《紐約時報》，一九九〇年十二月三十日，p. 9。

[20] “*International Herald Tribune*”，一九八七年六月二十七—二十八日，p. 5。

[21] James Cotton, “From Authoritarianism to Democracy in South Korea”, “*Political Studies*, 37, June 1989”, p. 257.

[22] Weschler, 《紐約客》雜誌，一九八〇年四月三日，p. 83; Stepan, “*Rethinking Military Politics*”, pp. 70-71。我主要依據的是 Weschler 對烏拉圭有大赦爭議的論述。他在《紐約客》中的文章因此也被收入了 “*A Miracle, A Universe: Settling Accounts with Torturers*”, New York: Pantheon Books, 1990.

[23] Danilo Arbilla，引自 “*Newsweek*”, 一九八五年一月二十八日，p. 23。

[24] Weschler，《紐約客》，一九八九年四月三日，p. 85。

[25] 《紐約時報》，一九八九年四月十八日，A 8 版。

[26] Ernesto Sabato，引自 “*Washington Post*”, 一九八五年一月二十八日，p. 23。

[27] Neier, “What Should Be Done”, p. 34; 《紐約時報》，一九九〇年六月三日，p. 6，一九九〇年六月十一日，A 4 版。

[28] Lawrence Weschler, “The Great Exception: II--Impunity”, 《紐約客》，一九八九年四月十日，pp. 92-93;《波士頓環球報》，一九八九年四月十六日，p. 20。

[29] Neier, 〈該怎麼辦〉，p. 34。

[30] Gabriel Schoenfeld, “Crimes and Punishments”, “*Soviet Prospects*, 2, 1990. 10”; Janusz Bugajski, “Score Settling in Eastern Europe”, “*Soviet Prospects* 2, October 1990”, pp. 1-3; 《紐約時報》，一九九〇年一月一日，A 13 版，一九九〇年七月七日，A 8 版，一九九〇年十一月十一日，A 16 版；“*Times*, London”，一九九〇年五月二十九日，p. 11。

[31] “Problems in the Soviet Military”, “*Soviet/East European Report* 7, September 20, 1990”, pp. 1-2;《紐約時報》，一九九〇年七月五日，A 7 版。

[32] 《紐約時報》，一九八九年五月十一日，A 7 版。

[33] Cynthia McClintock, “The Prospects for Democratic Consolidation in the ‘Least Likely’ Case: Peru”, “*Comparative Politics* 12, January 1989”, p. 142; Adrian Shubert, “The Military Threat to Spanish Democracy: A Historical Perspective”, 載於 “*Armed Forces and Society* 10, Summer 1984”, p. 535; Paul W. Zagorski, “Civil-Military

Relations and Argentine Democracy", 載於 "*Armed Forces and Society*, 14, Spring 1988", p. 423.

【34】Psomiades, "Greece"，載於《從獨裁到民主》, Herz 編, p. 207.

【35】Eusebio Mujal-Leon, "The Crisis of Spanish Democracy", "*Washington Quarterly*, 5, Spring 1982", p. 104;《紐約時報》，一九八一年十一月十五日，A17 版，一九八一年十一月二十一日，p. 2。

【36】Thomas C. Bruneau 和 Alex MacLeod, "*Politics in Contemporary Portugal*", Boulder Colo.: Lynne Rienner, 1986, pp. 118-126;《華盛頓郵報》，一九八四年一月二十八日，A17 版，A24 版。

【37】《紐約時報》，一九九〇年三月十一日，E3 版，E21 版，一九九〇年九月十八日，p. 11；"Time"，一九九〇年三月二十六日，p. 26。

【38】Bruneau 和 MacLeod, "*Politics in Contemporary Protugal*", p. 24. 見第一章與第六章，與 Walter C. Opello Jr. "*Portugal's Political Development: A Comparative Approach*", Boulder Colo.: Westview Press, 1985，第七章。

【39】《紐約時報》，一九九〇年九月九日，p. 6，一九九〇年十二月六日，A14 版，一九九一年一月二十二日，A17 版。

【40】Henri J. Barkey, "Why Military Regimes Fail: The Perils of Transition"，載於 "*Armed Forces and Society*, 16, Winter 1990", p. 187;《紐約時報》，一九八七年七月三日，A5 版，一九九〇年十二月四日，A13 版；《經濟學人》，一九八七年七月四日，p. 47。

【41】泛見 Diamandouros, "Democratic Politics in Greece", 載於《地中海地區的新興民主國家》，Pridham 編, p. 60; Constantine P. Danopoulos, "From Balconies to Tanks: Post-Junta Civil-Military Relations in Greece", "*Journal of Political and Military Sociology*, 13, Spring 1985", p. 91, p. 95; McClintock, "Prospects for Democratic Consolidation", p. 134; Paul Heywood, "Spain: 10 June 1987", "*Government and Opposition*, 22, Autumn 1987", pp. 397-398。Danopoulos 用胡蘿蔔與大棒的隱喻來描述卡拉曼里斯與巴本德里歐的軍事政策。

【42】Shubert, "*Armed Forces in Society*, 10", pp. 535-537; Martin C. Needler, "Legitimacy and the Armed Forces in Transitional Spain，為國際政治學會的會議論文，里約熱內盧，August 10-14, 1982", p. 16.

【43】《國際前鋒論壇報》，一九九〇年五月三十日，p. 5；《紐約時報》，一九八二年三月三十一日，A4 版；《泰晤士報》，一九九〇年三月二十九日，p. 13。

【44】Danopoulos, "From Balconies to Tanks", pp. 91-92; Salvador Giner, "Southern European Socialism in Transition", 載於《地中海地區的新興民主國家》，Pridham 編, p. 151；《紐約時報》，一九八一年三月三十一日，A 4 版。

【45】引自《紐約時報》，一九八九年七月二十二日，p. 3。

【46】"On the Edge of Europe: A Survey of Portugal"，《經濟學人》，一九八四年六月三十日，p. 7。

【47】《紐約時報》，一九八三年十月二十八日，A 5 版；一九八四年一月二十四日，A 2 版；《泰晤士報》，一九九〇年三月二十日，p. 13。

【48】Danopoulos, "From Balconies to Tanks", p. 93; Zgorski, "Civil-Military Relations", p. 424.

【49】Danopoulos, "From Balconies to Tanks", p. 89; Theodore A. Couloumbis 和 Prodromos M. Yannis, "The Stability Quotient of Greece's Post-1974 Democratic Institutions", "*Journal of Modern Greek Studies*, 1, 1983. 10", p. 366;《紐約時報》，一九八九年一月十五日，p. 6；《經濟學人》，一九八九年一月二十一日，p. 40。

【50】Danopoulos, "From Balconies to Tanks", p. 89, p. 93;《紐約時報》，一九八一年三月三十一日，A 4 版。

【51】《紐約時報》，一九九〇年十二月六日，A 14 版。

【52】在對付其軍隊方面，《經濟學人》周刊也向新民主國家的領袖們提出了類似建議：

寬恕過去的罪惡，或至少不試圖對其加以懲罰……

既要強大，又要有智慧……

大方地對他們……

讓他們忙碌不休……

教他們尊重民主……

讓人民站在你這一邊，但要做到許諾比行動多……

如果這一切都不管用，那就廢掉軍隊……

《經濟學人》，一九八七年八月二十九日，p. 36。

【53】《華盛頓郵報》，一九八四年五月五日，A 17 版；"*Washington Post National Weekly*"，一九八七年十一月九日，p. 17; Juan de Onis, "Brazil on the Tightrope Toward Democracy", "*Foreign Affairs*, 63, Fall 1989", p. 128;《紐約時報》，一九八九年六月五日，A 9 版；Tzvetan Todorov, "Post-Totalitarian Depression", "*New Republic*"，一九九

○年六月二十五日，pp. 23-25;《紐約時報》，一九九○年十一月九日，A1版，A10版。

[54] Peter McDoncugh, Samuel H. Barnes, Antonio Lopez Pina, "The Growth of Democratic Legitimacy in Spain", "*American Political Science Review*, 80, 1986. 9", p. 743;《紐約時報》，一九八九年五月七日，2E版；Thomas C. Bruneau, "Popular Support for Democracy in Post-revolutionary Portugal: Results from a Survey", 載於 "*In Search of Modern Portugal: The Revolution and Its Consequences*", Lawrence S. Graham 和 Douglas L. Wheeler 編, Madison: University of Wisconsin Press, 1983, pp. 35-36; McClintock, "Prospects for Democratic Consolidation", p. 142.

[55] Larry Diamond, Juan J. Linz, Seymour Martin Lipset, "Democracy in Developing Countries: Facilitating and Obstructing Factors"，載於 "*Freedom in the World: Political Rights and Civil Liberties* 1987-1988", Raymond D. Gastil 編, New York: Freedom House, 1988, p. 231.

[56] Linz 和 Stepan, "Political Crafting", 載於《美洲的民主》, Pastor 編, p. 46, pp. 58-59, 以及 Ekkart Zimmerman, "Economic and Political Reactions to World Economic Crises of the 1930s in Six European Countries",（提交給會議的論文，中西部政治學會，芝加哥，一九八六年四月十一十二日），p. 51，引自 Linz 和 Stepan, "Political Crafting", p. 46; Robert A. Dix，圖書評論，"*American Political Science Review* 83, 1989. 9", p. 1055.

[57] Linz 和 Stepan, "Political Crafting", 載於《美洲的民主》, Pastor 編, p. 49; McClintock, "Prospects for Democratic Consolidation", p. 127.

[58] Enrique A. Baloyra, "Public Opinion and Support for Democratic Regimes, Venezuela 1973-1983",（提交給美國政治學年會的論文，紐奧良，August 28-September 1, 1985）, pp. 10-11.

[59] Makram Haluani, "Waiting for the Revolution: The Relative Deprivation of the J-Curve Logic in the Case of Venezuela, 1968-1989",（提交給美國政治學年會的論文，喬治亞，亞特蘭大，August 31-September 3, 1989）, pp. 9-10.

[60] McDonough, Barnes, Lopez Pina, "Democratic Legitimacy in Spain", p. 751.

[61] 關於經濟和輿論的數字來自 Linz 和 Stepan, "Political Crafting", 載於《美洲的民主》, Pastor 編, pp. 43-45。

[62] 見 Guillermo O'Donnell, "Challenges to Democratization in Brazil", "*World Policy Journal* 5, Spring 1988", pp. 281-

300.

[63] McDonough, Barnes, Lopez Pina, "Democratic Legitimacy in Spain", pp. 752-753; McClintock, "Prospects for Democratic Consolidation", p. 140.

[64] 有關德國政治文化變遷的這些和其他資料，見 Kendall L. Baker, Russell J. Dalton, Kai Hildebrandt, "*Germany Transformed: Political Cultrue and the New Politics*", Cambridge: Harvard University Press, 1981，隨處可見，但特別見第一章與 pp. 273, 287；David P. Conradt, "Changing German Political Culture", 見 "The Civic Culture Revisited", Gabriel A. Almond 和 Sidney Verba 編, Boston: Little Brown 1980，pp. 212-272，和 "West Germany: A Remande Political Culture?"，載於 "*Comparative Political Studies* 7, July 1974", pp. 222-238.

[65] Baker, Dalton, Hildebrant, "*Germany Transformed*", pp. 68-69, p. 285; Warren M. Tsuneishi, "*Japanese Political Style*", New York: Harper, 1966, pp. 17-21.

[66] 譯者注—一九九三年，長期執政的自民黨被打成在野黨，則屬第一次。

[67] 《國際前鋒論壇報》，一九九〇年五月十日，p. 1，一九九〇年五月十六日，p. 1，一九九〇年五月二十一日，p. 2；《泰晤士報》，一九九〇年五月十一日，p. 10。

[68] 在分析加勒比海地區的小國（多數是英國的前殖民地）能夠持續民主體制的原因時，多明格斯強調，國際次級體系（international subsystem）和其他加勒比海國家、以及美國，在採取有效行動敉平政變、和對民主的其他威脅方面所扮演的角色。這個加勒比海國際體系優先考慮的是「民主而非不干預（相反的選擇一直是拉丁美洲地區更為常見的規範）。」「加勒比海地區的問題：為何自由民主（意外地）繁榮起來了？一位記錄員的報告」，（未發表的論文，哈佛大學，國際事務中心，一九九一年一月），p. 31。

[69] 見 Juan J. Linz, "The Perils of Presidentialism", "*Journal of Democracy*, 1, Winter 1990", pp. 51-70，以及此後 Donald Horowitz, Seymour Martin Lipset 和 Juan J. Linz 在 "*Journal of Democracy* 1" 中所發表的文章，Fall 1990, pp. 73-91.

第六章　走向

從一九七四到一九九〇年間，將近三十個國家的民主化及另外幾個國家的自由化，把人們的注意力集中到一個基本問題之上。這些民主化是不是持續的和不斷擴展的「全球民主革命」的一部分？這場民主革命最後會席捲世界上的所有國家嗎？或者說，只是一個有限的民主擴張？即只是在過去有過民主經驗的多數國家重新引入民主？如果第三波終止，是否會出現一個重大的第三波回潮，這種回潮是否會使得七〇年代和八〇年代的民主成果付諸東流？是否會回復到民主化的谷底？當處於這個谷底的時候，全世界只有不足五分之一的國家擁有民主政府？

社會科學無法給予這些問題可靠的答案，任何社會科學家也做不到。不過，可能做到的是，找出會影響到民主在未來世界上收縮或擴張的因素，並提出一些似乎與民主化的未來相關的問題。其中，關鍵的因素包括：一，第三波的起因有可能繼續產生效果、一鼓作氣、持續衰弱還是被促進民主化的新力量所補充或取代的程度；二，產生新的重大回潮的環境，以及這種回潮可能呈現的形式；三，存在於那些到一九九〇年爲止尚未民主化的國家中的民主化的障礙與機會。在下面的篇幅中我將著手分析這些因素；不過，在討論每個標題文字的最後一句話裡，幾乎總是劃下一個問號。

第一節　第三波的肇因：持續、削弱，還是有所變化

七〇年代和八〇年代的民主化潮流會持續到整個九〇年代嗎？在第二章中，討論了第三波民主化的五個原因。其中的兩個——威權政權的合法性和經濟發展的問題——將在下文中討論未來民主化的潛在障礙時有所涉獵。這一節集中討論另外三個被認爲是在第三波中扮演重大角色的因素。

一個是基督教的擴張，更具體地說，是出現在六〇年代和七〇年代的天主教會的信條、感召力、社會和政治效忠的重大變化。基督教的擴張對南韓的影響最爲顯著。世界上其他地區的基督教影響還在擴展嗎？該地區的民主化也因而愈來愈有可能？最明顯的是非洲。據估計，在一九八五年時，非洲的基督徒人數是二億三千六百萬人，預計在二十一世紀初將達到四億人左右。到一九九〇年爲止，撒哈拉沙漠以南的非洲有相當多的天主教徒和新教徒生活在眾多威權政權之下，這是世界上僅有的地區。在一九八九年和一九九〇年，肯亞和其他非洲國家的基督教領袖積極地起而反抗壓迫。[1] 隨著基督徒人數的成長，教會領袖支持民主的活動可想而知地不但不會衰退，而且他們的政治權力還會增加。據報導，一九八九年的時候，基督教也「撼動了中國大陸，特別是在年輕人中間，」儘管教徒的總人數仍然很少。在一九八九年的新加坡，總人口中約有百分之五是基督徒，但是政府日益關注基督教的擴張，並採取壓制性的措施，對付新加坡的天主教大主教和新加坡天主教大主教轄區正義與和平委員會（Catholic Archdiocesan Justice and Peace Commission）的執行長。[2] 在蘇聯地區，對宗教的

禁止和騷擾似乎已經結束，這將可望讓宗教活動有更大的空間，而信徒也會大爲增加，同時也對蘇聯的民主前途有積極意義。

到一九九〇年爲止，天主教對民主化的推動已經大功初成。許多天主教國家已經民主化了，或者像墨西哥那樣自由化了。天主教組織有鼓勵民主進一步擴張的能力，卻沒有擴張自己的能力，僅限於巴拉圭、古巴、海地和少數幾個非洲國家，像塞內加爾和象牙海岸。此外，天主教教廷有可能會像七〇年代那樣繼續成爲民主化的強勢力量，到何種程度？教宗若望保祿二世始終如一地推廣宗教的保守主義。梵蒂岡對節育、墮胎、女性教士和其他問題上的態度，與在廣大的社會和政府組織中促進民主，能夠並行不悖嗎？

民主化外在代理人的角色似乎也在變化。一九八七年四月，土耳其申請成爲歐洲共同體的正式成員。動機之一是，土耳其的領袖們希望以此來加強土耳其的現代化和民主趨勢，並封鎖、孤立土耳其境內支持伊斯蘭教基本教義派的勢力。不過，歐洲共同體內部對於土耳其成爲會員國一事報以冷淡的態度，甚至帶有一些敵意（來自希臘）。一九九〇年，東歐的解體也提高了匈牙利、捷克和波蘭成爲歐體會員國的可能性。於是，歐體就面臨著兩個問題。首先，它應該優先擴大其會員國的數目，還是應朝著進一步的經濟和政治統一的方向來「深化」現有的共同體呢？其次，如果歐體決定擴大其會員範圍，那麼應該優先接納歐洲自由貿易協會（European Free Trade Association）的會員國，如奧地利、挪威、瑞典，還是優先考慮東歐國家或土耳其呢？可想而知地，歐洲共同體在可預見的將來只能吸收數量有限的國家成爲會員國。

這些問題的答案與土耳其和東歐國家民主政治的穩定性有所牽連。據報導，由於土耳其在申請成爲歐體會員一事未獲進展，已經在一九九〇年導致了「伊斯蘭教徒的反彈」。[3]就土耳其目前的邊陲地位而言，伊斯蘭教的傳統、過去的軍人干政和令人懷疑的人權紀錄而言，土耳其的民主可能需要歐洲共同體的支持，至少就像七〇年代西班牙、葡萄牙和希臘的民主那樣。若是不能給予這種支持力量，將會使得土耳其民主的前途更加充滿不確定性。取得歐洲共同體會員國資格的希望，也能夠強化東歐和中歐的新民主國家。不過，取得歐體會員資格的希望，還不至於使一個擁有威權政府的國家出現民主化的動機。

蘇聯強權的撤出使得東歐可以實現民主化。如果蘇聯解除或大幅削減對古巴卡斯楚政權的支持，則古巴也許會出現民主化的運動。除此之外，蘇聯在其領土以外對於促進民主幾乎是無所事事。關鍵的問題是，蘇聯內部將會發生什麼。隨著蘇聯控制的放鬆，民主政治將會在波羅的海國家重建起來，似乎是很有可能的。邁向民主的運動，也會存在於其他加盟共和國。當然，最重要的是俄羅斯本身。俄羅斯共和國民主政權的建立和鞏固，（這種情況果眞出現的話），將是第二次世界大戰以來最重要的民主進展。不過，在一九九〇年底，保守派勢力仍然在俄羅斯和蘇聯維護自己的勢力，強調重新建立秩序和紀律的必要性，從而潛藏著發生蘇維埃式的熱月政變（Thermidor）的可能性。

在七〇年代和八〇年代，美國是民主化的主要推動者。美國是否繼續扮演這一角色，當視其意願、能力和號召力而定。在七〇年代中期之前，美國的外交政策經常不把民主政治的推廣列爲最高優先的目標，可能再度屈居次要地位。隨著與蘇聯的冷戰和意識形態競爭劃上休止符，可能會使美國不再支持反共的獨裁者，但也可能減少美國對第三世界的任何實質性的介入。到八〇年代初，美國的決策者們記取了一個教訓，即在反共方面民主國家比任何基礎狹隘的威權政權是更好的堡壘。如果共產主義的威脅減緩，那麼，以民主思想來替代共產主義的必要性也因此減少。此外，卡特和雷根都採行一種道德主義的外交政策，爲民主和人權賦予了一種華麗的辭藻，而且在其外交政策的目標中相當地賦予它一種有意義及實質性的角色。與前兩位總統相比，布希總統的政策似乎更爲務實，而比較不具有道德觀念狹隘又堅定的作風。一九九〇年四月，國務卿貝克（James Baker）宣布，「圍堵政策與民主政治只是一線之隔。掃蕩舊獨裁者的時代正在快速消逝；建立新民主國家的時代已經來臨。所以，布希總統爲我們立下的新使命是推廣和鞏固民主。」然而，其他目標似乎更優先。這尤其是出現在布希政府對一九八九年和一九九〇年的中國政策上。自天安門事件之後，前總統雷根以優美的、威爾遜式的箴言宣布：「你們不能屠殺一個觀念。你們不能用坦克踐踏希望。」[4] 布希總統卻派他的國家安全顧問去祕密會見中共領導人。

因此，美國推廣民主的意願也許會、也許不會維持下去。另一方面，美國做到這一點的能力，似乎可能受到束縛。有關美國在八〇年代後期中衰的謠言常常言過其實。不過，事實上，貿易和預算赤字確實給美國用以對外國施加影響力的資源增添了新的限制。此外，天主教教廷推動威權國家民主政治的未來能力，由於大多數天主教國家不再是威權國家而大大地衰退，同樣地，美國推廣民主的能力在某種程度上也在衰退中，因爲這種能力已經在最容易運用的地方運用過了。拉丁美洲、加勒比海地區、歐洲和東亞的國家，最容易感受到美國的影響力，因而，除少數例外，都變成了民主國家。在一九九〇年，美國仍然可以用民主化的名義而施與重大影響力的主要國家是墨西哥。

在非洲、中東和亞洲大陸的非民主國家，則不太容易感受到美國的影響力。例如，一九八八年，要求民主的緬甸示威者們，對於美國譴責其政府的鎮壓行徑表示高度致敬，「緊緊把握住美國會插手的絲毫希望，」而且有一度甚至盛傳美國海軍艦隊正在航向緬甸海域而充滿希望。[5] 美國的海軍偶爾也支持民主，他們駛入多明尼加共和國、海地、巴拿馬和格瑞那達的水域。在必要的時候，美國海軍艦隊航向古巴水域來執行這一任務也是可想而知的。只不過，在美國利益和美國權力的考量中，緬甸是在最遙遠的一端。對於緬甸，美國所能做的只是，提出外交抗議和凍結經濟援助。美國政府在非洲和中國大陸推動民主的能力同樣十分有限。

除中美洲和加勒比海之外，與美國重大利益息息相關的第三世界主要地區是波斯灣。波斯灣戰爭及派遣五十萬名以上的美軍部隊到該地區，這都在科威特和沙烏地阿拉伯激起了要求民主的運動，使得伊拉克的海珊政權失去了合法性。美國在波灣部署的龐大軍隊如果能夠維持下去的話，將對自由化（雖然不是民主化）產生強而有力的外在原動力，如果出現民主化運動的話，美國的這種軍事部署有可能維持下去。

美國對民主化的重要性不僅僅意味著美國有意、直接地運用其影響力。在八〇年代，整個世界民主化的腳步，都從美國的典範中得到了啟發，並以此爲榜樣。在仰光，民主的支持者們舉著美國的國旗；在南非約翰尼斯堡，民主人士重印了《聯邦黨人文集》（*The Federalist*）；在布拉格，他們高唱「我們將會克服一切」（We Shall Overcome）；在華沙，他們朗誦林肯的名言、引述傑佛遜的話；在北京，他們樹立了自由女神像；在莫斯科，白宮國家安全顧問蘇努努給戈巴契夫上了一課，教他如何組織一個「總統制」政府。[6] 美國的民主典範之所以具有號召力，部分是因爲它象徵著自由，但是，人們也必須承認的是因爲它表達了一種力量和成功的形象。正如在第二次世界大戰後的第二波民主化一樣，人們願意模仿成功的典範。

不過，如果美國的模式不再表現力量和成功、不再是吸引人的模式時會怎樣呢？在八〇年代終了時，許多人認爲「美國的衰落」是千眞萬確的事。另一些人則持相反的看法。不過，幾乎沒有人否認美國面臨了一些重大的問題：犯罪、毒品、貿易赤字、預算赤字、低儲蓄和投資、緩緩下降的生產力成長、拙劣的公共教育和逐漸老化的貧民區（inner city）。整個世界的人們都會逐漸把美國看成是一個衰落的大國，政治的停滯、經濟的無效率和社會的混亂都是其典型特徵。如果這種情況果眞發生，那麼，人們理解到的美國的失敗便不可避免地會被看作是民主的失敗。整個世界對民主的訴求，也因此會遭到重創。

一九九〇年，滾雪球效應對民主化的影響顯然擴及保加利亞、羅馬尼亞、南斯拉夫、外蒙古、尼泊爾和阿爾巴尼亞，同時也影響一些阿拉伯和非洲國家的自由化運動。例如，據報導，在一九九〇年，「東歐的劇變對阿拉伯世界中改革的要求有火上加油之效果」，而且促使埃及、約旦、突尼西亞和阿爾及利亞的領袖們，爲因應民間表達的不滿而開放更大的政治空間。一位埃及記者指出，由於東歐所發生的變化，「現在對民主來說，已經沒有退路。所有這些阿拉伯國家，除了努力贏得人民的信任，並接受人民的選擇外，別無其他選擇。」[7]

東歐的榜樣對其他威權政權的領導人也產生了重大的影響，而不是對被他們所統治的人民產生影響。例如，據報導，南葉門的馬列主義統治者們「懷著惶恐不安的心情、關注著東歐政權的垮臺，擔心遭到同樣的命運」，因此，加速與北葉門完成統一，以避免同樣的命運。莫布杜總統在電視上看到其朋友希奧塞古血淋淋的屍體時，嚇得渾身顫抖。幾個月之後，他評論說：「你知道的，現在全世界所發生的，就是這麼一回事」，同時宣布，他將讓兩個政黨和他自己的政黨一起參加一九九三年的大選。在坦尚尼亞，尼雷爾（Julius Nyerere）指出「如果東歐局勢發生的變化，以及後來在其他一黨制國家所發生的變化，都表示社會主義也將受到衝擊，」那麼，坦尚尼亞應該從東歐當中汲取「一、兩個教訓」。一九九〇年四月，尼泊爾政府宣布，國王比蘭德拉（Birendra）將解除黨禁，原因是「國際局勢」的變化和「人民日益殷切的期望。」[8]

不過，在一些受影響的國家缺少有利條件的情況下，滾雪球效應本身仍然是現代化的一個不充分的原因。甲國和乙國的民主化，在本質上，不會構成丙國民主化的原因，除非甲國和乙國之有利於民主化的條件也存在於丙國。在八〇年代，民主政治體制的正當性已經獲得全世界的公認。不過，有利於民主生活方式的經濟和社會條件，並不一定在世界各地都普遍存在。對任何特定的國家來說，「全球性的民主革命」可能會產生有利於民主化的外在環境，但卻不能在該國內部造成民主化所不可或缺的內在條件。

長期以來，東歐民主化的主要障礙，是蘇聯的控制。一旦這些控制解除，邁向民主的運動就變得豁然開朗。而中東、非洲和亞洲民主化的唯一主要障礙，未必只是缺少東歐民主化的典範。如果統治者在一九八九年十二月之前能夠選擇威權體制的話，他們在一九八九年十二月之後當然也可以不繼續選擇威權體制（如果他們願意的話），而這兩種情況的原因則不甚明了。只有當他們的內心感受到了雪球效應，並令他們相信民主化的理想性（或必要性）的程度，滾雪球效應才能發生眞正的影響。一九八九年蘇東波事件，無疑地鼓勵了其他地方的民主反對派，並嚇壞了當地的威權領袖們。但是，在前者勢單力薄，而後者又長期進行壓制的情況下，東歐實際上究竟能否爲別的地區的大多數威權國家邁向民主的實質性進步給予多大的推動力，殆有疑問。

到一九九〇年，第三波民主化早期的許多起因都受到了重大的弱化，甚至已經不復存在。不論是白宮、克里姆林宮、梵蒂岡，或是歐洲共同體，在亞洲、非洲和中東地區的非民主國家推動民主政治，都不再處於強勢的地位。不過，有利於民主化的新興勢力能夠抬頭，這也不是不可能的。在一九八五年的時候，誰能想到戈巴契夫會在五年之內幫助東歐實現民主化呢？可以想見的是，在九〇年代，「國際貨幣基金」和「世界銀行」的要求將會比過去更爲鏗鏘有力，當它們以政治民主化和經濟自由化作爲經濟援助的先決條件時。不妨設想，法國也許會在其以前的非洲殖民地國家，以積極的動作來推廣民主政治，因爲在這些前非洲殖民地國家，法國仍然有相當大的影響力。不妨設想，類似戈巴契夫的支持中國式新思維（glasnost）的人物可能會在北京掌權。不妨設想，一個新的傑佛遜式的納瑟（Nasser）可能會把民主型式的泛阿拉伯主義散播於中東地區。不妨再設想，甚至日本也能夠運用其日益成長的經濟影響力，藉由提供貸款給貧窮國家而促進人權和民主。在一九九〇年，這些可能似乎都還未出現，但是經過一九八九年的一連串事件之後，若是排除任何可能性，則未免顯得過於輕率。

第二節　第三波回潮？

到一九九〇年為止，至少有兩個第三波的民主國家已退回到威權統治。正如第五章所指出的，鞏固民主的問題，可能會使得一些維持民主的條件不夠充分的國家出現更加倒退的現象。不過，在第一波和第二波民主浪潮之後，都分別出現了重大的回潮，這種回潮不僅僅超越民主的鞏固問題，而且，在此期間，整個世界的多數政權，從民主轉向威權。如果第三波民主化速度慢下來，或停滯不前，那麼，何種因素會造成而且突顯出第三波回潮呢？第一波和第二波回潮的經驗也許有點參考價值。對這些政權變遷的全盤探討，超越了本書的研究範圍。不過，下面的一些綜合歸納似乎能夠有效地反映前兩次回潮的經驗和教訓。

第一，從民主體制轉向威權體制的原因，與由威權走向民主的原因是一樣的變化多端，而且有部分重疊。這些造成第一波和第二波回潮的因素包括：⑴在主要的菁英團體和一般民眾中，民主價值是十分薄弱的；⑵使得社會衝突進一步惡化的經濟危機或經濟崩潰，提高了只能由威權政府提出的強制性解決方法的受歡迎程度；⑶左翼政府經常會造成社會和政治的兩極化，因為它們正企圖引進過多的重大社會經濟改革，而且操之過急；⑷保守的中上階級團體決意把群眾性的和左翼的運動，以及下層的團體排除在政治權力之外；⑸由於恐怖統治或叛亂導致秩序和法律的崩潰；⑹非民主的外國政府之干預或征服；⑺拿其他國家民主體制的崩潰或被推翻作為實證，藉以產生滾雪球效應。

第二，除了那些由外國人所造成的復辟外，從民主退回到威權的情況，幾乎總是由那些在民主體制中的掌權者和接近權力核心的人來完成的。除了一、二個可能的例外，民主體制未曾被民眾的投票或群眾的暴亂所終結。在第一波回潮中的德國和義大利，反民主的運動受到了民眾相當大的支持而得勢，並進而建立了法西斯獨裁政權。因此，納粹的征服，結束了另外七個歐洲國家的民主政權。在第一波回潮中的西班牙和在第二波回潮中的黎巴嫩，民主體制是在內戰中宣告終結了。

不過，絕大多數棄民主而就威權的情況所採取的方式爲軍事政變或者是宮廷政變。在軍事政變中，軍方官員（通常是三軍部隊的最高領導人）推翻由民主程序選出的總統，並實行某種形式的軍事獨裁。在宮廷政變中，由民主選舉所產生的行政首腦有效地結束了民主體制，而把權力集中在他們自己身上，手法通常是宣布國家進入緊急狀態或實行戒嚴令。在第一波回潮中，軍事政變結束了東歐的新興國家，以及希臘、葡萄牙、阿根廷和日本的民主體制。在第二波回潮中，軍事政變結束了許多拉丁美洲國家和印尼、巴基斯坦、希臘、奈及利亞、土耳其的民主體制。第二波回潮中發生宮廷政變的國家是，韓國、印度和菲律賓。烏拉圭的文人領袖和軍方領導階層聯手透過宮廷政變和軍事政變混合的方式，結束了民主體制。

第三，在第一波和第二次回潮中有許多案例顯示，民主體制是被一種史無前例的新型威權統治所取代。法西斯主義不同於早期形式的威權主義，這種不同的方面表現在群眾基礎、意識形態、政黨組織和彌漫及控制整個社會絕大多數領域的努力等方面。官僚威權主義不同於拉丁美洲早期的軍事統治，其特徵在於其制度性質、其所採取的無限制任期及其經濟政策。在二〇年代和三〇年代的義大利、德國，以及六〇年代和七〇年代的巴西、阿根廷，都是引進這種新型式的非民主統治的國家，而這些國家也正是其他國家的反民主團體所爭相模仿的對象。上述兩種新式的威權主義，實際上是對社會和經濟發展的種種反應：在歐洲是由於社會動員和政治參與的擴張，在拉丁美洲則是由於經濟發展中以民粹主義爲本位的進口交替階段的無以爲繼。

前兩波回潮的原因和形式，並不能作爲有關第三波回潮可能的原因和形式的預測。但是，先前的經驗的確暗示著第三波回潮的一些潛在性因素。

(1)民主政權若總是未能有效地運作，這將日漸消損其正當性。在二十世紀末，在非民主的意識形態的正當性來源中，最顯著的是馬克思列寧主義，但已經聲名掃地。對民主規範的普遍贊同意味著，民主政府不必像過去那般地依賴於政績的合法性。然而，若是長期不能供給福利、繁榮、公平、正義、國內秩序或外在安全，就會慢慢地消磨民主政府本身的正當性。隨著對威權體制失敗的記憶逐漸淡忘，對民主體制失敗而造成的不滿就有可能增加。

(2)更具體地說，像一九二九年至一九三〇年那樣的全面性國際經濟崩潰，也會減損許多國家民主的正當性。然而，多數民主國家還是熬過了三〇年代的大蕭條。然而，若是未來再出現相等規模的經濟災難，有些國家很可能會被擊倒而放棄民主政治。

(3)任何民主化或正在民主化的大國轉向威權體制時，都可能在其他國家引發類似的滾雪球行爲。俄羅斯或蘇聯朝著威權體制的方向逆轉時，當然都有可能會對舊蘇聯的各加盟共和國、保加利亞、羅馬尼亞、南斯拉夫和外蒙古的民主化產生令人不安的影響，甚至也可能對波蘭、匈牙利和捷克產生類似的影響。這可能給別地方自命爲專制君主的人傳達了一個訊息：「你們也可以這樣做。」威權政權在印度的建立，可能會對其他的第三世界國家產生重大的示範效果。

(4)即使沒有一個大國恢復威權體制，或只有幾個新的民主國家因爲缺乏諸多民主體制所必須具備的先天條件而恢復獨裁，都有可能破壞先天條件比較強的其他民主國家。這會構成反向的滾雪球效應。

(5)如果一個非民主的國家大肆擴張勢力，並開始向境外擴張，這也會刺激其他國家的威權主義運動。如果擴張的威權國家，在擴張過程中發動軍事攻擊而擊敗了一個或數個民主國家，這種刺激會變得特別強烈。在過去，經濟繁榮的所有強權大國往往有向外擴張領土的傾向。如果中國大陸依然實行威權體制，並在未來數十年中的經濟情勢上有重大發展，並在東西擴張其勢力和控制，那麼，東亞的民主政權勢必大受影響。

(6)正如在二〇年代和六〇年代一樣，各種形式的威權主義可以因時制宜而再次顯露在世人眼前，包括以下幾種可能性。

(a)威權的民族主義可能在第三世界國家和東歐變成一種熟悉的現象。一九八九年至一九九〇年期間，東歐各國的革命基本上是一場反共產主義的民主運動，抑或是反蘇聯的民族主義運動？如果是後者，則威權的民族主義政權可能會重返一些東歐的國家。

(b)宗教的基本教義一直在伊朗十分盛行，但是什葉派（Shi’ite）和遜尼派（Sunni）的基本教義運動（fundamentalist movements）都可能在其他國家得勢。猶太教、印度教和基督教的基本教義運動也十分強大。幾乎所有的基本教義運動都是反民主的，因爲他們嚴格限制那些堅持特定宗教信仰者的政治參與權利。

(c)寡頭的威權主義在富裕的國家和貧窮的國家都有發展的空間，以作爲對民主政治的平等趨向的反應。那麼，社會經濟的兩極分化要嚴重到何種地步，民主才不可爲呢？

(d)在未來，民粹主義的獨裁政權也可能會出現，就像他們過去曾經有過的一樣，以作爲對民主政體保護財產權和種種特權的反應。在那些土地所有權還是個問題的國家，民主政府若是沒有能力完成土地改革，就有可能導致威權主義的復辟。

(e)族群的獨裁政府有可能會出現在有兩個或兩個以上明顯不同的民族、種族或宗教團體參與其政治的民主國家。如北愛爾蘭、南非、斯里蘭卡等等，一個社會團體也許會試圖奠定其對整個社會的控制權。

所有這些形式的威權體制在過去都曾出現過。但是，要在未來設計出新的威權體制，並非人類的智慧所不可及。有一個可能也許是出現技術官僚的電子獨裁政府（technocratic electronic dictatorship），此一政府的威權統治會因爲其操縱資訊、媒體或複雜的通訊工具的能力而獲得合法性，並且變得有可能。所有這些新舊形式的威權體制並非都有很高的可能性；但也很難說其中的任何一種是完全不可能的。

第三節　進一步的民主化：障礙與機會

在一九九〇年，世界上大約有三分之二的國家沒有民主政府。這些國家在地理和文化上分成四大類：(1)土生土長的馬列主義政權，包括蘇聯，這些地方在八〇年代發生了自由化，而且在許多加盟共和國也出現了民主運動，但是保守勢力仍然很強大；(2)撒哈拉沙漠以南的非洲國家，除極少數幾個例外，多數仍然實行個人獨裁、軍事政權、一黨體制或這三種體制的綜合體；(3)伊斯蘭教國家，從摩洛哥到印尼，除土耳其及還不太明朗的巴基斯坦，都是非民主政權（儘管一九九〇年時似乎有幾個國家正在進行自由化）；(4)東亞國家，從緬甸經東南亞、中國大陸到北韓，它們包括共黨政權、軍事政權、個人獨裁政權和兩個半民主國家（semidemocracies）（泰國和馬來西亞）。

在這些國家，民主化的障礙和民主化的勢力，可以分成三種廣闊的類型：政治、文化和經濟的障礙。

政治

進一步民主化的一個潛在的重大政治障礙是，那些在九〇年代仍實行威權統治的大多數國家幾乎沒有民主的經驗。在一九七四年到一九九〇年之間實行民主化的二十九個國家中，有二十三個國家以前有過某種民主經驗。只有少數在一九九〇年仍然是非民主的國家可以聲稱有過這樣的經驗。這些國家包括第三波的幾個倒退國（蘇丹、奈及利亞、蘇利南，可能也包括巴基斯坦）、在第三波中尚未重新民主化的四個第二波中的倒退國（黎巴嫩、錫蘭、緬甸和斐濟），以及三個在第一波中已經民主化的國家，後來因爲被蘇聯占領而未能在第二次世界大戰結束後重新民主化（愛沙尼亞、拉脫維亞、立陶宛）。在一九九〇年，幾乎所有九十個或九十多個其他的非民主國家仍然缺少民主統治的經驗。這顯然不是民主化的決定性障礙，否則沒有任何國家會成爲民主國家。不過，除了以前的殖民地外，幾乎所有在一九四〇年之後實現民主化的國家，以前都有過某種民主的經驗。那些缺少民主經驗的國家將會在未來實現民主化嗎？

民主化的一個障礙在九〇年代的幾個國家中很可能會消失。正如第三章所指出的，那些締造威權政權的領袖們，以及那些長期在這種政權中執政的人通常會變成反對民主化的極端保守派。在威權體制內部，領導階層之某種形式的更迭，常須比邁向民主化的運動先發生。在九〇年代，威權國家中某些人的死亡可能會使得這些國家的改革拍板定案。在九〇年代，長期統治中國大陸、象牙海岸、馬拉威的領導人們都已八十多歲。長期掌控緬甸、印尼、北韓、賴索托、越南的領導人也都七十多歲了，而古巴、摩洛哥、新加坡、索馬利亞、敘利亞、坦尚尼亞、薩伊、尚比亞的長期執政的領導人們都已六十多歲。這些領導人的死亡或離職都將排除其國家的民主化障礙，但這也未必如此。

在一九七四年到一九九〇年間，民主化發生在個人獨裁政權、軍事政權及一黨體制之下。不過，全面的民主化並未在一黨制的共黨國家中發生，而它們是國內革命的產物。自由化正在蘇聯如火如茶地進行，這也很可能會導致俄羅斯實現全面的民主化。在南斯拉夫，邁向民主的運動正在斯洛維尼亞和克羅埃西亞積極進行之中。不過，南斯拉夫的共產黨革命主要就是塞爾維亞革命。因此，塞爾維亞的民主前途仍然在未定之天。在柬埔寨，一個極端殘酷的共黨革命政權已經被另一個由外來力量所強迫的、比較溫和的共黨政權所取代。在一九九〇年，阿爾巴尼亞似乎也正在改革開放；但是，在中國大陸、越南、寮國、古巴和衣索匹亞，由革命而建立的馬列主義政權仍然決意要維持馬列主義政權。這些國家的革命既是民族的，又是共產黨的，因此，共產主義和民族國家認同密切地連結在一起，而不像以前蘇聯所占領的東歐那樣。在這些國家，自由化的障礙是政權的起源和性質，以及（在某些國家）領導人的長期掌權，抑或是他們的貧困和經濟落後？

民主化的一個嚴重障礙是，在亞洲、非洲和中東的領導人中，對民主價值的眞正信念若非不存在，就是十分薄弱。那些退職的政治領袖們有充分的理由擁護民主。檢驗他們的民主信念，要看他們於任職期間的表現。在拉丁美洲，民主政權通常被軍事政變所推翻。當然，這在亞洲或中東也發生過。不過，在那些地區由選舉產生的領袖們本身也應該對民主的終結負責，如：南韓的李承晚和朴正熙；土耳其的門德勒斯（Adnan Menderes）；菲律賓的馬可仕；新加坡的李光耀；印度的甘地夫人；印尼的蘇卡諾。這些領袖們藉由選舉制度而贏得權力，然後運用他們的權力來破壞這一制度。他們對民主的價值和常規絕少承擔責任。

從更普遍的意義而言，即使當亞洲、非洲、中東的領袖們或多或少地遵守民主政治的規則時，他們常常也是勉強爲之。在二十世紀的後半葉中，許多歐洲、北美洲和拉丁美洲的政治領導人們在任職期間是民主堅定的擁護者和實踐者。相形之下，亞洲和非洲國家卻沒有造就許多同爲民主眞信徒的政府領袖。爲了比較起見，我們可以從二次世界大戰之後的八個亞洲、阿拉伯或非洲國家中列舉八位政府領袖，分別對應拉丁美洲的貝唐科（Rómulo Betancourt）、李拉斯（Alberto Lleras Camargo）、費蓋雷斯（José Figueres）、弗雷（Eduardo Frei）、貝隆地（Fernando Belaúnde Terry）、博希（Juan Bosch）、杜瓦爾特和艾方辛？尼赫魯（Jawaharlal Nehru）和艾奎諾夫人即是，而且也許有其他人，但是，人數極少。我們想不出任何一位阿拉伯世界的領袖，也很難指出任何一位曾經博得民主的信徒，或擁護者或支持者名望的伊斯蘭教領袖。爲什麼會出現這種情況呢？這個問題不可避免地將我們導向文化和經濟的層面。

文化

有一項觀點認爲，世界上主要的歷史文化傳統在態度、價值觀、信仰和相關的行爲模式上對民主的發展是否有利，其程度都有重大差異。一個在心靈深處反民主的文化會阻礙民主規範在這個社會中的傳播，而且否定了民主制度的合法性，如此，就算不預先設防，至少也把這些制度的出現和有效運作大大地複雜化了。這一文化論點出自兩種形式。比較嚴謹的觀點認爲，只有西方文化才能成爲民主制度發展的適當基礎，因此，民主大半是不適合於非西方社會的。在第三波民主化的初期，這一觀點是由肯楠（George Kennan）所明確提出來的。他說，民主是「由十八世紀和十九世紀的西北歐演化而來的」一種政體，「亦即主要是沿著英吉利海峽和北海的國家（但是也必然會延伸到中歐），然後這種政體又傳布到世界上其他地方，包括北美洲，因爲北美人民主要來自西北歐地區，他們有最早的開拓者，也有殖民主義者。他們決定了文明政府的普遍模式。」可見，民主「在時間和空間上的基礎都相對狹隘；當然，至於這種政體是否也是其範圍有限的發源地之外的人民的當然統治形式，其證據還有待提出。」因此，「沒有理由認爲，發展或運用民主制度的嘗試只是化外之民的最佳路線。」[9] 總之，民主僅適合於西北歐，也許包括中歐，或其殖民地開拓者的後裔。

如果不是完全有說服性的話，則支持西方文化論點的證據給人深刻的印象：

(1)現代的民主政治起源於西方。

(2)自十九世紀初以來，多數民主國家一直是西方國家。

(3)在北大西洋地區之外，民主主要流行於以前英國的殖民地，以及那些深受美國影響的地方，直到最近，才流行於以前西班牙和葡萄牙在拉丁美洲的殖民地。

(4)在一九七三年第二波回潮最嚴重的時期，僅存的二十九個民主國家中，包括二十個西歐國家、歐洲移民國家和拉丁美洲國家，以及八個前英國殖民地和日本。

(5)一九九〇年時有五十八個民主國家，包括三十七個西歐國家、歐洲移民國家和拉丁美洲國家、六個東歐國家、九個前英美或澳洲殖民地國家、六個其他國家（日本、土耳其、南韓、外蒙古、納密比亞和塞內加爾）。在第三波中成爲民主國家的三十個國家中，有二十六個是西方國家，或者是深受西方影響的國家。

西方文化的論點對巴爾幹和蘇聯的民主化有著直接的意義。歷史上，這些地方都是沙皇和鄂圖曼土耳其帝國的一部分；它們主要的宗教是東正教和伊斯蘭教，而不是西方的基督教。這些地區沒有受到西方文化的洗禮：它們未經歷過西方封建主義、文藝復興、宗教改革、啟蒙運動、法國大革命和自由主義。正如華萊士（William Wallace）所指出的，隨著冷戰的結束和鐵幕消失，最重要的政治分界線可能已向東推進到一五〇〇年時西方基督教國家的邊界。從北方開始，這條分界線沿著芬蘭和俄羅斯之間的邊界、波羅的海三個共和國的東部邊界，向南延伸，貫穿白俄羅斯、烏克蘭，把西方天主教的烏克蘭與東正教的烏克蘭劃分開來，再向南延伸，然後到達羅馬尼亞的西部，把外西凡尼亞與該國的其餘地區隔開，然後進入南斯拉夫，大致沿著斯洛維尼亞和克羅埃西亞與其他加盟共和國的邊界線而過。[10]現在，這條分界線也許可以把民主已經紮根的地區與民主尚未紮根的地區分開。

文化障礙論一項較不嚴謹的觀點認爲，不是只有一種文化對民主特別有利，而是一種或數種文化對民主特別不利。最通常被引證的兩種文化是儒家和伊斯蘭教。可以舉出三個相關的問題來說明這些文化是否對二十世紀末的民主化構成障礙。第一，傳統的儒家與伊斯蘭教的價値觀和信念，敵視民主的程度有多大？第二，如果他們眞的敵視民主，那麼，這些文化實際上阻礙著民主的進步到達何種程度？第三，如果它們確實阻礙著民主的發展，那麼，他們在未來可能繼續鑾幹的可能性如何？

儒家

幾乎沒有任何學者在傳統的儒家是否不民主或反民主的論題上有學術上的爭論。在儒家中，唯一有利於民主的因素是，在古代的中國政體中，考試制度使得有才幹的人能夠一展長才，而不考慮其社會背景爲何。不過，即使如此，以實績制度爲準的晉升並不構成民主。也沒有人會因爲軍官們是根據能力來提拔而把現代軍隊說成是民主的。傳統的中國儒家及其在韓國、新加坡、臺灣的支脈，以及色彩較淡的日本，都強調團體、團隊高過個人，強調權威高過自由，責任高於權利。儒家社會缺少足以抗衡國家機關的傳統權利；而且就個人權利的存在程度而言，個人的權利是由國家機關創造的。對和諧與合作的強調，高於對分歧與競爭的認可。維持秩序和尊重等級制度是主要的價值觀。思想、團體和政黨的衝突被看成是危險的和不正當的。更重要的是，儒家把社會和國家混合在一起，沒有將合法性賦予獨立的社會機構，以便在全國的層次上抗衡國家的力量。在「傳統的中國，沒有把神聖與現實區隔的觀念，也未把精神與世俗加以區分。中國儒家的政治合法性建立在天命之上，而天命又是以道德的角度來界定政治的。」沒有正當的理由可以限制權力，因爲權力和道德是等同的。「認爲權力可能會造成腐敗，而必須有制度上的控制與制衡，是一種自相矛盾的說法。」[11]

實際上，儒家或受儒家影響的社會一直不適合民主的生長。在東亞，只有兩個國家——日本和菲律賓——在一九九〇年之前有持續存在的民主政府。在這兩個國家，民主體制都是美國風範的產物。此外，菲律賓完全是一個天主教國家，儒家思想幾乎不存在。而在日本，儒家的價值觀被重新詮釋過，而且與其本土的文化傳統融合在一起。

中國大陸沒有民主政府的經驗，而且西方式的民主在過去的年代僅僅受少數激進的異議分子所支持。「主流的」民主批判者，並未斷絕與儒家傳統中重要元素的關係。[12]用裴魯恂（Lucian Pye）的話說，中國的現代化人士一直是國民黨和共產黨中的儒家列寧主義者。在八〇年末，當快速的經濟成長造成中國大陸一部分的學生、知識分子和都市中產階級團體提出一連串新的政治改革和民主的要求的時候，中共領導階層以兩種方式回應。首先，他們提出了一種「新威權主義」（new authoritarian-ism）的理論。這種理論以臺灣、新加坡、南韓的經驗爲基礎，其論點是，一個處於中國大陸這樣經濟發展階段的國家，要在追求經濟成長和防止發展過程中出現混亂之間取得平衡，則威權主義是不可或缺的。第二，一九八九年夏天，中共領導階層粗暴地鎮壓了在北京和其他城市的民主運動。

在中國大陸，經濟強化了反對民主的文化。在新加坡、臺灣和韓國，到了八〇年代末，驚人的經濟成長爲民主創造了經濟基礎。在這些國家，經濟和文化與正在形成的政治發展很不調和。在一九九〇年，新加坡是唯一不具備民主政治體制的非石油出口的「高所得」國家（這是根據世界銀行的定義），新加坡的領導人是一個公開擁護與西方民主價值觀相對立的儒家價值觀。李光耀認爲，美國人信奉「多黨制、不同見解、激烈的辯論、強悍的演說，而且相信啟蒙教化來自觀念的衝突。」不過，事實上，「觀念的市場並沒有帶來和諧的教化，而是不時地導致暴亂和流血。」政治競爭「不是日本文化也不是中國或亞洲文化從事政治的方式。這會引發爭議和混亂。」對抗性的政治在新加坡的多種族社會尤其不適宜，李光耀說，「在新加坡，沒有人有權推翻我。」在八〇年代，李光耀把儒家價值觀的教學與傳播當作是其城邦國家主要的優先工作。[13]並採取有力的措施來限制和鎮壓異議分子，以及阻止批評政府及其政策的媒體的流通。於是，在世界上富裕的國家行列中，新加坡成爲一個威權主義的儒家的異數。當締造這個國家的李光耀從政治舞臺上消失之後，這種局面還會持續下去嗎？

在八〇年代末，臺灣和南韓都朝著民主的方向邁進。在歷史上，臺灣總是處於中國的一個邊陲地區，她曾經被日本人占領達五十年之久。其居民在一九四七年曾經因爲反對強行徵稅而發生暴亂。國民黨政府在一九四九年因爲被共產黨所擊敗才來到臺灣。這場挫敗「使得多數國民黨領導人」不可能「繼續維護與傳統的儒家權威觀念相同的那種自大的姿態。」迅速的經濟發展和社會發展進一步削弱了傳統儒家的影響力。相當多的企業家階層崛起，最初主要是臺籍人士所構成，並以一種非常異於儒家的方式創造了權力和財富，有別於最初由大陸人支配的國家機關。這就在臺灣產生了「中國政治文化上的一種根本的變革，而這種變革沒有發生在中國本身，也沒有發生在南韓或越南，而且在日本文化中也從未出現過。」[14]在臺灣，驚人的經濟發展，完全壓倒了相對脆弱的儒家遺緒。在八〇年代後期，蔣經國和李登輝對經濟和社會變遷所造成的壓力有所因應，並在社會中朝著政治開放的腳步邁進。

在南韓，古典文化包括了流動性和平等主義的成分。然而，它也包含不適合民主的儒家成分，包括威權主義的傳統和強人統治。正如一位韓國學者所描述的，「人們不認爲自己是有權利和義務可以行使的公民，而是傾向於仰望從上層獲得指導和恩寵，以求得生存。」在儒家傳統中，對不同意見的寬容沒有什麼餘地，不正統就是不忠誠。韓國的一位宗教領袖指出，「在韓國的宗教傳統中，談判和妥協不被當作是一種社會規範，而是被當作是一種出賣。儒家學者從不用妥協這個字眼。他們必須維持良心的純潔，而且這種文化特徵現在仍是依然故我。那麼，我們如何才能建立一種以妥協爲生活方式的民主呢？」[15]在八〇年代末期，都市化、教育和龐大中產階級的形成，以及基督教快速的擴展都使得扮演韓國民主障礙的儒家受到壓抑。然而，尚不明確的是，舊文化與新繁榮之間的爭鬥，是否一定會以有利於後者的方式得到解決。

經濟成長和亞洲文化之間的互動，似乎產生了種種獨特的東亞式的民主制度。到一九九〇年爲止，除菲律賓外，沒有一個東亞國家出現過，由民眾選舉產生的某個政黨的政府把權力移交給由民眾選舉產生的另一個政黨的政府（而菲律賓在許多方面更像是拉丁美洲國家，而不像東亞國家）。這裡的典型是日本，日本無疑是一個民主國家，但是這種民主連第一次政權流轉的考驗都未通過，更不用提第二次政權流轉的考驗。日本式的一黨獨大民主，正如裴魯恂所指出的，似乎正在東亞的其他地方擴散。一九九〇年，韓國的三個反對黨中的兩個與執政黨合併，形成了一個新的政團，這一政團有效地使得由金大中領導、以全羅南北道爲根據地的另一個反對黨永遠無法取得國家的權力。南韓的總統盧泰愚辯稱該次合併是爲了「達到政治穩定」的需要，並認爲，沒有必要使「不同階級、世代和地區之長期受壓抑的紛爭激爆。」他說，我們必須結束「因爲政黨利益而出現的對峙和分裂。」[16]在八〇年代末期，臺灣的民主發展似乎也朝著一種國民黨可能繼續成爲一黨獨大的選舉制度方向發展，而將成立於一九八六年的民主進步黨限制在永久反對黨的角色之上。在馬來西亞，由馬來人、華人和印度人分別成立的三個主要政黨組成聯盟，先是在聯盟黨（Alliance Party），後是國民陣線（National Front）中取得了牢不可破的權力，從而自五〇年代到八〇年代一直壓倒所有的競爭者。在八〇年代中期，李光耀的副手和繼任者也支持在新加坡建立類似的政黨制度：

> 我認爲，一個穩定的制度是，一個主流政黨代表廣大階層人口的制度。然後，你們可以在周圍有幾個其他政黨，而且是十分嚴肅認眞的政黨。他們不能有廣闊的眼界，但他們畢竟代表著部分的利益。而且，主流總是主流。我認爲這很好。如果我們在新加坡能夠結束那種局面，我毫無怨言。[17]

民主政治的第一個標準是，兩個政黨之間公平而公開地競爭選票，而政府沒有或幾乎沒有對反對派進行干擾和限制。數十年以來，日本顯然合乎此一檢驗標準，因爲日本有言論自由、新聞自由、集會結社自由，而且有相當公正的選舉競爭條件。在亞洲的其他一黨獨大體制下，數十年以來，政治競爭的天平總是嚴重地偏向有利於政府的一方。不過，在八〇年代末，這種條件在一些國家裡已愈來愈平等。一九八九年的南韓，執政黨未能贏得對立法機關的控制。這一失敗大概是導致其隨後與另外兩個反對黨合併的主要因素。在臺灣，對反對派的限制也逐漸解除了。因此，可以想見，其他東亞國家將會與日本一樣建立起一個相對公平的競技場，而在日本的這一競技場中總是由政府獲勝。一九九〇年，東亞的一黨獨大體制橫跨民主與威權的兩端，日本是一端，印尼是另一端，他們之間的排名次序大致上分別是南韓、臺灣、馬來西亞和新加坡。

因此，這樣一種體制可以合乎民主的正式條件，但是顯然不同於西方所流行的那種民主體制。在西方，一般認爲，政黨和政黨聯盟不僅可以自由而平等地競逐權力，而且他們也可能會輪流執政。當然，有一些西方社會，如瑞典，一黨在經過多次選舉之後仍然繼續掌權。不過，這僅僅是例外。正在崛起的東亞式的一黨獨大體制似乎只及於權力競逐，但不包括權力的更迭，所有的人都可以參與選舉，但是，只有那些「主流」政黨中的人士才能進入政府機關。這是沒有權力交替的民主。在這種體制中的中心問題是，在「執政黨的勢力範圍與容忍反對派的程度之間劃了一道鴻溝。」[18] 這類型的政治體制代表著用西方的民主準則來服務於東亞或儒家的政治價值。民主制度的運作，不是來促進西方競爭和變遷的價值觀，而是促進和諧與穩定的儒家價值觀。

正如已經指出的，西方的民主體制不像威權體制那樣依賴於政績的合法性，因爲政績的失敗應歸咎現任者，而不是體制。現任者的罷免和取代會造成體制的更新。已經採納或似乎正在採納一黨獨大的民主模式的東亞社會，自六〇年代到八〇年代以來已經有各不相等的經濟成就紀錄。不過，如果當百分之八的 GNP 成長率消失以後，失業、通貨膨脹和其他形式的經濟苦難逐漸升高時，而社會和經濟衝突又不斷惡化，屆時會發生什麼事呢？在一個西方民主國家，其所作的反應是把現任者趕下臺。不過，在一黨獨大的民主體制下，這意味著在一種政治體制中出現革命性的變化，因爲這種體制是建立在一黨總是掌權，而其他政黨總是在野的假設基礎之上。如果政治競爭的結構不容許這種情況出現，那麼，對政府不良政績的不滿很有可能會導致示威、抗議、暴亂，如努力動員群眾的支援來推翻政府。那時，政府就有可能順勢壓制不同意見，並強加威權的控制。因此，問題是：把西方的民主程序與儒家的價值觀結合起來的東亞式一黨獨大體制能夠確保持續的重大經濟成長到何種程度呢？在長期的經濟沉滯或經濟不景氣下，這種體制能夠持續下去嗎？

伊斯蘭教

「儒家民主」顯然是一個自相矛盾的說法。「伊斯蘭教民主」是否也是，還不明確。伊斯蘭教的核心思想是平等主義（egalitarianism）和意志主義（voluntarism）。蓋爾納（Ernest Gellner）認爲，「伊斯蘭教的高級文化形式帶有若干個特徵：一神論、統治倫理、個人主義、經文至上、清教主義和對冥想與等級制度皆採取憎惡的態度，以及有少量的巫術。這些特徵大概與現代性或現代化的要求並行不悖。」[19]這些當然也大體上與民主的要求並行不悖。不過，伊斯蘭教拒絕在宗教共同體與政治共同體之間作任何劃分。因此，在凱撒與上帝之間沒有平衡力量，而且政治參與和宗教的關係則是相互連結的。伊斯蘭教的基本教義要求，一個伊斯蘭教國家的政治統治者必須是參加宗教儀式的伊斯蘭教徒。沙里阿（Shari’a）應該是基本法，「在清楚地宣示或至少在審查和批准政府所有的政策方面」，烏拉馬（Ulama）至少應該有「決定性的一票」。政府的合法性和政策暢通的程度來自於宗教教義和宗教知識，伊斯蘭教的政治概念不同於民主政治的前提，並與之相矛盾。

因此，伊斯蘭教的教義包含伊斯蘭教既合乎又不合乎民主的成分。實際上，只有一個例外，除此之外，沒有一個伊斯蘭教國家長期地維持過完整的民主政治體制，這個例外便是土耳其。在土耳其，凱末爾（Mustafa Kemal Atatürk）公開拒絕伊斯蘭教的社會和政治觀，並極力試圖建立一個世俗的現代西方式的民族國家。土耳其的民主經驗並不十分成功。在伊斯蘭教世界的其他地方，巴基斯坦曾經三度實行過民主政治，無一次能夠持續很久。土耳其的民主政治常常被間歇的軍事干預所中斷；而巴基斯坦的官僚和軍事統治，則常常被間歇舉行的選舉所中斷。唯一能夠在較長時間內維持民主體制的阿拉伯國家是黎巴嫩，儘管這種民主帶有聯盟的色彩。不過，黎國的民主政治實際上是一種協商式的寡頭政治，而其人口的百分之四十至百分之五十是基督徒。一旦伊斯蘭教徒在黎巴嫩取得多數地位，並開始伸張他們的利益要求，黎巴嫩的民主體制就會崩塌。在一九八一年到一九九〇年間，世界上伊斯蘭教徒占多數的三十七個國家中，只有兩個國家在自由之家的年度調查中被歸類爲「自由」國家：甘比亞有兩次，北塞浦路斯土耳其共和國有四次。不論伊斯蘭教與民主在理論上是否相容，它們在實際上也沒有走在一起。

在南歐和東歐、在拉丁美洲、在東亞，反威權政權的運動幾乎一致採納西方的民主價值，並聲稱，他們願意把民主程序引進他們的社會。這並不表示如果他們有機會這樣做的話，他們必然會引進民主制度。不過，至少他們掛上了民主的招牌。相形之下，在威權體制的伊斯蘭教社會中，於整個八〇年代中公開爲民主政治運動造勢的聲音極爲微弱，而且，最強有力的反對派往往是伊斯蘭教的基本教義派。

在八〇年代後期，國內的經濟問題，加上其他地方民主化的滾雪球效應，使得好幾個國家的伊斯蘭教政府放鬆對反對派的控制，並試圖透過選舉來補強其合法性。這種開放的最初主要受益者是伊斯蘭教基本教義派團體。阿爾及利亞的「伊斯蘭教國陣線」囊括了一九九〇年六月的地方選舉，獲得了總選票中的百分之六十五，贏得了阿爾及爾四十八個省之中的三十二個省，以及一萬五千個地方地治職位中的百分之五十五，這是該國自一九六二年獨立以來第一次自由選舉。一九八九年十一月約旦的大選中，伊斯蘭教基本教義派候選人在國會八十個議席中贏得三十六席。在埃及，許多與伊斯蘭教兄弟會有關係的候選人當選而進入國會。另外據報導，在若干國家中，伊斯蘭教基本教義派團體正在陰謀策劃推翻現任政權的叛亂。[20] 伊斯蘭教團體的選舉表現部分說明了，在這些國家沒有其他反對黨存在，這或者是因爲受到政府的壓制，或者是他們抵制了選舉。雖然如此，基本教義派似乎在中東國家不斷擴充實力。商人和年輕人顯然是最同情基本教義派的族群。這種趨勢使得突尼西亞、土耳其和其他地區的世俗政府領袖採納了基本教義派人士所提倡的一些政策，並擺出姿態以證明他們忠於伊斯蘭教信仰。

於是，伊斯蘭教國家的自由化提高了重要的社會和政治運動的影響力，而這一運動對民主的忠誠卻頗令人懷疑。伊斯蘭教社會中基本教義政黨於一九九〇年時的地位，在某些方面與四〇年代和七〇年代共產黨在西歐國家的地位相似。現任的政府會繼續開放他們的政治，並舉行伊斯蘭教團體也可以自由和平等競爭的選舉嗎？伊斯蘭教團體在這些選舉中獲得多數的支持嗎？如果他們眞的贏得了這些選舉，軍方會容許他們組織政府嗎？而軍方在許多伊斯蘭教社會中一直是強大的世俗力量（如阿爾及利亞、土耳其、巴基斯坦和印尼）。如果他們組成政府，他們會奉行激進的伊斯蘭教政策，而這種政策會破壞民主體制和剝奪其社會中現代化的和西方取向的要素嗎？

文化障礙的局限性

由上述可以想見，伊斯蘭教和儒家文化對民主發展構成了難以克服的障礙。不過，也有幾項道理對這一障礙的嚴酷性提出質疑。

第一，類似的文化論據在過去並未站得住腳。如前所示，許多學者也一度認爲，天主教是民主的障礙。按照韋伯的傳統，另一些學者則認爲，天主教國家不可能用新教國家的方式發展經濟。然而，在六〇年代和七〇年代，天主教國家實現了民主政治，而且其平均經濟成長率高於新教國家。同樣地，在某一方面，韋伯和其他學者認爲，有儒家文化傳統的國家不可能順利地從事資本主義式的發展。不過，到了八〇年代，新一代的學者們發現，儒家思想是東亞社會中驚人的經濟成長的一個主要原因。從更長遠的演變來看，儒家思想阻礙民主發展的論點，會比儒家思想阻礙經濟發展的論點更站得住腳嗎？特定的文化是某項發展的永恆障礙，這種論點應該受到懷疑。

其次，偉大的歷史文化傳統，像伊斯蘭教或儒家思想都是各種觀念、信仰、主義、論點、作品和行爲模式十分複雜的綜合體。任何主要的文化，甚至包括儒家思想都有一些與民主相容的成分，就像新教和天主教中也有明顯是反民主的成分一樣。[21]儒家民主也許是一種矛盾的說辭，但是，儒家社會中的民主則未必是。問題是：伊斯蘭教和儒家思想中的哪些因素有利於民主呢？在什麼樣的環境下，這些因素用什麼樣的方式，以取代這些文化傳統中的非民主成分呢？

第三，即使一個國家的文化在某一方面構成民主的障礙，然而，從歷史上看，文化總是動態發展的，而不是停滯不前的。一個社會中居於主導地位的信念和態度是變化不拘的。儘管文化中永續性的主流成分會維持下去，但是，社會中的主流文化會與前一代或兩代人之間發生顯著變化。在五〇年代，西班牙的文化通常被形容爲一種傳統的、威權的、等級森嚴的和具有濃厚宗教的色彩的，以及以榮譽和地位爲取向的文化。但是，到了七〇年代和八〇年代，人們在描述西班牙人的態度和價值觀時已找不到上述的字眼。文化進化了，就像在西班牙那樣，文化變遷的最重要原因就是經濟發展本身。

經濟

社會、經濟、政治現象之間的關係，很少有像經濟發展水準和民主政治生活之間的關係這樣牢靠的。正如我們所看到的，在一九七四年到一九九〇年間，由威權向民主的轉型主要集中在中上層經濟發展的「轉型地帶」中。結論似乎很明顯。貧窮也可能是民主發展的主要障礙。民主的前途端賴經濟發展的前途。經濟發展的障礙也是擴展民主的障礙。

第三波民主化的動力來自於五〇年代和六〇年代期間，驚人的全球性經濟成長。隨著一九七三年和一九七四年石油價格的上揚，成長的時代告一段落。一九七四年到一九九〇年間，民主化在世界各國加速進行，但經濟成長卻慢下來了。從一九六五年到一九八九年間，中低所得國家的每人國民生產毛額的年平均成長率如下：

一九六五年至一九七三年：百分之四點零
一九七三年至一九八〇年：百分之二點六
一九八〇年至一九八八年：百分之一點八

不同地區之間，經濟成長率也有很大的差別。東亞在整個七〇年代和八〇年代的成長率都一直很高，南亞的綜合成長率也有所提高。另一方面，在中東、北非、拉丁美洲和加勒比海的成長率則在七〇年代到八〇年代之間急劇下降。撒哈拉以南的非洲國家的成長率也直線下降。非洲的平均GNP在七〇年代末期停滯不前，在八〇年代則下降到百分之二點二的年平均成長率。因此，非洲民主化的經濟障礙在八〇年代顯然增加了，九〇年代的前景也不樂觀。即使經濟改革、債務負擔減輕和經濟援助能夠實現，世界銀行預測非洲的平均國內生產毛額（Gross Domestic Product, GDP）的年平均成長率在本世紀最後的幾年裡僅爲百分之零點五。[22]如果這一預測準確的話，撒哈拉以南非洲的民主化的經濟障礙仍將難以搖撼，並會延伸到二十一世紀。

世界銀行在預測中國大陸和南亞非民主國家的經濟成長方面要樂觀得多。不過，從這些國家低水準的經濟發展情況來看，即使按百分之三至百分之五的每人成長率計算，有利於民主化的經濟條件仍然需要漫長的時間才會到來。

一九九〇年，有幾個非石油輸出國家，包括新加坡、阿爾及利亞、南非和南斯拉夫達到了中高所得區的經濟發展水準，甚至超過了民主轉型可能的水準。伊朗和伊拉克這兩個人口眾多和具有一定工業發展的兩個石油輸出國也到達到了這一區域。在這些國家，民主化的經濟先決條件可說是出現了，但是民主化卻還沒有發生。另外十八個非民主政府的國家經濟發展水準略低，這是對照世界銀行的中低所得的分類。這一分類包括那些二一九八八年每人平均GNP在五百美元到二千二百美元之間的國家。[23]這些國家中有兩個（黎巴嫩和安可拉），沒有可用的所得統計數字。在其餘十六個國家中，有九個在一九八八年的每人平均所得位於一千美元到二千美元之間。其中包括三個阿拉伯國家（敘利亞、約旦和突尼西亞）、兩個東南亞國家（馬來西亞和泰國）、三個拉丁美洲國家（巴拿馬、墨西哥和巴拉圭）、一個非洲國家（喀麥隆）。這些國家滿懷信心地準備躍上中高所得的政治轉型地帶。在九個國家中有五個（馬來西亞、約旦、突尼西亞、喀麥隆和泰國），其GNP的年平均成長率在一九八〇年到一九八八年之間達到百分之三點四，甚至更多。如果這一成長率能夠維持下去，有利於民主化的經濟條件有可能在九〇年代的某個時候在這些國家出現。如果敘利亞、巴拉圭、巴拿馬和墨西哥能夠完成比它們在八〇年到八八年之間更高的成長率，他們也會邁向有助於民主化的經濟發展水準。

一九八八年的每人平均GNP，有七個非民主國家處於五百美元到一千美元之間，他們是剛果、摩洛哥、象牙海岸、埃及、塞內加爾、辛巴威和葉門。這些國家在八〇年代都有較高的經濟成長率。如果他們能夠維持這一成長率，到二十一世紀初就有可能邁入有利於民主化的經濟區域。

在九〇年代正在出現有利於民主化的經濟條件的大多數國家位於中東和北非。這些國家之中的大多數是靠石油出口而達到經濟富裕的成果（見表6.1的括弧），這種情形提高了國家官僚機構的控制力，因而造成了不太有利於民主化的氣候。但是這並不表示民主化就一定不可能。究其實，東歐的國家機器比這些石油輸出國家還實施過更爲全面的控制。在某些方面，你不妨設想，這種控制在產油國就像在東歐國家那樣一夜之間頃刻瓦解。在中東和北非的其他國家中，阿爾及利亞也已達到有利於民主化的水準，敘利亞正在接近；約旦、突尼西亞、摩洛哥、埃及和北葉門，低於轉型區間，但八〇年

表 6.1　一九八八年的每人 GNP：高所得與中所得的非民主國家

所得水準（按美元）	阿拉伯與中東地區	東南亞	非　洲	其　他
高所得（6,000以上）	（阿拉伯聯合大公國）[a] （科威特） （沙烏地阿拉伯）	新加坡		
中高所得（2,200-5,500）	（伊拉克） （伊朗） （利比亞） （阿曼）* （阿爾及利亞）*		（加彭） 南非	南斯拉夫
中低所得（1,000-2,200）	敘利亞 約旦* 突尼西亞*	馬來西亞* 泰國*	喀麥隆*	巴拿馬 墨西哥 巴拉圭
（500-1,000）	摩洛哥* 埃及* 葉門* 黎巴嫩		剛果* 象牙海岸 辛巴威 塞內加爾* 安哥拉	

資料來源：世界銀行，《1990 年世界發展報告》（*World Development Report 1990*），第 178-181 頁。

a　標號表示該國是主要石油出口國。

*　表示該國在 1980 年至 1988 年間 GDP 的年平均成長率高於 3%。

代的成長十分快速。中東的經濟和社會由於各種形式之傳統的、軍事的、一黨制的威權統治，而變得太富裕、太複雜。在七〇年代和八〇年代，從一個地區席捲到另一個地區的民主化浪潮可能會在九〇年代變成中東和北非政治的一個典型特徵。經濟與文化問題到那時可能會交織在一起：當經濟繁榮與伊斯蘭教的價值觀和各種傳統發生互動時，什麼樣的政治形式會出現在這些國家之中呢？

在中國大陸，一九九

○年的民主化障礙是政治的、經濟的和文化的；在非洲，這些障礙完全是經濟的；在東亞高速發展的國家中和在許多伊斯蘭教國家中，這種障礙則基本上是文化的。

第四節　經濟發展與政治領導

歷史已經證明，樂觀主義者和悲觀主義者對民主的看法都有差錯。未來的事件很可能會繼續證明這一點。不利於民主政治擴展的頑強障礙存在於許多社會中。但是第三波，即二十世紀末的「全球性民主革命」不會永遠持續下去。而且接踵而至的可能是新的一波，即構成第三波回潮的威權主義浪潮。不過，這並不能排除在二十一世紀的某個時候會出現第四次民主化浪潮。根據過去的紀錄來判斷，影響到民主在未來的穩定性和擴張的兩個關鍵因素是：經濟發展和政治領導。

許多貧窮的社會將繼續處於不民主之中，只要它們仍處於貧困狀態。不過，貧困並非不可避免。在過去，像南韓這樣的國家，被認爲是陷在經濟落後的泥淖之中，但是仍以快速實現繁榮的能力而令世界刮目相看。在八○年代，發展經濟學家們正在就促進經濟成長的方式上形成一種新的共識。八○年代的共識也許會也許不會比五○年代和六○年代的經濟學家之中那些完全不同的共識持續得更久，並更具有建設性。然而，新正統的新正統（new orthodoxy of neo-orthodoxy）已經在許多國家產生了顯著的結果。不過，有兩點務必注意。第一，對後開發中國家（主要指非洲）來說，經濟發展也許會比早期發展的國家更爲困難，因爲落後所帶來的某些便利，正在被富國與窮國之間日益擴大的史無前例的差距所抵消。其次，新形式的威權主義適合那些富裕的、資訊主宰和以技術爲本位的社會。如果這種可能性沒有成爲事實，經濟發展應該能夠爲以民主體制逐步取代威權體制營造有利形勢。時間是站在民主這一邊的。

經濟發展使得民主成爲可能；政治領導使得民主成爲眞實。對未來的民主國家來說，未來的政治菁英最低限度必須相信民主體制對他們社會、對他們自己來說是一種最好的政體。他們同樣必須具備高明的手法來完成民主的轉型，既防患激進派，也要防患保守派，而這些人都不可避免地存在著，並會不斷地試圖破壞菁英們的努力。民主政治在世界上傳播的程度取決於世界上和個別國家掌權的人想要傳播民主的程度。在托克維爾指出的近代民主政治在美洲出現的近一個半世紀之後，一波又一波的民主化浪潮沖上了獨裁政權的海岸。在漲勢洶湧的經濟發展浪潮的推動下，每一波浪潮都比前一波進得更遠，退得更少。套用一種比喻的說法，歷史不是直線前進的，但是當有智慧有決心的領袖推動歷史的時候，歷史的確會前進。

◆註解◆

[1] 關於有用的報導，見“*Economist*”，一九八八年九月十日，pp. 43-44，一九八八年十二月二十四日，pp. 61-66，及一九八九年八月五日，p. 75。

[2] 《經濟學人》，一九八九年五月六日，p. 34，一九八九年十一月十一日，pp. 40-41；“*Times*, London”，一九九〇年四月十二日，p. 12；“*The Observer*”，一九九〇年五月二十九日，p. 18。

[3] 《泰晤士報》，一九九〇年四月二十二日，p. 11。

[4] 見國務卿貝克：「民主與美國的外交」“Democracy and American Diplomacy”，（演講，世界事務理事會，德州達拉斯，March 30, 1990），以及雷根對倫敦英語聯盟的致詞，引自“*New York Times*”，一九八九年六月十四日，A 6 版。

[5] Stan Sesser, “A Rich Country Gone Wrong”, “*New Yorker*”，一九八九年十月九日，pp. 80-84.

[6] 把美國與民主劃上等號的做法，於一九八八年九月在仰光舉行的反軍事政權的示威中很明顯地表現出來：

> 五十萬群情激憤的緬甸人在仰光的大街上示威遊行，走過空無一人的政府機關。遊行進發的目標是美國大使館。當萊文大使坐在他的座車上，車頭兩旁也飄揚著美國國旗，人群歡呼起來；正如緬甸人所知，美國是第一個站出來譴責塞溫政權在八月初的殘忍屠殺行徑的國家。每天都有人在美國大使館前演講。演講的主題是民主。美國變成了一種表徵，象徵著緬甸人所需要知所缺少的一切。有些示威者帶著美國國旗，有時會有一群學生來到美國大使館的正門前用英文吟誦蓋茨堡演說。

塞瑟，〈一個誤入歧途的富國〉“A Rich Country Gone Wrong”，《紐約客》“*New Yorker*”雜誌，一九八九年十月九日，pp. 80-81。

[7] 《紐約時報》，一九八九年十二月二十八日，A 13 版；“*International Herald Tribune*”，一九九〇年五月十二—十三日，p. 6。

[8] 《泰晤士報》，一九九〇年五月二十七日，A21版；"*Time*"，一九九〇年五月二十一日，pp. 34-35；"*Daily Telegraph*"，一九九〇年三月二十九日，p. 13；《紐約時報》，一九九〇年五月二十七日，A10版，一九九〇年四月九日，A6版。

[9] George F. Kennan: "*The Cloud of Danger*", Boston: Little, Brown, 1977, pp. 41-43.

[10] 見 William Wallace, "*The Transformation of Western Europe*", London: Royal Institute of International Affairs, Pinter, 1990, pp. 16-19，以及 Michael Howard, "The remaking of Europe", "*Survival* 32, March-April 1990", pp. 102-103.

[11] Yu-sheng Lin（林毓生），"Reluctance to Modernize: The Influence of Confucianism on China's Search for Political Modernity", 載於 "*Confucianism and Modernization: A Symposium*", Joseph P. Liang 編, 臺北：五南圖書出版公司一九八七，p. 25。關於儒家傳統中人權與法治的不同解釋，見 Stephan B. Young 和 Nguyen Ngoc Huy, "*The Tradition of Human Rights in China and Vietnam*", New Haven: Yale Center for International and Area Studies, Council on Southeast Asia Studies,（耶魯：國際與區域研究中心，東南亞理事會），一九九〇年。他們認為在儒家傳統中有美德與權力的二元性，但他們承認在近代權力變得日益集中。

[12] 見 Daniel Kelliher, "The Political Consequences of China's Reforms", "*Comparative Politics* 18, July 1986", pp. 488-490，以及黎安友（Andrew J. Nathan）, "*Chinese Democracy*", New York: Alfred A. Knopf, 1985；中文版於一九九四年一月由臺北五南圖書出版公司出版。

[13] 《經濟學人》，一九八八年四月二十三日，p. 37，一九八八年十一月五日，p. 35；《紐約時報》，一九八二年五月二十日，A2版，一九八八年七月十日，E2版；Ian Buruma，"Singapore", "*New York Times Magazine*"，一九八八年六月十二日，p. 118。

[14] Lucian W. Pye, "*Asian Power and Politics: The Cultural Dimensions of Authority*", Cambridge: Harvard University Press, 1985, pp. 232-236.

[15] 《紐約時報》，一九八七年十二月十日，A14版；Gregory Henderson, "*Korea: The Politics of the Vortex*", Cambridge: Harvard University Press, 1968, p. 365.

[16] 《經濟學人》，一九九〇年一月二十七日，p. 31；《紐約時報》，一九九〇年一月二十三日，p. 1。

[17] Goh Chok Tong（吳作棟），引自《紐約時報》，一九八五年八月十四日，A13版。

[18] Lucian W. Pye, "Asia 1986—An Exceptional Year", "*Freedom at Issue*, 94, January-February 1987", p. 15.

[19] Ernest Gellner, "Up from Imperialism", "*The New Republic*"，一九八九年五月二十二日，pp. 35-36; R. Stephan Humphreys, "Islam and Political Values in Saudi Arabia, Egypt, and Syria", "*Middle East Journal* 33, Winter 1979", pp. 6-7.

[20] 《紐約時報》，一九九〇年七月一日，p. 5。

[21] 有關多種形式伊斯蘭教政治的簡短描述，見 Mahnaz Ispahani, "The Varieties of Muslim Experience", "*Wilson Quarterly* 13, Autumn 1989", pp. 63-72.

[22] World Bank, "*World Development Report* 1990", New York: Oxford University Press, 1990, pp. 8-11, 16, 160, 以及 "*Sub-Saharan Africa: Form Crisis to Sustainable Growth*", Washington: World Bank 1990.

[23] 有關每人 GNP 的數字與 GNP、GDP 的成長率皆來自世界銀行，《一九九〇年世界發展報告》，pp. 178-181。

作者生平與著作年表

年代	生平記事
一九二七年	‧四月十八日，出生於紐約市。
一九四六年	‧畢業於耶魯大學。
一九四八年	‧取得芝加哥大學碩士學位。
一九五〇年	‧獲得哈佛大學政治學系教職，任教五十八年。
一九五一年	‧取得哈佛大學哲學博士學位。
一九五七年	‧於《美國政治科學評論》中發表〈作為一種意識形態的保守主義〉。 ‧出版第一本專書《士兵與國家：軍民關係的理論與政治》。
一九五九年	‧出任哥倫比亞大學政治學系助理教授（至一九六二年）。
一九六一年	‧出版《共同防務：國家政治中的戰略計畫》。
一九六四年	‧合著《政治權力：美國與蘇聯》。
一九六八年	‧出版《變化社會中的政治秩序》。
一九七五年	‧合著《民主的危機》。
一九七六年	‧合著《難以抉擇：開發中國家的政治參與》。
一九八一年	‧出版《美國政治：失和的承諾》。
一九八三年	‧合著《與核武器共存》。

年代	生平記事
一九八七年	•共同主編《理解政治發展》。
一九九一年	•出版《第三波：二十世紀末的民主化浪潮》。
一九九二年	•獲得路易斯維爾大學的格文美爾大獎。
一九九三年	•於《外交季刊》中發表〈文明的衝突〉。 •出版《現代化：理論與歷史經驗的再探討》。
一九九六年	•將〈文明的衝突〉拓展為專書《文明的衝突與世界秩序的重建》出版。
二〇〇四年	•出版最後一本著作《我們是誰：對美國國家認同的挑戰》。
二〇〇八年	•十二月二十四日，逝世於麻薩諸塞州瑪莎葡萄園島。

中英對照表

數字

《1989年世界發展報告》（*World Development Report 1989*）

二劃

二次嘗試型（second-try pattern）
二次輪替考驗（two-turnover test）
人民行動黨（Accíon Popular）
人性空間會議（Conference on the Human Dimension）

三劃

三軍部隊最高會議（Armed Forces Supreme Council）
工作療法（occupational therapy）

四劃

中情局（CIA）
互助法（Mutual Assistance Act）
什葉派（Shi' ite）
公民社會（civil society）
切・格瓦拉（Che Guevara）
反阿葉德（Salvador Allende）
反對派圓桌會議（Opposition Round Table）
天主事工會（Opus Dei）
天主教大主教轄區正義與和平委員會（Catholic Archdiocesan Justice and Peace Commission）
天鵝絨革命（Velvet Revolution）
巴士底獄（Bastilles）
巴本德里歐（Papandreou）
巴西民主運動陣線（Movimento Democrático Brasileiro, MDB）
巴西民主運動黨（Partido Movimento Democrático Brasileiro, PMDB）
巴西全國主教會議（National Conference of Brazilian Bishops）

巴恩斯（Harry Barnes）
巴特爾（Jorge Batlle Ibanez）
巴勒斯坦解放組織（Palestine Liberation Organization, PLO）
巴斯克祖國自由組織（ETA）
巴羅耀拉（Enrique Baloyra）
戈巴契夫（Gorbachev）
戈溫（Gowon）
比格農（Reynaldo Bignone）
比蘭德拉（Birendra）

五劃

出路保障（exit guarantees）
加蒂雷（Leopoldo Galtieri）
北約組織（NATO）
卡利略（Santiago Carrillo）
卡拉曼里斯（Constantine Karamanlis）
卡洛斯（Juan Carlos）
卡迪納斯（Cárdenas）
卡埃塔諾（Marcello Caetano）
卡斯楚（Fidel Castro）
卡萊洛（Luis Carrero Blanco）
卡達爾（Kadar）
卡盧奇（Frank Carlucci）
古蒂雷斯（Gustavo Gutiérrez）
史匹諾拉（Spinola）
史勒辛格（Arthur Schlesinger）
史基莫爾（Skidmore）
史密斯（Tony Smith）
史傑潘（Alfred Stepan）
史達林主義者（Stalinist）
四二五人民陣線（April 25 Popular Forces, PF-25）
四月交易（April package）
尼古拉二世（Nicholas II）
尼溫（Ne Win）

尼雷爾（Julius Nyerere）
尼爾斯（Rezso Nyers）
尼赫魯（Jawaharlal Nehru）
布加勒斯特（Bucharest）
布里辛斯基（Zbigniew Brzezinski）
布里茲涅夫主義（Brezhnev doctrine）
布柯夫斯基（Vladimir Bukovsky）
布萊克特（Juliet Blackett）
布萊斯（James Bryce）
布瑟雷奇（Mengosuthu Buthelezi）
布爾什維克派（Bolsheviks）
平均國內生產毛額（Gross Domestic Product, GDP）
平等主義（egalitarianism）
弗雷（Eduardo Frei）
弗雷斯諾（Juan Francisco Fresno）
弗雷澤（Donald Fraser）
正當服從（due obedience）
正當服從法（Due Obedience Law）
〈民主的適切含義〉（The Modest Meaning of Democracy）
民主計畫（Project Democracy）
民族之矛（Umkhonto we Sizwe）
民粹主義（populism）
甘地夫人（Indira Gandhi）
甘迺迪（John F. Kennedy）
皮諾契特（Augusto Pinochet）
石油輸出國家組織（Organization of Petroleum Exporting Countries, OPEC）

六劃

伊列斯古（Ion Iliescu）
光明之路游擊隊（Shining Path）
全國分立派（National Schism）
全民爭取自由選舉運動（National Movement for Free Elections）

全面反種族隔離法（Comprehensive Anti-Apartheid Act）
全面停止（punto final）
全國反對派聯盟（National Opposition Union, NOU）
全國教會理事會（National Council of Churches）
共和黨人（Whigs）
列寧（Lenin）
列寧格勒（Leningrad）
《危機，選擇與結構：對解釋第三世界國家民主成敗的替代模式所做的調和》（*Crisis, Choice, and Structure: Reconciling Alternative Models for Explaining Democratic Success and Failure in the Third World*）
《危機，選擇與變遷》（*Crisis, Choice and Change*）
吉哈克（Zia-ul-Huq）
吉科夫（Todor Zhivkov）
同時發生性（contemporaneity）
同義反複（tautology）
多元政體論（polyarchy）
多明格斯（Jorge Dominguez）
安德洛波夫（Andropov）
托克維爾（Tocqueville）
有限的協商式民主體制（limited form of consociational democracy）
米奇尼克（Adam Michnik）
考爾（Edwin Corr） 9, 103
自由電臺（Radio Liberty）
自由歐洲電臺（Radio Free Europe）
艾方辛（Raúl Alfonsín）
艾伯特國會研究中心（Carl Albert Congressional Research）
艾希（Timothy Garton Ash）
艾奎諾（Benigno Aquino）
艾溫（Aylwin）

行政政變（executive coup）
西班牙共產黨（Partido Comunista de España, PCE）
西蘇魯（Walter Sisulu）

七劃

亨德里克斯（Allan Hendrickse）
何內克（Erich Honecker）
佛拉納根（Scott C. Flanagan）
佛朗哥（Franco）
克里斯蒂亞尼（Alfredo Cristiani）
克倫茲（Egon Krenz）
克倫斯基（Kerensky）
克雷姆（Craeme）
克爾尼洛夫（Kornilov）
即決裁判（summary justice）
坎佩爾曼（Max Kampelman）
希特勒（Hitler）
希奧塞古（Nicolae Ceausescu）
改革武裝部隊運動（Reform of the Armed Forces Movement, RAM）
李拉斯（Alberto Lleras Camargo）
李普塞（Seymour Martin Lipset）
杜瓦里葉（Duvalier）
杜瓦爾特（José Napoleon Duarte）
沙卡洛夫（Andrei Sakharov）
沙佩維爾（Sharpeville）
沙里阿（Shari'a）
貝克（James Baker）
貝拉蓋爾（Belaguer）
貝唐科（Rómulo Betancourt）
貝隆地（Fernando Belaúnde Terry）
辛巴羅（Jeffrey Cimbalo）
辛頓（Deane R. Hinton）

八劃

亞維羅夫（Evangelos Averoff）
佩佐羅（Lawrence Pezzullo）
佩維爾（Sharperille）
奈爾（Aryeh Neier）
姆貝奇（Thabo Mbeki）
姆拉德諾夫（Petar Mladenov）
孟德斯鳩（Montesquieu）
季辛吉（Henry Kissinger）
官僚威權主義（bureaucratic authoritarianism）
岡哈爾（Alvaro Cunhal）
岡薩雷斯（Felipe González）
帕奇哥（Jorge Pacheco Areco）
帕帕多普洛斯（Papadopoulos）
帕瑪（Mark Palmer）
彼得斯博士（Dr. Ronald Peters）
拉蒙托維奇（Wojtek Lamentowicz）
〈東歐：邁向經濟富裕還有漫長的道路〉（Eastern Europe: Long Road Ahead to Economic Well-Being）
林肯（Abraham Lincoln）
林茲（Juan Linz）
武裝部隊改革運動（Reform of the Armed Forces Movement, RAM）
法拉邦多馬蒂民族解放陣線（Farabundo Marti National Liberation Front, FMLN）
泛希臘社會運動黨（PASOK）
波皮魯斯科神父（Father Jerzy Popieluszko）
波倫（Kenneth A. Bollen）
波茨蓋依（Imre Pozsgay）
波森（Adam Posen）
波塔（P. W. Botha）
波維達（Poveda）
牧師會眾（Vicariate of Solidarity）
直接轉渡型（direct tansition）
社會主義武裝陣線（Socialist Forces Front）

社會民主黨（Social Democratic Party, SDP）
肯楠（George Kennan）
門德勒斯（Adnan Menderes）
阿布加塔斯（Luis Abugattas）
阿瓦雷斯（Gregorio Alvarez）
阿育布汗（Ayub Khan）
阿里亞斯（Carlos Arias）
阿恩斯（Arns）
阿富汗戰爭（Afghan War）
阿登斯攻防戰（Ardennes offensive）
阿達梅奇（Ladislav Adamec）
阿爾及利亞民主運動黨（Moverment for Democracy in Algeria）
非洲民族議會（African National Congress, ANC）
非殖民化型（decolonization pattern）

九劃

柏拉圖（Plato）
保安軍（Securitate）
保祿二世（John Paul II）
勃朗哥黨（Blanco Party）
哈布斯堡（Hapsburg）
哈格比安（Frances Hagopian）
哈特福（Hartford）
哈維（Robert Harvey）
哈維爾（Vaclar Havel）
契爾年柯（Chernenko）
威瑪共和時期（the Weimar Republic）
威權政體（authoritarian regime）
威權懷舊症（aouthoritarian nostalgia）
後極權消沉現象（post-totalitarian depression）
思想意識（mentality）
指導式民主（guided democracy）
政治工程學（political engineering）

《政治秩序》（*Political Order*）
《政治學季刊》（*Political Science Quarterly*）
政治體統（body politic）
政績困局（performance dilemma）
查莫洛夫人（Violeta Chamorro）
柯斯達（Artur Costa e Silva）
柯爾德（Bernard Coard）
柯樂（Fernando Collor）
洛克（Locke）
洪納山上校（Col. Gregorio Honasan）
派瑞達（Pereda Asbun）
美洲人民革命聯盟（Alianza Popular Revolucionaria Americana, APRA）
美洲人民革命聯盟（Aprista）
《美洲的民主：停止擺盪》（*Democracy in the Americas: Stopping the Pendulum*）
美國之音（Voice of America）
美國新聞總署（U. S. Information Agency）
胡爾塔多（Osvaldo Hurtado）
胡薩克（Gustav Husak）
英格爾哈特（Amy Englehardt）
英國改革法（British Reform Act）
英國禮蘭（British Leyland）
負面合法性（negative legitimacy）
迪克斯（Robert Dix）
革命議會（Council of the Revolution）

十劃

韋伯（Weber）
埃夫倫（Evren）
宮廷政變（executive coups）
格倫普（Jozef Glemp）
格瑞那達（Grenada）
格龍第西（Grundig）
桑沙因（Jonathan Sunshine）
桑定（Sandinista）

桑格內蒂（Julio Sanguinetti）
泰勒（Clyde Taylor）
海軍俱樂部協定（Club Naval Pact）
烏拉馬（Ulama）
烏爾巴內克（Karel Urbanek）
特赫羅中校（Lt. Col. Antonio Tejero Molina）
特魯多（Pierre Elliot Trudeau）
班瑟（Banzer）
真相與調解委員會（Commission for Truth and Reconciliation）
納瑟（Nasser）
索威托（Soweto）
索菲亞（Sofia）
索爾邦（Sorbonne）
馬丁尼茲（Martinez de Hoz）
馬卡里奧斯（Markarios）
馬可仕（Ferdinand Marcos）
馬佐維基（Mazowiecki）
馬沃斯（George Mavors）
馬格達倫卡（Magdalenka）
馬特海（Fernando Matthei）
馬基奧羅（Kevin Marchioro）
骨牌效應（domino effect）
高山頌（Grandola Vila Morena）
高貝里（Golbery do Coutoe Silva）

十一劃

教宗若望二十三世（Pope John XXIII）
國民生產毛額（Gross National Product, GNP）
國民行動黨（Partido Acción National, PAN）
國民協議（National Accord）
國民陣線（National Front）
國民救國陣線（National Salvation Front）
國民解放陣線（National Liberation Front）
國民議會（Grand National Assembly）
國防法（Law of National Defense）

國家民主基金會（National Endowment for Democracy）
國家安全會議（National Security Council）
國家和平法（Law of National Pacification）
國家革新聯盟（Aliança Nacional Renovadora, ARENA）
國家情報局（Serviçio Nacional de Informaçẽs, SNI）
國際人權聯盟（International League for Human Rights）
國際金融機構法（International Financial Insitutions Act）
國際貨幣基金（IMF）
國際開發總署（Agency for Internaional Development, AID）
國際電話電報公司（International Telephone and Telegraph Corporation, ITT）
基本教義運動（fundamentalist movements）
基拉蕊（Mary Kiraly）
基斯查克（Czeslaw Kiszczak）
基奧里蒂（Giovanni Giolitti）
基督教民主黨（Christian Democrats）
尉官運動（Movimento das Forcas Armadas, MFA）
屠圖（Desmond Tutu）
康乃狄格基本法（Fundamental Orders of Connecticut）
康乃馨（Carnation）
康乃馨革命（Revolution of the Carnations）
敏東大教堂（Myongdong Cathedral）
教會社區（ecclesiastical base communities, CEBs）
教會與全國共同體（Church and National Community）
曼德拉（Mandela）
梅西亞（Mejia）

梅南（Carlos Menem）
梅迪奇（Emílio Médici）
梅堯廣場的母親（the Mothers of the Plaza de Mayo）
梅蒂納（Medina）
梅德林（Medellín）
梵蒂岡公教會議（Vatican Council）
現實主義的民主（realistic democracy）
現實政治（realpolitik）
第三帝國（the Third Reich）
莫布杜（Mobutu）
莫勒斯（Morales Bermudez）
莫德洛（Hans Modrow）
許寰哥（Peping Cojuangco）
貧民區（inner city）
通諭（encyclicals）
都市工業傳教會（Urban Industrial Mission）
雪哈比（Houchang Chehabi）

十二劃

傑克曼（Robert W. Jackman）
凱末爾（Mustafa Kemal Atatürk）
勞瑞爾（Salvador Laurel）
博希（Juan Bosch）
博斯華斯（Stephen Bosworth）
尊嚴大軍（Dignity Battalions）
復活節叛亂（Easter Rebellion）
提米索拉（Timisoara）
揚克夫斯基（Joel Jankowsky）
援外法（Foreign Assistance Act）
斯洛沃（Joe Slovo）
普維布拉（Puebla）
舒茲（George Shultz）
華勒沙（Lech Walesa）
華萊士（William Wallace）
萊比錫（Leipzig）
費布斯—卡德羅（Febres-Cordero）

費邊（Fabian）
費雷拉（Wilson Ferreira）
費蓋雷斯（José Figueres）
間斷民主型（interrupted democracy）
雅可列夫（Yakolev）
雅克斯（Milos Jakes）

十三劃

塞里格森（Mitchell Seligson）
塞拉（Narcis Serra）
塞拉柔（Vinicio Cerezo）
塞浦路斯（Cyprus）
塞納丁中校（Lt. Col. Mohammed Ali Seineldin）
塞溫（Sein Lwin）
奧林（John M. Olin）
奧唐尼爾（O'Donnell）
奧班杜（Obando y Bravo）
奧蒂嘉（Daniel Ortega）
奧蒂嘉（Humberto Ortega）
意志主義（voluntarism）
新人民軍（New Pepople's Army, NPA）
新威權主義（new authoritarianism）
〈會有更多的國家成為民主國家嗎？〉（Will More Countries Become Democracy）
極右派（Verkrampte）
準民主（quasi-democracy）
瑞荷斯（Rios Montt）
經濟合作暨發展組織（Organization for Economic Cooperation and Development, OECD）
聖巴索洛繆之夜（the Night of St. Bartholomew）
葛羅斯（Karoy Grosz）
《資本主義，社會主義與民主》（*Capitalism, Socialism, and Democracy*）
賈魯塞斯基（Wojciech Jaruzelski）
過度確定（overdetermination）
達爾（Robert Dahl）

十四劃

圖帕馬羅人（Tupamaros）
團結工聯（Solidarity）
熊彼得（Joseph Schumpeter）
爾瓦（Raúl Silva Enriquez）
維德拉（Jorge Videla）
蒙科洛協定（Pact of Moncloa）
蒙特（Robert J. Mundt）
蒙特尼羅（Montonero）
蓋爾納（Ernest Gellner）
蓋賽爾（Ernesto Geisel）
裴隆派（Peronista）
裴瑞斯（Marcos Pérez Jiménez）
赫希曼（Hirschman）
赫爾辛基進程（Helsinki Process）
赫爾辛基蕆事議定書（Helsinki Final Act）
遜尼派（Sunni）
齊默曼（Ekkart Zimmerman）

十五劃

墨索里尼（Mussolini）
廣泛陣線（Broad Front）
摩爾（Barrington Moore）
歐洛夫（Yuri Orlov）
歐洲安全暨合作會議（Conference on Security and Cooperation in Europe, CSCE）
歐洲自由貿易協會（European Free Trade Association）
歐洲核能共同體（Euratom）
歐洲煤鋼共同體（European Coal and Steel Community）
歐洲經濟共同體（European Economic Community）
歐蒙德（Gabriel Almond）
歐薩爾（Ozal）
熱月政變（Thermidor）
複式投票（plural voting）

輪迴型（cyclical pattern）
魯內塔（Luneta）
黎各中校（Lt. Col. Aldo Rico）
黎安友（Andrew J. Nathan）

十六劃

憲政革命黨（Partido Revolucionario Institucional, PRI）
盧梭（Rousseau）
穆罕默德（Murtala Muhammed）
諾林格（Eric Nordlinger）
諾瑞加（Manuel Noriega）
選舉周期（electoral cycle）
霍亨索倫（Hohenzollern）

十七劃

彌爾（Mill）
戴克拉克（de Klerk）
戴拉馬德里（Miguel de la Madrid）
戴波希中將（Lt. Gen. Jaime Milans del Bosch）
戴高樂（de Gaulle）
戴蒙德（Diamond）
總統府人權委員會（Presidential Committee on Human Rights）
《聯邦黨人文集》（*The Federalist*）
聯盟黨（Alliance Party）

十八劃

薩巴圖（Ernesto Sabato）
薩里納斯（Carlos Salinas）
薩拉查（António Salazar）
薩雷瓦上校（Col. Otelo Saraiva de Carvalho）

十九劃

羅馬天主教青年工人協會（Roman Catholic Association of Young Catholic Workers）

羅培士（Laureano Lopez Rodo）
羅曼諾夫（Romanov）
羅斯托（Dankwart Rustow）
羅斯鮑姆（Julian & Irene Rothbaum）
羅斯鮑姆講座（Julian J. Rothbaum Lectures）
羅德里格斯（Rodríguez Lara）
羅德里格斯愛國陣線（Manuel Rodriguez Patriotic Front, MRPF）
羅慕洛（Romero）
羅慕斯（Ramos）
藤森（Alberto Fujimori）
邊沁（Bentham）

二十劃

《難以抉擇：開發中國家的政治參與》（*No Easy Choice: Political Participation in Developing Countries*）
蘇卡諾（Sukarno）
蘇亞雷斯（Mário Soares）
蘇維斯（Adolfo Suárez）
蘇慕薩（Somoza）
蘇聯共產黨（Communist Party of the Soviet Union, CPSU）

二十一劃

贖罪日戰爭（Yom Kippur War）

二十三劃

《變遷中社會的政治秩序》（*Political Order in Changing Societies*）

經典名著文庫 084

第三波：二十世紀末的民主化浪潮

The Third Wave: Democratization in the Late Twentieth Century

作　　者 —— 塞繆爾・杭廷頓（Samuel P. Huntington）
譯　　者 —— 劉軍寧
校 訂 者 —— 葉明德
發 行 人 —— 楊榮川
總 經 理 —— 楊士清
文庫策劃 —— 楊榮川
總 編 輯 —— 楊秀麗
副總編輯 —— 劉靜芬
責任編輯 —— 蔡琇雀、呂伊真、陳采婕、林佳瑩
封面設計 —— 姚孝慈
著者繪像 —— 莊河源
出 版 者 —— **五南圖書出版股份有限公司**
地　　址 —— 臺北市大安區 106 和平東路二段 339 號 4 樓
電　　話 —— 02-27055066（代表號）
傳　　眞 —— 02-27066100
劃撥帳號 —— 01068953
戶　　名 —— 五南圖書出版股份有限公司
網　　址 —— https://www.wunan.com.tw
電子郵件 —— wunan@wunan.com.tw
法律顧問 —— 林勝安律師事務所　林勝安律師
出版日期 —— 2022 年 8 月五版一刷
定　　價 —— 520 元

國家圖書館出版品預行編目資料

第三波：二十世紀末的民主化浪潮 / 塞繆爾.杭廷頓（Samuel P. Huntington) 著；劉軍寧譯 . -- 五版 . -- 臺北市：五南圖書出版股份有限公司 , 2022.08
面；　公分
譯自：The Third Wave : Democratization in the Late Twentieth Century.
ISBN 978-626-317-950-9 (平裝)

1.CST: 民主政治　2.CST: 二十世紀

571.6　　111009192